21 世纪人力资源开发与管理系列教材

企业薪酬管理

李新建 编著

南开大学出版社
中国·天津

图书在版编目(CIP)数据

企业薪酬管理 / 李新建编著. —天津:南开大学出版社,2003.5(2021.7重印)
(21世纪人力资源与开发管理系列教材)
ISBN 978-7-310-01609-9

Ⅰ.企… Ⅱ.李… Ⅲ.企业管理:劳动工资管理—教材 Ⅳ.F272.92

中国版本图书馆 CIP 数据核字(2002)第 109990 号

版权所有　侵权必究

企业薪酬管理
QIYE XINCHOU GUANLI

南开大学出版社出版发行
出版人:陈　敬
地址:天津市南开区卫津路 94 号　　邮政编码:300071
营销部电话:(022)23508339　营销部传真:(022)23508542
http://www.nkup.com.cn

天津泰宇印务有限公司印刷　全国各地新华书店经销
2003 年 5 月第 1 版　　2021 年 7 月第 12 次印刷
210×148 毫米　32 开本　9.25 印张　263 千字
定价:25.00 元

如遇图书印装质量问题,请与本社营销部联系调换,电话:(022)23508339

前　　言

　　随着知识经济的到来,人力资源开始成为企业的战略资源,人力资源管理也逐步由传统的人事管理上升到战略管理的高度。然而,无论处在哪一个管理阶段上,员工的薪酬管理始终是核心环节之一。可以这样认为,一个企业如果单纯依靠一个好的薪酬体系,不一定能够获取在人力资源方面的竞争优势,因为物质报酬不是惟一的员工激励工具;但是,一个企业如果没有一个好的薪酬体系,就不能获取在人力资源方面的竞争优势,因为薪酬管理以一种独特的方式在企业人力资源管理中发挥着不可替代的作用。这是薪酬及其管理的性质使然。薪酬是员工职业的原始动力,是生存发展的物质源泉,是社会地位的表达形式，是自我价值的实现途径；薪酬也是联结员工和雇主的主要纽带，它以有形的和无形的两种形式，将两大利益集团紧紧地联系在一起。

现代企业的薪酬管理必须建立在"总薪酬"或"整体薪酬"(Total Compensation)管理的理念和模式之上。"总薪酬"是在20世纪80年代诞生于发达国家的一个新的管理范畴，其内涵是极其深刻和广泛的。如果说人力资源开发系统的独立是企业的人事管理进入了人力资源管理阶段的标志之一，笔者认为，由传统的工资管理向现代薪酬管理转变的主要标志则是"总薪酬"管理模式的建立。基于此，本书设计了如下的篇章结构：

第一章至第四章是对薪酬的总体论述，包括绪论、理论综述和外部环境等；第五章和第六章主要论述薪酬与劳动力市场的关系，或者称外部薪酬管理，包括企业外部薪酬战略和薪酬差异分析；从第七章开始，主要介绍内部薪酬管理，其论述逻辑是基本薪酬管理系列（含工作分析与企业薪酬等级结构设计）、补偿与特殊薪酬管理、激励薪酬管理（包括短期激励薪酬、长期激励薪酬和年薪制）；最后两章的内容安排为第十四章员工福利管理，第十五章企业薪酬系统的诊断与调整。

众所周知，外部公平和内部公平是企业薪酬管理的两个基本原则。外部公平性也称外部竞争性。尽管现代薪酬管理越来越强调外部竞争性，但内部公平永远是薪酬管理的基础。所谓内部一致性也就是在员工的报酬分配和支付上，要坚持内部公平的原则。然而，公平的基点和衡量标准，则是一个人云亦云的复杂问题。一般而言，有三个基准：依据岗位价值支付报酬(Pay for Position)、依据员工能力支付报酬(Pay for Person)或依据员工绩效支付报酬(Pay for Performance)。为了将这一观点阐述清楚，本书以三个基准为主线，将企业的薪酬要素统一在总薪酬管理框架之下：基本薪酬、辅助薪酬、激励薪酬与福利薪酬管理。在薪酬管理内涵深化的同时，薪酬管理的外延也在逐步扩大，传统的工资管理逐步向总薪酬管理转变。这种结构安排，不仅在教材编写中觉得它比较顺畅，易于展开；在教学实践中也感觉到它容易使学生尽快把握薪酬管理的脉络，掌握要点。因为薪酬管理不仅是一个教学难点，也是企业人力资源管理中技术含量比较高的一个管理环节。

尽管本书的编写倾注了作者几年的心血,参考了可以收集到的国内外的相关教材,总结了不同层次(人力资源专业本科生、MBA和企业人力资源管理培训)的教学经验,但由于学科发展、作者水平所限,还有很多遗憾之处,包括一些难点问题最终没有找到满意的答案,或一些问题尚不能在本书中表达清楚。也确信书中会有很多疏漏和错误之处,敬请读者批评指正。

在本书的编写过程中,得到了"21世纪人力资源开发与管理系列教材"策划纪益员副总编的大力和无私的支持;责任编辑童颖也为此书的出版付出了大量的心血;南开大学国际商学院的崔勋博士为本书提出了许多宝贵的建议,并参加了第二章的部分编写工作。在此,一并表示诚挚的谢意。

李新建

2002年9月

目　录

前言 ………………………………………… (1)
第一章　企业薪酬概述……………………… (1)
　　本章学习要点 ………………………… (1)
　　第一节　企业薪酬的内涵界定、性质
　　　　　　与职能 ……………………… (2)
　　第二节　企业薪酬要素 ……………… (7)
　　第三节　企业薪酬结构 ……………… (12)
　　第四节　当代企业薪酬管理的性质与研
　　　　　　究热点 ……………………… (14)
　　参考资料 ……………………………… (17)
　　思考题 ………………………………… (18)

第二章　企业薪酬理论……………………… (19)
　　本章学习要点 ………………………… (19)
　　第一节　早期的工资理论…………… (20)

1

第二节　企业工资决定理论 ……………………………… (25)
　　第三节　企业薪酬管理理论 ……………………………… (35)
　　第四节　企业薪酬分配理论 ……………………………… (44)
　　参考资料 …………………………………………………… (47)
　　思考题 ……………………………………………………… (48)

第三章　企业薪酬管理的法律制度环境 ………………………… (49)
　　本章学习要点 ……………………………………………… (49)
　　第一节　劳动工资立法 …………………………………… (50)
　　第二节　工资集体协商与劳动合同 ……………………… (66)
　　参考资料 …………………………………………………… (70)
　　思考题 ……………………………………………………… (70)

第四章　企业薪酬战略、薪酬政策与薪酬方案 ………………… (71)
　　本章学习要点 ……………………………………………… (71)
　　第一节　企业薪酬战略 …………………………………… (72)
　　第二节　企业薪酬政策 …………………………………… (78)
　　第三节　企业薪酬方案 …………………………………… (82)
　　参考资料 …………………………………………………… (86)
　　思考题 ……………………………………………………… (87)

第五章　企业薪酬水平、薪酬差异与薪酬调查 ………………… (88)
　　本章学习要点 ……………………………………………… (88)
　　第一节　企业薪酬水平及其影响因素 …………………… (89)
　　第二节　企业薪酬差异及其影响因素 …………………… (92)
　　第三节　企业薪酬信息的获取与薪酬调查 ……………… (95)
　　参考资料 ………………………………………………… (102)
　　思考题 …………………………………………………… (102)

第六章 企业薪酬结构设计 (103)
本章学习要点 (103)
第一节 企业薪酬结构的设计原则 (104)
第二节 薪资等级序列的构成指标 (108)
第三节 薪资等级结构的设计步骤 (114)
参考资料 (117)
思考题 (118)

第七章 工作评价及其运用 (119)
本章学习要点 (119)
第一节 工作评价的作用与应用条件 (120)
第二节 比较排序法与工作分类法 (125)
第三节 点数法 (128)
第四节 因素比较法 (132)
参考资料 (136)
思考题 (136)

第八章 基本薪酬管理 (137)
本章学习要点 (137)
第一节 计时工资与计件工资 (138)
第二节 岗位等级工资制 (145)
第三节 以知识和技能为基础的薪酬制度 (151)
第四节 年功工资和资历工资 (155)
参考资料 (160)
思考题 (161)

第九章 补偿性薪酬与特殊情况下的薪酬管理 (162)
本章学习要点 (162)
第一节 工作津贴与补贴管理 (163)
第二节 协议工资制度 (167)

第三节　保密工资制度 …………………………………………（169）
　　　第四节　非正式员工的薪酬管理 ………………………………（171）
　　　第五节　弹性工作的薪酬管理 …………………………………（175）
　　　参考资料 …………………………………………………………（177）
　　　思考题 ……………………………………………………………（178）

第十章　奖金与成就工资管理 ……………………………………………（179）
　　　本章学习要点 ……………………………………………………（179）
　　　第一节　奖金制度及其管理 ……………………………………（180）
　　　第二节　成就工资制度 …………………………………………（189）
　　　参考资料 …………………………………………………………（193）
　　　思考题 ……………………………………………………………（193）

第十一章　绩效薪酬与激励薪酬管理 ……………………………………（194）
　　　本章学习要点 ……………………………………………………（194）
　　　第一节　绩效薪酬 ………………………………………………（195）
　　　第二节　短期个体报酬激励项目管理 …………………………（200）
　　　第三节　增益分享与短期团队报酬激励方案 …………………（202）
　　　第四节　激励薪酬方案设计讨论 ………………………………（208）
　　　参考资料 …………………………………………………………（211）
　　　思考题 ……………………………………………………………（212）

第十二章　员工长期激励薪酬管理 ………………………………………（213）
　　　本章学习要点 ……………………………………………………（213）
　　　第一节　分红制与利润分享 ……………………………………（214）
　　　第二节　利润分享方案 …………………………………………（217）
　　　第三节　员工持股计划 …………………………………………（220）
　　　参考资料 …………………………………………………………（228）
　　　思考题 ……………………………………………………………（228）

第十三章　企业经营者年薪制 ……………………………（229）
　　本章学习要点 ………………………………………（229）
　　第一节　经营者年薪制的对象与成因 ……………（230）
　　第二节　经营者年薪制的构成及其管理 …………（234）
　　第三节　经营者薪酬的理论解释与国际比较 ……（242）
　　第四节　我国企业的年薪制与经营者报酬激励 …（246）
　　参考资料 ……………………………………………（250）
　　思考题 ………………………………………………（250）

第十四章　员工福利管理 …………………………………（251）
　　本章学习要点 ………………………………………（251）
　　第一节　员工福利的一般概念 ……………………（252）
　　第二节　社会保障体系与社会保险及其管理 ……（254）
　　第三节　员工福利项目的设计与管理 ……………（261）
　　参考资料 ……………………………………………（270）
　　思考题 ………………………………………………（271）

第十五章　企业薪酬系统的诊断与调整 …………………（272）
　　本章学习要点 ………………………………………（272）
　　第一节　企业薪酬系统的诊断 ……………………（273）
　　第二节　企业薪酬的调整 …………………………（276）
　　参考资料 ……………………………………………（282）
　　思考题 ………………………………………………（282）

第一章

企业薪酬概述

本章学习要点

- 了解企业薪酬的内涵及其演变过程,工资、薪金、薪资、薪酬、报酬等不同范畴之间的区别与联系。
- 了解企业薪酬的职能,掌握现代企业薪酬的核心职能:激励职能。
- 树立总薪酬管理的理念,明确各企业薪酬要素:基本薪酬、浮动薪酬和福利薪酬在薪酬管理中的地位与作用。
- 了解企业薪酬结构的类别及特点,根据企业需要,确立不同的薪酬管理模式。

在现代企业人力资源管理中,薪酬管理历来被认为是一项最困难、最敏感、政策性最强的工作,这不仅因为劳动报酬和福利待遇是企业员工从事劳动的物质利益前提,是工薪者维持生计的基本来源,也因为薪酬决定与薪酬分配是企业与员工之间、员工与员工之间的利益冲突点。众多企业的实践证明,员工的业绩与企业的薪酬管理有着极为密切的关系。一个科学而公平的薪酬制度,是企业成功的重要保证;反之,一个不科学、不公平的薪酬体系会极大地打击员工的积极性和影响企业的经营效益。

薪酬制度与企业人力资源开发管理创新之间的关系越来越为人们所关注。虽然有的观点认为,薪酬只是保健因素,而非激励因素;薪酬创新只对企业管理创新起辅助作用。但是,现代薪酬管理的核心职能是激励。任何人力资源管理的变革,不以薪酬创新为前提、为基础,都是难以成功的。因此,员工的薪酬管理是企业管理的重要内容,它对于保障员工的物质利益,激励员工的工作热情,促进企业发展和经营效益的提高,都具有十分重要的意义。

第一节 企业薪酬的内涵界定、性质与职能

一、企业薪酬的内涵界定

科学与严谨的内涵界定是企业进行薪酬管理的基本理论前提。但是,国内外对企业薪资内涵的理解和使用不尽统一。这一方面说明薪酬概念在使用上的含混;另一方面也表明,企业管理理论和管理实践的发展,赋予企业薪酬更多的内涵。

企业薪酬是指企业内所有员工,即管理人员和普通员工的货币性和非货币性劳动收入的总和,具体包括薪金、工资、奖金、佣金、红利及福利待遇等各种报酬形式。为了统一概念的使用,可对薪酬相关范畴的内涵和外延做如下界定:

1. 工资(Wage)

工资是使用最为普遍的一个薪酬的概念。它的基本含义是雇方付给被雇方合法的货币报酬。国际劳工组织在《1949年保护工资条约》中,把工资的内涵界定为:"工资"一词是指不论名称或计算方式如何,由一位雇主对一位受雇者,为其已经完成或将要完成的工作,或已经提供或将要提供的服务,可以货币结算,并由共同协议或国家法律、条例予以确定,凭借书面或者口头雇佣合同支付的报酬或收入。

我国劳动部在《关于贯彻执行〈中华人民共和国劳动法〉若干问题的意见》中把工资定义为:劳动法中的"工资"是指用人单位依据国家有关规定或劳动合同的约定,以货币形式直接支付给本单位劳动者的劳动报酬,一般包括计时工资、计件工资、奖金、津贴和补贴、延长工作时间的工资报酬以及特殊情况下支付的工资等。"工资"是劳动者劳动收入的主要组成部分。

还有一种解释认为,工资是指以小时工资为主要计量形式的劳动报酬。小时工资是劳动报酬的一种基础比例,有了小时工资,就可以计算出日、周、月工资,以及超出法定劳动时间以外的加班工资;同时,法定工资标准也是以小时工资计算的。按照这种解释,以小时为计算基础的劳动报酬,被称为工资;工资是最为狭义、内涵最为严格的劳动报酬形式。由此可见,工资可以从多角度进行定义,不同角度侧重点有所区别,但都强调了如下内涵:

(1) 工资是企业员工劳动或劳务报酬的支付形式;
(2) 工资支付的客观依据是被雇方向雇方提供了劳作或服务;
(3) 工资应以法定货币的形式,定期和直接支付给员工;
(4) 工资支付的数量标准要符合国家法律规定,并以雇佣双方的有法律效力的协议、合约等为依据。

2. 薪金、薪水(Salary)

薪金与工资之间的主要区别是支付对象和支付形式不同。在实际中,人们一般把以日、小时等计付的劳动报酬称为工资,将按年、月计付的劳动报酬称为薪金、薪水,或把一次性支付的报酬称为酬金等。相应地,把脑力劳动者或政府机关、事业单位工作人员的收入称为薪金,把企业职工的报酬称为工资。

对这种区分的主要解释是,在企业中,"蓝领"员工报酬的计算单位通常比较短,多以小时工资率计算,或以一个月,或少于一个月为时间单位支付;而企业中的"白领"员工,如技术人员、管理人员的报酬决定和报酬支付,在很多情况下与具体的劳动时数没有直接的关系,换言之,不以小时工资率换算。但在许多情况下,工资与薪金、薪水之间又可通用。

3.薪资、报酬(Pay)

薪资是比工资和薪金内涵更广的一个概念,它不仅指以货币形式支付的劳动报酬,还包括以非货币形式支付的短期报酬形式,如补贴、工作津贴、物质奖励等。

4.薪酬(Compensation)

薪酬有广义和狭义之分,狭义的薪酬不包括福利(Benefit),因此,企业员工的全部报酬为薪资与福利,即C&B。但在大多场合,广义的薪酬除了包括员工的货币收入、非货币收入之外,还包括一些长期或延期支付的报酬形式,如法定福利、企业分红、利润分享、股票期权等。

5.奖酬(Reward)

奖酬是一个比薪酬更新的范畴。与其他相关的范畴相比,它具有两个特点:其一,更体现现代企业薪酬的激励功能;其二,职位晋升、个人名誉、社会地位、自我价值实现等所谓精神薪酬的内容也可以包括在奖酬的范围之内。因此,奖酬可以分为物质薪酬和精神薪酬两个部分。

总之,应该将现代企业薪酬及其管理看作是一个包括所有报酬形式和物质激励手段在内的整体系统。

二、企业薪酬的性质

与其他形式的报酬或收入相比,企业薪酬有四个基本特性:

1.薪酬是员工合法的劳动收入,国家现行的劳动法规、劳动政策、集体合同和劳动合同等是薪酬决定和薪酬分配的法律依据;

2.薪酬是企业对员工履行劳动义务的物质补偿形式;

3.薪酬是员工基于劳动和贡献所得的全部劳动报酬;

4. 企业员工依靠为企业所做的非直接性劳动贡献而获得的合法收入,即依靠其他要素所参与的企业分配,也具有企业薪酬的性质。

三、企业薪酬的职能

按照以往的薪酬理论,企业薪酬的职能是仅就管理者一方而言的,即相对雇主或者企业管理者而言的作用与职能。依据现代企业管理理论,任何管理行为都是管理者和被管理者的互动过程,企业薪酬作为联结雇主和雇员劳动关系的纽带,对双方都有不可替代的作用。因此,必须从企业和员工两个角度考察现代薪酬的职能。

1. 薪酬对雇主的职能

对企业或雇主而言,薪酬具有以下职能:

(1)增值职能。薪酬是能够为企业和投资者带来预期收益的资本。雇用劳动力是企业或雇主从事经营和生产的前提,薪酬就是用来购买劳动力所支付的人工成本,是用来交换劳动者活劳动的一种手段。显然,以工资为核心的人工成本的投入,可以为投资者带来预期的大于成本的收益。因此,薪酬是雇主雇用劳动者,对活劳动(人力资源要素)进行投资的动力所在。

(2)激励职能。从企业管理的角度看,激励职能是薪酬的核心职能之一。高薪可以吸引和留住企业所需要的人才,也可以发掘员工的潜能,提高员工的工作绩效。

(3)配置职能。薪酬是企业合理配置劳动力,提高企业效率的杠杆。企业通过报酬机制,可以将组织目标和管理者的意图传递给员工,促使员工的个人行为与组织行为的融合;也可以通过薪酬结构的变动,调节各生产和经营环节的人力资源流动,实现企业内部各种资源的有效配置。

(4)竞争职能。企业薪酬水平是企业实力的体现,企业为了获得在劳动力市场上的竞争优势,需要保持高于其他企业的薪酬水平,以吸引企业所需要的人才。

(5)导向职能。管理者可以将企业的政策、目标、计划和意图,通过薪酬计划和薪酬政策表达出来。薪酬不仅是企业当前管理的有效工具,也是未来管理的导向器。所谓企业薪酬的战略管理,其实质就在于此。换言之,现代企业的薪酬管理已经成为企业战略管理的一个有机组成部分,战略管理赋予企业薪酬管理以新的内涵。

2.薪酬对员工的职能

对企业员工来讲,传统的工资主要有两种功能:满足基本物质需求的功能和满足安全保障需求的功能。现代薪酬不仅具有这两种功能,而且日益体现出对员工精神需求满足的作用。具体为:

(1)满足基本生活需求。交换是薪酬的主要职能。在市场经济条件下,员工通过在企业的生产和劳动行为,换取劳动收入,以满足个人及其家庭的生活需求。在市场经济条件下,薪酬仍是企业员工获取本人及其家庭生活费用,满足物质生活需要的主要来源。

(2)满足安全保障需求。有保障的、稳定的报酬收入,可以使员工产生安全感和对预期风险的心理保障意识,从而增强对企业的信任感和归属感;反之,没有保障,或者不合理的薪酬制度和工资水平,则容易使员工丧失心理平衡,并对企业产生不公平和不信任感,影响员工积极性的发挥。

(3)满足精神和个人社会地位的需求。对企业员工而言,薪酬可以在一定程度上起到满足精神和社会地位需求的作用。例如,收入的高低是工作业绩的显示器,它反映了员工的专业水平和工作能力,表明了员工在企业组织中的相对地位。薪酬变动更是一种职位晋升和事业成功的信号,员工薪酬的提高,表明他的工作业绩得到企业或上司的认可,或者预期其在企业中的地位还可以上升,从而使员工产生成就感,激发更大的工作热情。

员工对薪酬高层次需求的满足是激励员工产生行为的关键,许多调查支持这一结论。例如,美国的一项民意测验根据对20年调查数据的分析发现,在各种影响员工行为的工作因素中,薪资与福利是最重要的因素,见表1-1所示。

表 1-1 最高的五种工作要素评价指标

排序	管理人员	专业人员	事务性人员	钟点工
1	薪资与福利	晋升	薪资与福利	薪资与福利
2	晋升	薪资与福利	晋升	稳定
3	权威	挑战性	管理	尊重
4	成就	新技能	尊重	管理
5	挑战性	管理	稳定	晋升

资料来源:[美]迈克尔·比尔,《管理人力资本》——开创哈佛商学院 HRM 新课程,华夏出版社,1995年,第142页。

在表 1-1 中,包括四类员工对工作的五种要素评价,有三类员工认为薪资与福利是第一位的,只有专业人员把晋升排在第一位,薪资与福利排在第二位。这说明报酬收入与员工行为之间存在着极为密切的关系。

第二节 企业薪酬要素

传统上一般将企业员工的全部收入分为三大部分:基本薪酬、辅助薪酬和员工福利。现代企业薪酬系统强调薪酬的激励功能,可将薪酬分为基本薪酬、补偿性薪酬、浮动或激励薪酬以及员工福利四个部分。无论何种划分方式都表明,企业员工的薪酬是一个有机的整体,是由功能各异的薪酬要素组合而成。

一、基本薪酬

1.基本薪酬的内涵与特点

基本薪酬(Basic Pay),也称基础薪酬,主要由狭义的工资(Wage)构成。基本薪酬是企业员工劳动收入的主体部分,也是确定员工其他报酬形式的基础。与非基本薪酬,即辅助薪酬、浮动薪酬或激励薪酬等相比,基本薪酬有以下特点:

(1)常规性。基本薪酬是劳动者在法定工作时间内和正常条件下所完成的定额劳动的报酬。在正常情况下,员工应该完成岗位定额劳动,得到基本的劳动收入。

(2)固定性。员工的基本薪酬数额以企业所确定的基本薪酬等级标准为依据,等级标准在一定时期内相对稳定,员工的基本薪酬数额也相对固定。

(3)基准性。所谓基准性带有两层涵义:第一,基本薪酬是辅助薪酬的计算基准,辅助薪酬的数额、比例及其变动均以基本薪酬为基准。在薪酬管理中,称基本薪酬为辅助薪酬的"平台"(Platform)。第二,为保证员工的基本生活需要,政府对企业基本薪酬的下限做强制性规定,推行最低工资制度。因此,对不能保证获得其他薪酬的员工,其基本薪酬的数额不能低于法定的最低工资标准。从这种意义上讲,基本薪酬也称标准薪酬。

2.基本薪酬的构成要素

基本薪酬主要包括以下薪酬要素:

(1)岗位或职位工资:按照岗位对任职人员在知识、技能和体力等方面的要求,以及劳动环境等因素确定的员工报酬;

(2)职务工资:按照职务对任职人员在知识、技能和体力等方面的要求,以及劳动环境等因素确定的劳动报酬;

(3)技能工资:根据员工技术水平和工作能力确定的劳动报酬;

(4)年功或资历工资:根据员工工龄长度和工作资历确定的劳动报酬。

在现实的企业薪酬管理中,视管理目标不同,员工的基本薪酬一般由一个或几个上述薪酬要素组合而成。其中作为主体部分的基本工资,除非岗位和薪酬标准变动,否则是相对稳定的,因此被称为固定工资。

此外,还有两类工资要素:补贴和津贴,是鉴于岗位和工作环境给劳动者造成体力和脑力的特殊支出而给予的补偿性薪酬,它们与岗位的工作性质和工作环境相关,与员工的工作数量和质量没有直接的关系,且数额相对固定。从某种意义上讲,补偿性薪酬也具有基本薪酬的性质。

二、浮动薪酬和激励薪酬

1.浮动薪酬

传统的浮动薪酬(Variable Pay)只包括奖金、分红等,在现代企业薪酬中,利润分享、股票期权,以及特殊奖励等,都属于广义的浮动薪酬。其中,奖金是企业对员工超额劳动或突出绩效以货币形式支付的奖励性报酬。企业为了激励员工提高劳动效率和工作质量,承认员工以往所作出的超额贡献而支付给员工奖金。因此,奖金也称"效率薪金"或"刺激薪金"。分红、酬金及员工持股、股票期权等与一般员工报酬有性质上的区别,它们不属于传统的劳动报酬,因为不直接与员工的劳动数量、质量和绩效相关。其中,分红、酬金等是比较传统的薪酬要素;而员工持股、股票期权等则不仅承担着薪酬要素的职能,还是新的薪酬管理制度和管理方式,对这些要素的管理是现代企业薪酬管理的核心。

与基本薪酬相比,浮动薪酬有两个主要特点:

(1)对基本薪酬起补充作用。基本薪酬具有相对稳定和固定的特点,不能及时反映员工实际工作业绩和企业需要的变化,需要浮动薪酬作为其补充形式。

(2)是薪酬中的变动部分,形式多样,支付时间和数额不固定。在浮动薪酬中,奖金、利益分享等与企业效益和个人贡献结合;红利和利润分享等与员工和企业的关系及企业效益相关。浮动薪酬不仅将员工的贡献与企业回报直接挂钩,而且将员工利益与企业成长更紧密地联结在一起。

2.激励薪酬

激励薪酬属于现代薪酬范畴。它与浮动薪酬有一些相同的特征,例如,都加入了风险机制,都具有激励作用,都随着员工的能力或对企业的贡献而变动等,但两者还是具有性质上的区别:

首先,激励薪酬比浮动薪酬的含义更为宽泛。浮动薪酬在大多情况下,是指短期报酬形式;激励薪酬包括短期和长期两种形式,而且更强调长期形式。

其次,激励薪酬比浮动薪酬的形式更为多样。例如,它包括个体形式、团队形式,还包括针对某些群体的特殊奖励形式等。

再次,激励薪酬比浮动薪酬更能体现管理者的意志和政策导向。

最后,激励薪酬比浮动薪酬更强调现代薪酬管理理念。浮动薪酬所强调的是薪酬自身的变动特性;而激励薪酬强调的是对员工创造行为的激发。两者的侧重点不一样,前者是从人工成本管理的角度出发,后者是从人力资源管理的角度出发。

因此,激励薪酬最能体现现代薪酬管理的核心职能——激励。换言之,传统薪酬要素,如基本薪酬主要发挥的是满足员工基本需要的功能,对员工绩效的激励作用不很显著;而现代薪酬要素的主要作用是吸引、开发、激励和留住企业所需要的人才。

三、福利薪酬

企业薪酬管理是建立在一个全面的总薪酬概念的基础之上,因此,员工福利管理是员工薪酬管理的一个不可或缺的组成部分。福利薪酬主要是指企业为员工提供的各种物质补偿和服务形式,包括员工法定福利、集体福利和个人福利等。从支付形式看,传统的员工福利以非货币形式支付为主;但随着企业部分管理职能的社会化,一些企业福利也以货币的形式支付,即货币的福利。

在企业薪酬管理中,福利薪酬有多种作用:其一,是货币工资的替代形式,它具有劳动报酬的性质和功能,又以多种灵活的形式支付,所以有"柔性薪酬"之称;其二,可以降低企业人工成本,享受国家税收方面的优惠等;其三,可以满足员工多种工作和生活需求,具有货币薪酬所不能比拟的提供服务、增强企业凝聚力等功能。比较常见的福利薪酬包括:

1.社会保险与保险待遇

社会保险是企业员工主要的社会保障待遇。员工因为面临的劳动风险不同,所以享受到的保险待遇也有所不同。一般来讲,企业员工享受的社会保险待遇包括三大类:

第一类:永久无工作能力的保险,如残疾保险、养老保险等;

第二类:暂时无工作能力的保险,如疾病保险或健康保险、伤害保险、生育保险、失业保险等；

第三类：死亡后的保险，如丧葬保险、遗属保险等。

鉴于各国的发展水平和社会保险制度的完善程度不同，所提供的承保项目不完全一致，但养老、医疗、失业、伤残以及生育保险等都是员工基本的保项。企业一般是以保险计划的形式，为员工全部交纳或部分交纳保险基金。

2. 集体福利

集体福利是企业自己或者通过社会服务机构举办的，供员工集体享用的福利性设施和服务。集体福利的两个重要特征是全员性和平等性。集体福利包括：

（1）住宅计划。员工住宅计划是与福利分房制度所不同的一种企业福利形式。比较普遍的做法是建立住房公积金制度、对购房员工提供一次性补贴等形式。

（2）集体生活设施和服务。企业为员工提供就餐、托幼、卫生及医疗保健、文娱体育设施、集体交通工具等集体服务设施，企业员工或员工家属可以免费、低费使用。

（3）带薪休假、旅游等。传统的企业福利主要是满足员工一些基本的生活需求，现代集体福利已经包括一些高层次的福利项目，例如文化娱乐、旅游观光、带薪休假等。

（4）在职培训。员工培训具有双重功能。一方面，员工培训作为企业人力资源开发的主要形式，可以开发员工的技能，提高员工的工作绩效。另一方面，在职培训也是员工提升职业技能，实现职业生涯目标的主要途径。因此，在职培训计划的实施从后一个角度讲，也属于企业员工的基本权益和福利待遇。

3. 个人福利

员工个人福利主要是指由员工福利基金开支的，以货币形式直接支付给员工个人的福利补贴，是员工福利的非主要形式。其内容包括：

（1）两地分居的员工享受探亲假期、工资补贴和旅费补贴待遇；

（2）上下班交通费补贴、冬季取暖补贴、生活消费品价格补贴、婚丧假和年休假工资等；

(3) 对经济困难员工的生活性补助等。

员工个人福利从法律意义上讲,只具有任意性规范的性质,意为这些规定如果在集体合同、管理规则和劳动合同中被规定,就具有了约束力,否则没有法律效力。在具体实施中由各企业自行规定,不尽统一。

第三节 企业薪酬结构

一、企业薪酬的构成

图 1-1 是一个企业薪酬的结构图。

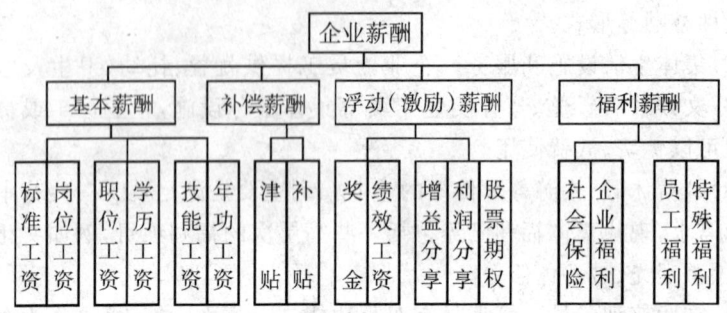

图 1-1 企业薪酬的构成

企业薪酬主要由四大部分构成:基本薪酬、补偿薪酬、浮动或激励薪酬和福利薪酬。其中,固定薪酬部分主要包括基本薪酬、补助性薪酬、传统的奖金和福利等;带有奖励性质和与绩效相关的薪酬构成浮动或激励薪酬的主体。

二、薪酬结构及其管理的性质

从内部结构来看,总薪酬的基本性质有以下几方面:

1. 不是一个部分的概念,而是一个总体的概念。各薪酬要素之间是相互独立的,又是相互组合的,多种要素组合在一起,构成一个有机的薪酬管理模式。

2.不是一个成本的概念,而是一个收益的概念。每一项薪酬制度、计划、政策的出台都是有其经营目的的,换言之,都是为了使员工绩效最大化。

3.不是一个报酬的概念,而是一个管理的概念。支付给员工的薪资或者福利项目,都是出于开发管理的需要。薪酬管理不是单纯阐述概念,而是通过对这些概念的深刻理解,转换为具体的、实际的管理行为。

4.体现了一种战略管理的内涵,反映的不是一种单纯的劳动力买卖关系,而是如何将薪酬管理整合到企业总体战略目标的实现之中。

三、企业薪酬结构类型

薪酬结构与企业薪酬制度密切相关,在不同的薪酬制度下,有不同的企业薪酬结构。一般来讲,主要有四种结构类型:

1. 以保障为主的薪酬结构

在这种薪酬结构中,基本薪酬的比例相对较大,浮动薪酬比例较小,企业福利水平高。该种薪酬结构的优点是,员工之间的薪酬差异较小,收入相对稳定,可以保证员工的基本生活需求。其缺点是缺乏激励,不利于发挥差别薪酬的作用。

2.以短期奖励为主的薪酬结构

在这种薪酬结构中,奖金和短期激励薪酬的比例比较大,基本薪酬和因工作环境因素导致的补贴比例相对小,同时采取有差别的企业福利政策。这种薪酬结构的优点是,一般可以保证员工的基本收入,但缺点是收入稳定性差,容易使员工产生一种不安全感。

3.以效益为主的薪酬结构

这种薪酬制度与第二种类型基本相同,不同之处是将部分基本薪酬和福利薪酬也变成浮动部分,薪酬随员工的工作绩效而变动。这种薪酬结构对员工更具激励性,但收入差距更加扩大,员工的不安全感增大。

4.以长期激励为主的薪酬结构

这种薪酬制度已经超越了传统的薪酬功能与运作机制,把薪酬管理作为企业制度改革和战略发展的一个重要组成部分。在新的报酬制度下,员工不以劳动付出作为支取报酬的惟一依据,其他生产要素也参与分配,企业与员工和管理者通过报酬机制的再造结成利益相关的合作伙伴。股票期权、长期福利计划及经营者年薪制等是该薪酬结构类型的主要构成要素。

企业间薪酬形式和薪酬结构的差异,除一些外部因素的影响外,主要与企业采取的薪酬制度和薪酬管理模式有关。例如,在计划经济时期,我国主要采取的是单一的等级薪资和计时薪资的形式,这一模式决定了基本工资的比例大,奖励和激励薪酬部分比例小,员工之间收入差异小。薪酬制度改革以后,薪酬形式的多样化,使得基本薪酬比例与员工的实际劳动技能、劳动强度和劳动责任等因素紧密结合,突出了薪酬形式的灵活性和多样性,基本薪酬和各种浮动薪酬之间能够有机地组合在一起,使薪酬形式和运行机制更为科学和有效。

国外对薪酬结构的选择也有不同意见,有的企业倾向以收入均等化为主的结构,有的企业则倾向于以效率为主的薪酬结构。但无论何种薪酬制度,最终目的有两个:其一,提高员工的绩效;其二,增大企业的竞争力。

第四节 当代企业薪酬管理的性质与研究热点

企业的薪酬管理,顾名思义,就是企业管理者对本企业雇员报酬的支付标准、发放水平、要素结构、管理系统进行调整和确定的过程。正是在这些具体和常规的管理过程中,体现出企业的战略方向、管理者的决策意图,和企业对不同员工群体的行为导向。

一、企业薪酬管理的性质

现代企业薪酬管理的性质体现在三个方面:

1.薪酬管理是企业人力资源管理的一项重要内容。企业管理的过程,也就是企业各类资源的开发和配置过程。任何企业的资源都可分成物质资源、财力资源和人力资源三类资源。其中,人力资源是企业生存与发展的核心资源。在人力资源管理中,对雇员的薪酬管理是不可或缺的重要方面。许多企业的成功都与选择合理的薪酬制度和管理机制有直接的关系。许多企业管理者认为,虽然把企业的成功归结为薪酬制度的成功有一定的绝对性,但没有科学的薪酬管理的企业是绝对不可能获得成功的。

2.薪酬管理是对人的管理。管理就是让别人去做管理者想做的事情,但是,只有被管理者也想做同样的事,管理才能成功,这就是内在激励的实质。传统工资管理,仅具有物质报酬分配的性质,很少考虑被管理者的行为特征。现代企业的报酬管理已突破传统的局限,树立新的管理理念,将薪酬管理作为企业目标的实现和员工内部激励的一个重要组成因素。企业目标的实现有赖于对员工的激励,激励可分为外在和内在两种。按照传统的类别划分,工资、奖金、福利等物质报酬是外在激励要素,而岗位的多样化、从事挑战性的工作、取得成就、得到上级认可、承担责任、获取新技能和事业发展的机会等是员工的内在激励要素。现代薪酬管理已经把物质报酬的管理过程与员工激励过程紧密地结合起来,成为一个有机的激励系统。例如在企业中,实施与业绩相关的收入政策,提倡业绩与奖励直接挂钩的薪酬制度;在这种管理体系下,雇员通过个人的努力,不仅能提高工资收入,也能提高个人在企业中的地位、声誉和价值。

3.成功的薪酬管理是企业发展的动力所在。企业发展的动力在于选择适合本企业发展的机制,包括薪酬管理机制。传统的工资体系,例如等级工资制、岗位(职务)工资制等,这些工资制度的实质是随着个人进步,工资收入在同级不同档次或不同级别之间变化,激励员工在组织内部沿着一种纵向的结构攀登。虽然这种工资制度也体现了对员工的一种激励,也体现了在相对公平的原则下,雇员之间的工资差别,促使员工多劳多得。但是这种传统的激励机制有几个明显的缺陷,例如,仅从物质角度保证报酬差别的合理性,没有考虑员工的内在心理因素;仅从雇主和管理者的角度考虑公平的尺度,带有主观性;仅从本企业的角度考虑工资差别和报酬公平,没有考虑外部环境变化对员工报酬的影响等。现代企业薪酬管理改变了这种传统的动力机制,注意了对三种激励机制的综合运用:

其一,物质机制——按劳付酬,体现公平和效率。例如技能工资和绩效工资,强调多劳者和绩优者多得,刺激雇员具备更多、更精的劳动技能,获得更多的劳动报酬和更高的工作岗位。

其二,精神机制——激励贡献,体现人本主义观念。将个人的报酬与企业的成功结合在一起,不是从企业为雇员提供物质报酬的角度,而是强调雇员业绩是对组织目标的贡献,从组织受益的角度酬谢员工所做的努力。

其三,团队机制——责任感和风险意识。现代薪酬管理强调个人报酬与企业效益的紧密结合,例如提倡工资与企业利润挂钩,鼓励雇员参与企业利润分享等。这些都是为了弱化雇员报酬的个人行为特征,强化雇员的团队精神,使雇员明了,只有具备敬业和合作精神,才能实现个人的价值。

二、当代企业薪酬管理的热点

随着人力资源管理在现代企业管理理论与实践中地位的提升,薪酬管理成为新的研究热点。主要的领域与问题包括:

1. 战略性的薪酬管理

(1) 可变或浮动薪酬(Variable Pay)的开发与管理,如可变薪酬的性质、作用,可变薪酬开发方式与途径等。

(2) 绩效薪酬(Pay for Performance)的开发与管理,如绩效薪酬演变、绩效薪酬与绩效管理的连接、绩效薪酬效果评价等。

(3) 薪酬激励项目(Incentive Pay Program),如薪酬激励项目的设计、实施,薪酬激励与企业整体激励项目的配合等。

2. 特殊群体的薪酬管理

(1) 全球化薪酬管理(Global Compensation),如薪酬管理的全球化趋势、不同文化背景下薪酬管理模式的融合、国际劳动力市场的薪酬变动等。

（2）跨国公司与海外（外派）员工薪酬管理，包括跨国公司薪酬管理模式的变革、母国公司对海外子公司的薪酬管理、外派员工的薪资福利管理及其与本土员工薪酬管理的协调等。

（3）高科技员工薪酬激励（High-Tech. Talent Compensation and Incentives），包括高科技员工激励的特殊性，高科技员工薪酬管理方式变革等。

（4）团队薪酬和奖励问题（Team Pay、Team Reward），包括团队薪酬分配的新形式、知识团队物质激励、不同团队类型的报酬方式选择等。

3.企业与员工福利

（1）长期保险福利（Insurance & Benefits），主要为企业福利与社会保障体系的配合、企业福利管理模式变革与创新等。

（2）养老金或年金问题（Pension），主要为多层次养老体系的构建、企业补充养老计划的实施等。

4.长期激励薪酬

（1）利润分享与股票期权计划（Gain Sharing Plan & Stock Option），包括利润分享计划的设计与实施、员工持股计划等。

（2）员工奖励计划（Reward Plans），包括物质激励与非物质激励的配合、人力资源开发等。

（3）经营者薪酬（Executive Compensation），主要围绕着企业经营者年薪制的设计、运作及管理等进行一系列的理论与实务研究。

参考资料

1.〔美〕R.韦恩·蒙迪、罗伯特·M.诺埃：《人力资源管理》（第六版），经济科学出版社，1998年，第20页。

2.〔美〕斯蒂芬·P.罗宾斯：《管理学》，中译本，中国人民大学出版社，1998年。

3.李新建编著：《企业雇员的薪资与福利》，经济管理出版社，1999年。

4. Joseph J. Martocchio: "Strategic Compensation: A Human Resource Management Approach", Prentice Hall, 1998.

5. Richard I. Henderson: "Compensation Management in a Knowledge-Based World", Prentice Hall, 2000.

思考题

1. 如何定义现代企业薪酬?
2. 企业薪酬的基本性质和主要职能是什么?
3. 企业薪酬由哪些要素构成? 它们的内涵和特点是什么?
4. 如何理解总薪酬这一概念?
5. 简述企业薪酬结构的类型和特点。
6. 如何理解现代薪酬管理的性质?

第二章

企业薪酬理论

本章学习要点

- 了解早期工资理论的主要观点,熟悉其演变过程。
- 了解工资决定理论的主要派别,掌握主要观点。
- 了解薪酬管理理论的主要观点,分析其对现代企业薪酬管理的指导意义。
- 了解薪酬分配理论的主要派别,分析其对现代企业薪酬管理的指导意义。

工资理论是一个重要的研究领域,也是政策制定者始终关心的社会经济问题。工资研究有宏观和微观之分,宏观主要是研究一个国家的工资总量和工资水平与国民生产总值之间的关系,劳动力市场工资的变动等;微观的研究对象是单位工资额的确定、雇员之间的薪酬分配形式及其与企业经营之间的关系,两者之间既有区别又相联系。为了突出薪酬问题的微观性质,将与企业薪资福利问题有关的理论统称为企业薪酬理论。

第一节 早期的工资理论

工资是市场经济的产物,是雇佣关系的媒介。最早的工资理论是由西方古典经济学派创立的,代表人物主要有:威廉·配弟、亚当·斯密、大卫·李嘉图、约翰·斯图亚特·穆勒等。尽管他们的观点是资本主义早期工资问题的理论总结,比较宏观和欠系统,但对现代企业工资研究仍然具有重要的借鉴作用,并成为当代企业工资管理的理论基础。其中,与企业薪酬管理关系比较密切的理论主要有:

一、工资决定理论

生存费工资理论,是亚当·斯密(Adam Smith)和大卫·李嘉图(D.Ricardo)等古典经济学派所提出的最早的工资决定理论。该理论认为,工资由劳动者及其家庭所必需的最低生活费用来决定。这是因为,由于马尔萨斯(T.R.Malthus)"人口规律"的存在,工资水平的上升或下降就会导致劳动力供给量的变化,其结果是工资最终收敛于维持劳动者生存的水平上。

如果工资水平超过劳动者的基本生活费用,那么劳动者就可以多生子女,结果就会造成劳动者的人数增加,这样,劳动力的供给就会超过需求,劳动力在劳动市场上的价格就会下降,工资仍会降到维持生存的水平;相反,如果工资水平低于劳动者的基本生活费用,那么,由于饥饿、疾病、死亡率的上升以及婚期的延期等原因就会导致劳动力供给的减少,而劳动力供给减少的结果,又会导致工资水平的上升,工资最终提高到维持生存的水平。

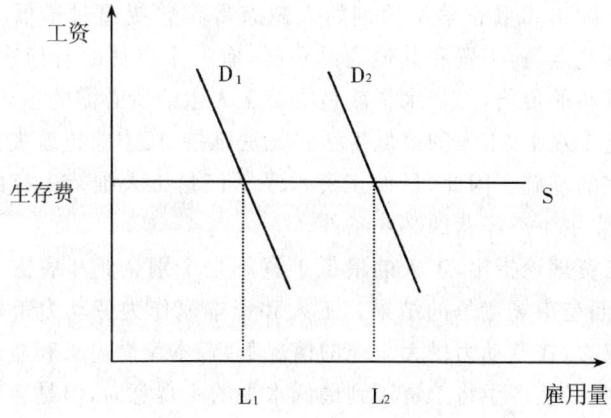

图 2-1　生存费工资的决定

生存费工资理论认为,长期劳动力供给曲线在生存费工资水平上是完全弹性的,所以劳动力需求的变化只能决定雇佣规模,但不能影响工资水平。如图 2-1 所示,劳动力的长期供给曲线 S 是等于生存费工资的一条水平线。假如,资本积累的结果使得劳动力的需求增加,则劳动力的需求曲线向右平移,劳动力的需求曲线由 D_1 向右平移到 D_2 曲线的位置。这种需求的变化,在短期内可能导致工资水平的上升,但长期来看工资最终回到生存费水平上,只是把雇佣量从 L_1 增加到 L_2。

生存费工资理论在一定程度上反映了资本主义发展初期的历史状况,并且为最低工资的确立提供了理论基础,也有学者认为这一理论仍适用于今天那些发展程度很低的前工业化国家。该理论有不少缺陷,例如,它主张工资是由维持劳动者生活的生存费来决定的,但生存费是个比较模糊的概念,并受工资水平的影响,说明这种解释有逻辑错误。而且,生存费工资理论没有能够深刻揭示工资的本质以及工资超过生存需要的增长和提高,同时也不能解释同一个国家和地区劳动者之间的工资差别。所以这一理论到19世纪中期时被多数经济学家所抛弃。

二、最低工资理论

威廉·配弟和重农学派的创始人魁奈等都曾提出过最低工资理论。其基本观点是：工资和其他商品一样，有一个自然的价值水平，即最低生活资料的价值，工资水平就是维持工人生活所必需的生活水平。如果低于这个水平，工人的最低生活将无法维持，资本家也就失去了继续生产财富的基础。因此，最低工资水平不仅是工人维持生存的基本保证，也是雇主生产经营的必要条件。

最低工资理论指出，工人的最低工资不是个别企业和雇主主观意愿的结果，而是市场竞争的结果。工人和资本家作为劳动力市场上利益对立的双方，在劳动力供大于求的情况下，资本家受追求利益最大化动机的驱使，必然产生将工资压到最低水平的主观意向，但是客观上又存在一个最低工资限度，这就是维持工人及其家属的最低生活水平。低于这个水平，劳动力的再生产无法进行，社会的稳定和发展也会受到影响。

最低工资原理是政府工资调节的主要理论依据之一。据此，许多国家相继制定了最低工资保障法律，以协调雇主与雇用工人之间的利益冲突。尽管早期的最低工资理论过于简单，也没有真正揭示资本主义工资的实质，但它仍是政府宏观工资调节和企业微观工资管理的基本理论之一。

三、工资基金理论

工资基金理论是继生存费工资理论之后产生的一种早期的工资理论，此理论强调了劳动需求对工资的影响，其主要代表人物是约翰·斯图亚特·穆勒(J. S. Mill)等英国的古典经济学家。

工资基金理论认为，对一个国家来说，一定时期的资本总额是一个固定的量，其中用于支付工资的部分，即工资基金也是一个固定的量。工资基金决定于资本中扣除了资本用于补偿机器设备消耗、购买原材料等生产资料耗费和利润之后的剩余，用公式表示为：

$$工资水平 = \frac{工资基金}{劳动者人数}$$

从公式可以看出,工资水平的高低首先取决于工资基金的多少,在劳动者人数一定的情况下,工资基金多,工资水平就高,反之就低;然后取决于劳动者人数的多少,工资水平等于工资基金除以劳动者人数,在工资基金一定的情况下,劳动者人数多,工资水平就低,反之就高。因此,在国家总工资规模和水平一定的情况下,一些劳动者和企业工资的变动是与另外一些工人和企业的工资变动相对应的,即其中一部分人的工资增加是以另外一部分人的工资减少为代价的。同样,如果用于劳动者报酬的部分多了,工资的增长就会影响资本的增长,最终影响生产的发展,使下一个生产周期的资本和工资减少,因此,工资的增长不能影响资本增长。雇佣劳动者的工资总基金没有增加,或者劳动力供给量不减少,工资总额不可能增加;工资基金不减少,或者领取工资的工人人数不增加,工资水平不会下降。

工资基金论是为了证明两点:第一,工资决定于劳动力人数和购买劳动力的资本与其他资本之间的关系,即工资决定于资本;第二,用于支付工资的资本成为短期内无法改变的工资基金。工资基金论者认为工会斗争和政府干预提高工资,改善工人生活的企图是无济于事的,如果工会增加了一部分人的工资,必然使另一部分工人的工资下降。政府制定的最低工资法虽然有利于低收入的工人,却牺牲了多数劳动者的利益。

穆勒的工资基金理论存在着很多缺陷。如用于支付工资的费用比例和劳动力数量在特定时间内是不变的,这不符合事实,实际上工资基金所占的比例和劳动力数量都在时刻发生波动。所以,1869年穆勒本人也放弃了这个理论。

英国经济学家纳索·西尼尔于1850年对工资基金理论进行了修改,主要贡献是把货币工资与实际工资区分开,否定工资标准决定于总资本中用于支付工人的总金额,认为它应该是现行产品中分给工人的份额。根据这一假设,工资基金的数量决定于两个因素:一是工人直接或间接生产他们需用的商品的生产效率;二是生产这些商品直接或间接雇用的工人数。西尼尔理论最有价值之处还在于指出了工人工资增长与劳动生产率之间的关系,认为在较长时期内,投入生产的资本数量、质量以及劳动力质量的增长,必然促进实际工资水平的增长。①

四、工资差别理论

从理论上讲,在完全竞争的条件下,企业间和企业内部的工资水平应该趋于相等,因为劳动者能够自由选择报酬不低于他人的职业,工资水平也会随着工人职业和劳动岗位的转换和竞争达到一种均衡状态。但是现实中,企业内部和外部的工资差别是客观存在的,这种经济现象很早就引起一些经济学家的注意。

斯密是工资差别理论的创始人之一。他认为造成不同职业和工人之间工资差别的原因主要有两大类,一类是由不同的"职业性质"造成的;另一类是由工资政策造成的。各种不同性质的职业从五个方面造成工资的差别,包括:(1)使劳动者心理感受不同,有的职业可以使人愉快,而有的则使人感到厌烦;(2)掌握难易程度不同,有的职业很容易学习和掌握,有的则难以掌握;(3)安全程度不同,有的职业风险大,不安全系数高,有的则没有什么风险,比较安全;(4)担负的责任不同,有的职业负担的责任重大,有的则没有什么责任;(5)成功可能性不同,有的职业容易成功,而有的职业则容易失败。对于那些使劳动者不愉快、学习成本高、不安全有风险、责任重大和失败率高的职业,应付给高工资,反之,付给低工资。

斯密所指出的职业性质与工资收入差别之间的关系,实际上是现代岗位和职务工资制的基础。不同的工作岗位,不同的职业,要求劳动者的素质和劳动量的付出不同,付出的劳动量高,得到的劳动报酬也要高。②

斯密根据对工资政策与工资差别之间关系的揭示,指出政府不适当的工资政策会扭曲劳动力市场上的供求关系,例如,限制了职业间的

---

① [美]C.A.摩尔根:《劳动经济学》,工人出版社,1984年,第66页。
② 亚当·斯密:《国民财富的性质和原因的研究》,商务出版社,1997年,第91~98页。

竞争、阻碍了劳动力的自由流动等。在这种情况下，工资作为劳动力价格的表现形式，自然会通过不合理的工资差别反映出来。这一观点对政府的宏观工资调控具有非常重要的理论和实践指导意义。

第二节 企业工资决定理论

一、边际生产力理论

边际生产力理论被认为是现代工资理论的基础，可以用它来解释工资的长期变动趋势和短期内的波动。主要代表人物是英国经济学家阿尔弗雷德·马歇尔和美国经济学家约翰·贝茨·克拉克等。

该理论以雇主追求利润最大化，亦即亚当·斯密提出的所谓"经济人"假说为前提。基本思想是，在一个完全自由竞争的市场上，企业主总是力求他的每一种生产要素都获得最大利润，以至于每一种生产要素在生产中都能得到最佳配置。工资决定于劳动的边际生产力，雇主雇用的边际工人的产量等于付给其的工资，也就是劳动力的边际收入等于劳动力的边际成本。

劳动力的边际收入是指新增工人使企业总收入增加的部分；劳动力的边际成本是指新增工人使企业总成本增加的部分，到达这一点，就是劳动力的最佳雇佣点。如果边际收入小于边际成本，雇主就会不雇用或解雇工人；如果边际收入大于边际成本，雇主就会增雇工人；只有在两者相等时，雇主才会不增人和不减人。

边际生产力工资理论的核心是证明，工资水平决定于劳动的边际生产力。如果把劳动成本比作工资，把劳动收入比作产量，则工资的决定过程如图 2-2 所示。

在图 2-2 中，DD′线代表雇主对劳动力的需求线，它决定了劳动力创造的边际收入是一条下降线。它的变动受两个规律的制约：其一，收益递减规律。在其他要素不变的前提下，如果劳动力数量增加到一定限度之后,企业利润就会等比例地缩小。其二,均衡规律。当全部生产要素(工厂规模)超过一定点以后,利润也会等比例下降。

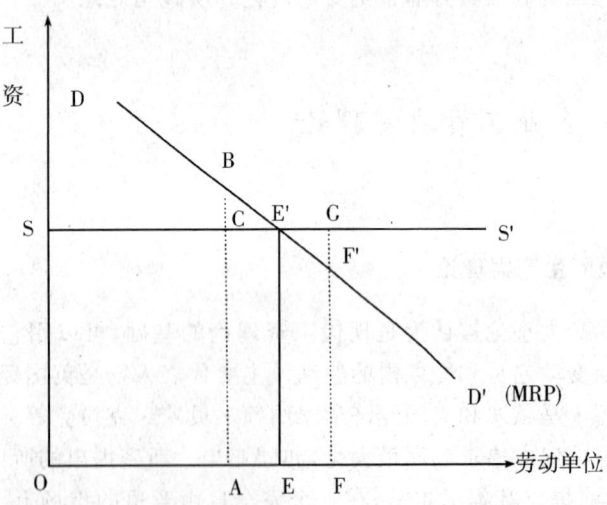

图 2-2 边际生产力理论与完全竞争条件下的厂商行为

资料来源:[美]C.A.摩尔根,《劳动经济学》,工人出版社,1984年,第71页。

SS′线代表劳动力的供给线,是一条平行的、有充分弹性的线,也可称为工资成本线。劳动的边际收入与边际成本之间的均衡点是 E′点,表明 OE 是最佳雇员规模,未达到 E′点,雇员规模为 OA 时,雇主将有利润损失(如三角形 BCE′),即劳动的收入超过劳动的成本部分因雇员不足而丧失;超过 E′点,例如到达 F′点,雇员规模为 OF,则雇主的利润损失为三角形 GF′E′,意味着雇员过多使劳动的边际成本超过了边际收入。因此,最佳雇佣规模决定了雇员的工资。

现实中的市场不是完全竞争的,劳动力也不是自由流动的,换言之,劳动力市场上存在着垄断价格。在垄断存在的情况下,一些企业要雇用更多的劳动力,就必须支付较高的工资,否则就无法达到它所需要的工人数量。例如,在西方劳动力市场上,经常存在着由工会垄断劳动力供给的情况,也存在着雇主垄断的情况。在这些情况下,工资由边际劳动生产力决定的结论就难以实现。因此,工资并不一定决定于劳动力的边际劳动生产率,而是在一个较长时间内,围绕着劳动力的边际生产率摆动。短期内,工资可能高于、低于或等于劳动力市场上劳动力的边际生产率水平。在这种情况下,外在的力量有可能使两者相等。

在工资高于边际生产率水平的情况下,雇主会通过以下办法使两者相等:其一,提高效率和单位产量;其二,减少雇佣工人的数量;其三,通过提价的方式将成本转嫁给消费者。在工资低于边际生产率的情况下,雇员或雇主也会通过以下办法使两者相等:其一,流向别的企业;其二,用集体压力迫使工资增加。

边际生产力工资理论是一种流行比较广泛,影响力比较强的工资理论,虽然运用其理论很难揭示现实中的许多工资现象,但是它在揭示工资水平与企业劳动生产率之间的关系上,有很多令人信服之处。它证实这样一种经济现象:在其他条件相等的情况下,劳动力数量增加会使实际工资水平下降;资本数量增加则有可能使实际工资水平提高。

二、集体交涉工资理论

集体交涉工资理论,也称为集体谈判理论,在西方劳动经济学中属于短期工资决定的理论。早期的古典经济学派,如亚当·斯密等,已经注意到了劳动力市场上集体交涉的作用,但并未引起高度重视。19世纪末期,美国的约翰·贝茨·克拉克、英国的 A.C.庇古和莫里斯·多布等经济学家最终创立了这一理论。第二次世界大战以后,集体交涉工资理论在一些工业化国家得到了广泛的传播和发展。[①]

该理论的一个主要观点是,工资在一定程度上是劳动力市场上,雇主与雇员之间的集体交涉的产物。在工业化早期,集体交涉只限于雇主和雇员之间的单独谈判,随着产业社会的发展,双方交涉的形式日益趋向集体组织和集体方式。而且,公平合理、互惠互利逐渐成为集体交涉的基本准则,但是也不排除这一准则在形成和执行过程中,需要国家进行仲裁。

---

① [美]C.A.摩尔根:《劳动经济学》,工人出版社,1984年,第79页。

在集体交涉未形成前,劳动力市场上的竞争特点是比较紊乱和无序的,雇员无法抗拒雇主用垄断的办法压低工资,特别是在劳动力供大于求的情况下。同时,当工人组织起来以后,也形成了劳动力市场上的卖方垄断。例如一些理论探讨在工会起作用的条件下的工资决定问题,认为工会如果控制了劳动力的供给量,也就影响了工资水平和工资率的决定。如图 2-3 所示。

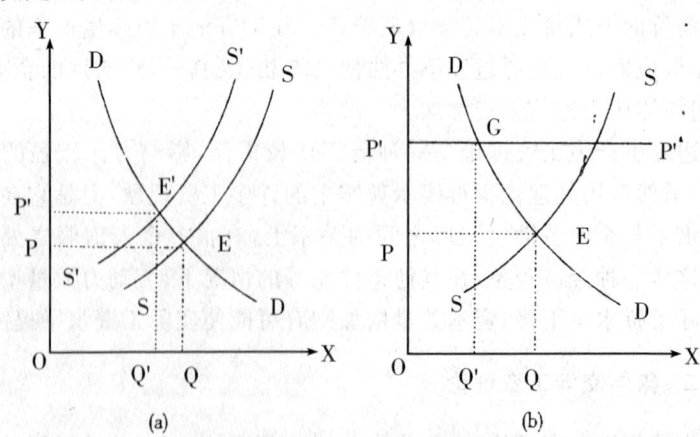

图 2-3 工会作用下的工资决定

资料来源:厉以宁,《现代西方经济学概论》,北京大学出版社,1985 年,第 108～109 页。

如图 2-3(a)所示,工会采取措施限制了劳动力的供给量,例如不准非工会会员受雇等,劳动力的供给量由 SS 移至 S'S'。相应的,雇佣量由 OQ 下降为 OQ';工资率由 OP 上升到 OP'。如图 2-3(b)所示,工会人为地提高工资率,即由 OP 上升到 OP',或促使政府规定最低工资率,使工资率不得低于 P'P' 线。原来劳工劳动力的供给与需求的平衡点为 E,OP 为均衡工资率,OQ 为均衡条件下的雇佣量。在工资率为 P'P' 的条件下,劳动力的需求曲线 DD 与 P'P' 相交于 G,雇佣量也就减少到 OQ'。

因此,通过雇主和雇员双方集体力量的讨价还价和公平、合理的交涉,不仅能在一定程度上消除垄断,也有助于降低混乱竞争给双方造成的无谓损失。

20世纪60年代,马伯瑞(B. D. Mabry)用契约领域模型说明集体谈判过程,该模式也可用来解释集体谈判对劳动力市场工资率的影响。他认为,劳资双方进行集体谈判时,双方最终实际能够接受的条件和双方所表明的条件之间存在差异,在谈判过程中任何一方都不愿意透露自己实际要接受的条件。因此,双方都努力探索对方最终实际能够接受的条件,而且在谈判过程中,迫使对手改变原来的接受条件。

图2-4是契约领域模型。在图中,U_I代表谈判初期工会所提出的条件,U_R代表工会最终愿意接受的条件,M_I代表谈判初期企业提出的条件,M_R代表企业最终愿意接受的条件。

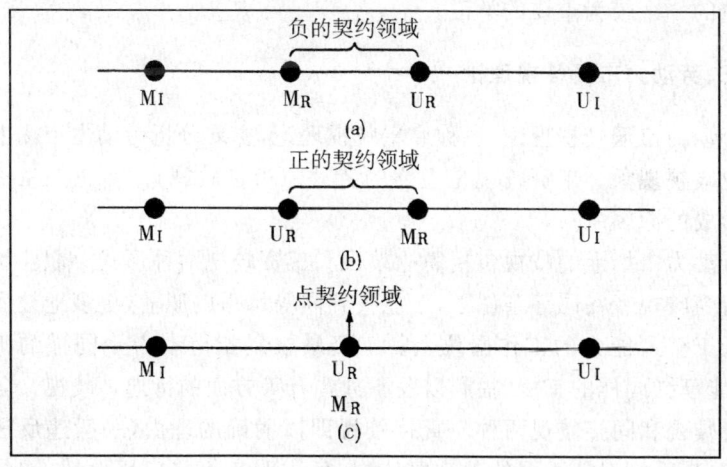

图2-4 契约领域模型

资料来源:Mabry, B. D. "The Pure Theory of Bargaining", Industrial and Relation Review, July 1965.

如图2-4,如果工会最终愿意接受的条件大于企业最终愿意接受的条件($U_R > M_R$),就存在负的契约领域(Negative Contract Zone),这时,集体谈判可能会破裂。相反,如果企业最终愿意接受的条件大于工会实际所要求的条件时($M_R > U_R$),就存在着正的契约领域(Positive Contract Zone)。在正的契约领域内,集体谈判成功的可能性非常大。

还有一种情况是,双方的条件恰好相等($U_R = M_R$),被称为点契约领域(Point Contract Zone)。如果双方了解这种情况,集体协议就会形成,双方谈判成功;如果不了解,谈判过程就比较艰难。

对集体谈判理论的主要非议是,这不是一种严谨的工资理论,而是一种实用主义的解释,并且与边际劳动生产力理论相悖。客观地讲,集体谈判理论只是一种短期货币工资决定理论,而边际生产力理论是一种关于实际工资要素和工资水平长期变动的理论。两者对工资现象的解释不是对立的,而是互补的。因此,集体谈判理论在一定程度上讲,是集体谈判制度以及工会作用的理论基础和实践总结,是现代企业工资理论的一个较为重要的学说。

三、劳动力市场歧视理论

劳动力市场歧视理论,也称雇主歧视理论,主要分析劳动力市场上的就业歧视现象。工资歧视是主要的劳动力市场歧视行为,也是工资差别形成的原因之一。

劳动力市场上的歧视包括职业歧视和工资歧视两种形式。职业歧视是指受歧视者在同等条件下,不能找到同等水平的职业,更多地被雇用在低于个人能力的工作岗位上。工资歧视是指劳动者干同样的工作,不能享受同样的工资、福利以及职务晋升等方面的待遇。歧视又分为直接歧视和间接歧视两种。直接歧视即以明确的理由(一般违反法律规定)来区别对待不同的劳动群体,如雇主明言拒绝雇用女性,或付给女工低工资报酬;间接歧视在表面持中立,但其规定或行为却导致了对某些群体的不平等对待。

劳动力市场歧视的产生有微观和宏观的原因,微观原因主要是雇主歧视;宏观原因包括劳动力市场供求状况、就业信息提供、就业政策、劳动法、工会力量以及社会保障制度等社会经济条件。劳动经济学主要从雇主角度研究就业歧视及其对雇员劳动报酬的影响。雇员偏见也是歧视产生的一个原因。它是指在一些企业已被雇用的大多数工人对另外一些集团和社会群体的人抱有偏见,不愿意与之合作而影响雇主对一些雇员的歧视。雇主如果雇用这些人,就要支付给抱有歧视的原工人更多的工资,因此加大了雇佣成本;不雇用这些人,会有其他的社会、法律压力,或者经济损失。其结果,雇主很可能减少雇用受歧视者,或降低雇佣工资。贝克尔称这种情况为"多数人对少数人的歧视",[①]例如在西方白人工人对黑人和有色人种工人的歧视;在我国城市工人对农民工的歧视等。

劳动力供求状况是劳动力市场歧视产生的一个重要外部条件。在劳动力供大于求的情况下,歧视就会突出,因为雇主可选择的雇佣者多,可以使歧视偏好成为现实的歧视行为,求职者也会面对更多的竞争对手,忍受"歧视职业"和"歧视收入"。就业问题与劳动力市场上供大于求有直接的关系。此外,劳动力市场的其他外部运行条件,即为保证劳动力市场的正常运行所需要的一些规则、法律、制度等也是性别歧视的一个重要影响因素,因为职业歧视很难依靠市场机制解决,需要相关的政策、法律及一些工会、妇女组织等外部干预。在市场经济不发达,劳动法和工会组织不完善的情况下,不能有效地约束职业歧视行为,因此,需要一种利益协调机制保证劳动力市场按照经济运行的内在要求配置劳动力资源。

因此,劳动力市场的歧视理论是政府对劳动力市场调节的理论工具,也是企业薪酬公平管理的重要依据。

四、人力资本理论

如果说雇主歧视理论是对工资差别的非经济因素和外在因素的一种理论解释,人力资本理论则是对工资差别内在经济原因的一种理论解释。

按照人力资本理论,人力资本是由人力资本投资形成的,是存在于人体中的知识和技能等含量的总和。人力资本投资主要为五种形式:(1)医疗和保健投资;(2)在职培训投资;(3)正规教育投资;(4)社会教育投资,主要是非企业组织为成年人举办的劳动技能训练;(5)个人和

---

① 加里·S.贝克尔:《人类行为的经济分析》,上海三联书店、上海人民出版社,1992年,第25页。

家庭适应于变换就业机会的迁移投资。从个体劳动者的角度来讲,一个人的人力资本含量越高,其劳动生产率越高,边际产品价值也越大;反之,其劳动生产率越低,边际产品价值也越小。同样,在劳动力市场上,人力资本含量高的劳动者应该得到较高的工资和待遇,这是内在人力资本价值的表现;也只有使每个劳动力的人力资本价值都得到体现,社会总体劳动力资源才能得到有效配置,即实现所谓的"帕累托最优"。①

人力资本理论在解释职业工资差异上是比较有说服力的。在工业化国家,主要解释白领技术工人和蓝领非技术工人工资差异及其变动情况。根据美国的经验,在20世纪前50年的时间内,两者之间的收入差异缩小了,换言之,体力工人的收入接近白领雇员了。早期的一些解释认为是企业给予白领雇员更多的福利待遇而非现金收入,这样做的结果不仅提高了其社会地位和体面性,也缩小了非技术工人和技术工人在心理和社会上的差距。但是,这些解释都是局部的和非实质性的。人力资本理论的建立,给予体力与脑力劳动者两者之间收入差距一种较为科学的解释,该理论也可以解释雇主对雇员的在职培训行为及其培训后的工资决定问题,是技能工资、资历工资等能力工资的主要基础理论之一。

五、效率工资理论

在传统经济学中,总是假设雇主千方百计地压低雇员的工资,但是现实中,一些雇主却主动将企业员工的工资维持在一个高于劳动力市场出清的水平上,原因何在?西方比较流行的效率工资理论对这一现象进行了解释。

按照传统经济学理论,工资仅是劳动的一种价格,或者说是一种均衡劳动力供求的变量。但是,在现实的劳动力市场上,当工资调整到劳动力市场出清水平(供求平衡)时,劳资双方并非都是满意的。对劳动力一方来说,他对自己所拥有的劳动力质量有较好认识,对工资水平有

---

① 贝克尔:《人力资本》,北京大学出版社,1987年,第1~12页。

较高的期望值,但是迫于失业的压力,他不得不在低工资水平上就业,事实上他并不满意。对雇主一方来说,他把劳动者的工资开价看作是对不同质量劳动力的一种认可信号,因此,他雇用到低工资的劳动者,并不是他的心愿。而且,在生产过程中,工人往往是"按资付劳"的,工资水平往往与工人的努力程度成正比。

效率工资理论是在 20 世纪 80 年代发展起来的,该理论由诸多的理论模型组成。许多经济学家从不同的角度,运用不同的方法解释同样的经济现象。但一个基本的假设前提是,劳动力市场上成交的劳动力与在生产过程中的劳动发挥不完全是一回事,工人在劳动中总是尽可能地少出力,因此劳动效率的发挥需要有效监督。但监督是需要成本的,而且在信息不完全的情况下,对劳动的外在监督不是一件容易的事。要使工人主动地在劳动过程中作出努力,有两种激励机制可以发挥作用:一是把工资定在一个较高水平上,工资越高,劳动效率越高。从这种意义上说,高于劳动力市场出清水平的工资称之为"效率工资"。二是失去工作的威胁也可以促使工人提供努力。因为一旦失去工作,领取的救济金会大大低于工资收入的水平。

效率工资理论认为,工人在生产过程中所作出的努力是实际工资的函数,在资本要素不变的情况下,企业的产出取决于生产过程中投入的劳动要素数量和工人所作出的努力。雇主出于利润最大化的追求,即使在劳动力市场处于供大于求的情况下,也不会通过降低工资来多雇用工人,因为降低工资会导致工人努力程度的普遍下降,使企业处于更加不利的状态下。所以,雇主不会因为失业现象和低工资的诱惑而解雇原有的员工,雇用新员工。

对员工来讲,提高工资可以使他们有动力,消除他们的"偷懒行为"。对工人来说,在一定的工资水平下所以付出一定的努力是因为存在失业的威胁。在监督不充分的情况下,偷懒是必然的,而在不同的工资水平下,工人的努力和偷懒现象的产生是不同的。在工资水平很高时,工人将通过两个因素评价他们的工作:其一,高工资;其二,相应的低就业水平(由高工资引起低水平的劳动量需求),这意味着一旦被解雇,就要经历很长的失业期。所以,只要工资水平高,即使雇主降低工资,工人为了避免失业,也不会偷懒。但是在工资水平低的情况下,偷懒就会发生,这是因为,其一,低工资意味着工作与失业之间无太大的区别;其二,高就业水平(由低工资引起的高水平的劳动量需求)意味着即使被解雇,也不会经历很长的失业期。在这种情况下,企业只能提高工资以防止偷懒行为。

对这一理论也有质疑:既然在企业要求的努力区间内,雇员努力的边际效用可能是负的,但是雇员为什么总是作出超过企业要求的努力水平呢?相反,如果努力的边际效用为零,而收入的边际效用为正,那么企业可以通过提高努力水平和工作标准同时达到企业利润和员工效用水平的提高,企业为什么不这样做呢?对于这些问题,阿克洛夫提出了一个建立在"礼物交换"(Gift — Exchange)概念之上的模型。

该模型认为,员工是根据努力准则工作的,超过企业工作标准的部分好比是无偿赠给企业的一份礼物。这个准则不是个人的,而是集体共有的,它不是出于经济人的理性原则,而是出于员工之间的情感以及员工与企业之间的情感。员工希望企业会给予回报,支付他们以公平的工资,他们所付出的努力出于他们认为公平的工资,这个"公平"仅是相对于其他职工和失业者而言的。企业出于鼓舞士气的目的,也会支付较高水平的工资,而不考虑劳动力市场上一些失业者愿意以低工资被雇用,因为企业不愿意影响企业成员的士气。[①]

因此,企业行为不是一种纯粹的经济行为,而是一种企业与职工之间礼物交换的行为,这是一种包含了社会准则在内的集体行为。如果企业只是一个追求利润最大化的经济人,在努力准则的作用下,试图支付尽量少的工资,其结果并不一定是最优的。效率工资理论尽管在很大程度上是为了解释失业与工资变动之间的关系,但也可以对一些企业工资水平及其变动现象作出解释。

---

① [美]斯蒂芬·P.罗宾斯:《管理学》,中国人民大学出版社,1996年,第395页。

第三节 企业薪酬管理理论

一、企业工时学

传统工时学是以工时和动作研究为主要研究对象，泰勒是工作时间研究的创始人，吉尔布雷斯夫妇是动作研究的开创者。

泰勒最初研究工时的起因是为了解决工人的组织性怠工问题。他认为，需要用科学的方法研究工作的性质和特点，制定标准的工作方法和合理的工作量，以此作为工资决定和发放的基础。泰勒在1895年和1903年分别发表的《计时工资制度》和《工场管理》两篇论文，开创了近代工时理论的先河。它的主要思想是：

（1）探讨最适合于某项工作的管理方法；

（2）挑选最适合于干某项工作的工人，并对其进行专门的技能训练；

（3）改善工作条件；

（4）根据工作的性质和特点制定标准工作时间；

（5）根据工作量标准的完成情况，支付不同的报酬和奖励。

在吉尔布雷斯夫妇早期的研究中，将工人生产动作的改进作为提高工作效率的一个重要因素，即操作动作研究，目的是将一些生产设备与工人操作有机结合，达到人与物在物理性能上的最佳组合。该理论认为，在工人的操作中，有许多细小动作是无效的，虽然不引人注目，但积累起来浪费惊人。他们对各种操作动作进行了研究和简化，例如，将工人的手部动作归并为17个基本项目，称之为"动素"，对现代工时学的建立作出了另一重大贡献。

近代工时学主要是为了研究工作简化方法和技术，以提高工作效率。按照以往的思路，工作方法改进的核心是工人操作动作的改进，关注的是单位时间内提高工人身体动作的有效性。近代工时学突破了狭隘意识的束缚,更加强调各种生产要素与劳动者要素的有机结合。因此,标准性和系统性是现代工时学的灵魂,主要的标志是1940年由美国无线电公司的J.H.奎克、W.J.谢等人开创的,美国西屋电气公司R.B.梅纳德等人完成的两个工作系统:"方法时间衡量系统"(简称MTM)和"预定动作时间标准系统"(简称PTS)。

二、员工激励理论

"激励"是现代管理学理论中的一个重要概念。所谓激励,就是指"人们朝着某一特定目标行动的倾向,它将影响职员们怎样适应一个组织,员工们在特定地点和岗位上怀有的特定动机,会影响(企业)生产率"。[①] 激励问题研究之所以越来越受到企业管理者的重视,因为它是对员工从事劳动的内在动机的了解,可以促进员工在最熟练、最富于创造性的状态下工作。激励理论认为,员工的绩效与能力和动机有密切的联系,三者之间的关系用公式表达为:

$$绩效 = f(能力 \times 激励)$$

根据公式,工作绩效与员工个人能力和激励有关,其中激励是一个重要的因素,它决定着员工是否会朝着企业既定的目标努力。激励是一个由员工个人行为引发和实现的过程。

如图2-5所示,激励由个人需要出发,这些需要促使人们付诸行动,实现其目标,目标实现以后再反馈给企业。一个好的企业管理者应该关注:员工行为发生的原因、行为的运动方向以及行为的保持。现实中激励员工的因素很多,例如,有的员工看中收入提高,有的员工喜欢带有挑战性的工作,还有的希望管理和操纵他人,等等。现代企业试图通过各种方式激励员工努力工作,如推行奖金制度,鼓励员工参加企业管理,增加员工福利等,其实质都是为了满足员工的多种愿望和需求,激发员工的创造性和工作热情,取得更大的经济效益。

---

① MBA必修核心课程编译组:《人力资源:组织和人事》,中国国际广播出版社,1997年,第330~331页。

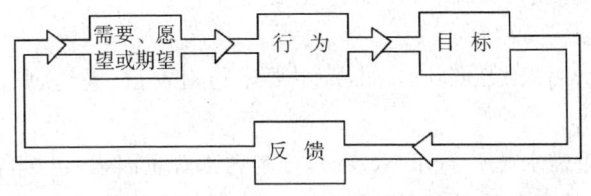

图 2-5　企业雇员的激励过程

资料来源:MBA 必修核心课程组编译,《人力资源:组织和人事》,中国国际广播出版社,1997 年,第 333 页。

激励理论是现代企业薪酬管理理论的基础,从研究内容看,这一理论较为宽泛,不仅适用于企业薪酬管理,而且适用于企业所有的管理工作。现代企业薪酬管理作为企业管理的一个有机组成部分,也与激励理论的关系非常密切。按照该理论的解释,激励与报酬之间是互为因果的,高收入是激励员工的一个重要因素;员工受到激励以后,高质量完成本职工作,又可以得到较高的劳动报酬。

第二次世界大战之后,激励理论得到了长足的发展,主要有两种研究模式:内容型激励和过程型激励。内容型激励集中研究人们行为的动因,说明什么事物会激励人们采取行动,管理人员如何了解和激发员工的行为。三种有代表性的理论为:马斯洛的需求层次理论、麦克利亚的成就激励理论和赫茨伯格的双因素理论。过程型激励主要研究影响人们行为的因素之间的关联以及相互作用的过程。比较有代表性的理论包括:期望理论、X—Y 理论、强化理论、公平理论等。尽管这些理论不断受到挑战,但仍是企业薪酬管理的主要理论依据。

1.需求层次理论

以亚伯拉罕·马斯洛(A.Maslow)和弗雷德里·赫茨伯格(Frederick Herzbegy)为代表的需求层次理论(Hierarchy of Need Theory),是现代薪酬管理的基本理论。在该理论中,马斯洛假设每个人的需求都可以排列成包括五个层次的纵向需求结构,具体为:

• 生理需求(Physiological Needs),主要是指人们为基本生存所需要的食物、水、住所、性满足以及其他方面的生理需求。

•安全需求（Safety Needs），主要是指保护自己免受身体和情感伤害的需要。

•社会需求（Social Needs），主要是指对友谊、爱情、归属及接纳方面的需求。

•尊重需求（Esteem Needs），分为内部尊重因素，包括自尊、自主和成就感；外部尊重因素，包括地位、认可和关注等。

•自我实现需求（Self — actualization Needs），主要是指成长与发展、发挥自身潜能、实现理想的需要，是一种追求个人能力发挥极限的内在驱动力。

在这五种需求中，最底层是生理需求，最高层是自我实现需求，中间是安全、社会和尊重需求。马斯洛认为，当一种需求满足以后，另一种更高层次的需求就会占主导地位，个人的需求是逐层上升的。从激励的角度看，没有一种需求可以全部得到满足，但主要部分被满足，人们就会转向对其他方面需求的追求。需求是激励个人行为的最有效因素，如果需要对某些人实施激励，就要了解他目前所处的需求层次，然后有的放矢地满足他的需要。

马斯洛将这五种需求划分为两种性质，一种是生理需求和安全需求，被称为低层次需求；另一种是社会需求、尊重需求和自我实现需求，被称为高层次需求。高层次需求是从内部使人得到满足，低层次需求使人从外部得到满足，也可以区分为精神需求和物质需求两种。[①]

需求层次理论是现代企业薪酬管理的基础理论。按照该理论解释，不同的薪资收入和福利待遇满足的是个人的不同需求。例如，基本工资、病假工资和退休金可以满足个人基本生存的需要；工作场合和工作条件的改善可以满足人们对安全的需要；社交和文体活动的开展有利于人们满足社会交往需求；职位迁升和突出的工作业绩，以及在组织中威望的提高，使人得到"自我满足"和"自我价值"的实现。

2.激励—保健双因素理论

---

① MBA必修核心课程编译组：《人力资源：组织和人事》，中国国际广播出版社，1997年，第337～341页。

美国心理学家弗雷德里·赫茨伯格在马斯洛需求层次理论的基础上,建立了激励—保健理论(Motivation-Hygiene Theory),主要研究企业员工的激励机制问题。他将员工对工作满意的因素区分为两类:一类是能够使员工对工作满意的因素;另一类是使员工对工作不满意的因素。如图2-6所示。

激励因素	保健因素
监督	
公司政策	
成就	与监督者关系
承认	工作条件
工作本身	工资
责任	同事关系
晋升	个人生活
成长	与下属关系
地位	
保障	

非常满意　　　　　　中性　　　　　　非常不满意

图 2-6　赫茨伯格的激励——保健理论

资料来源:[美]斯蒂芬·P.罗宾斯,《管理学》,中译本,中国人民大学出版社,1998年,第391页。

对工作非常满意的因素,赫茨伯格称为激励因子;对工作非常不满意的因素,称为保健因子。一些正向的,对员工起积极作用的是"激励因子",包括:从事一些具有挑战性和成就感的工作,被群体和被上级承认的认同感和责任感,以及晋升和获得个人发展机会等。激活这些因子,就可以调动员工的积极向上的情绪。一些负向的,对员工起消极作用的是"保健因子",包括:处在上司的监督之下,对公司政策和管理方式不满,与监督者关系不融洽,工资低,工作条件不好,与同事关系不好,个人生活不愉快,与下属关系不好以及在企业中的地位低下、没有保障等。改善这些因子,就会降低员工的不满情绪和消极态度。调查结果还显示,当对工作满意时,员工们常常将这些原因归于自身;而当对工作不满意时,又将原因归为公司政策、主管、同事和工作条件等外在因素。

赫茨伯格认为,对激励因子来说,有满意和没有满意的区分;对保健因子来说,有不满意和没有不满意的区分。它们在员工个人与工作之间所起的作用是不同的。对管理者来说,消除了工作中的不满意因素只能带来平和,不发生摩擦和矛盾,不会产生激励作用。这些保健因素改善之后,人们没有不满意感了,但不一定感到满意;而要真正起到激励员工的作用,必须注重激励因素,增加员工对工作的满意感。因此,赫茨伯格认为,一个好的企业管理者,应该把改善"保健因子"、激活"激励因子"作为激励员工的最佳途径。

在赫茨伯格的需求满足理论中,工资因子只是保健因子的一种。因此,提高工资和建立合理的工资制度不足以调动员工的全部积极性,必须将各种因素综合在一起,共同发挥作用。尽管对该理论有争议,但从理论和实践两个方面看,赫茨伯格的理论对建立以激励为核心的现代企业薪酬管理体系和管理机制起了非常重要的促进作用。

三、期望理论

期望理论是由 V.弗鲁姆(Victor Vroom)创建的。其基本观点是,人们对个人努力行为或工作业绩有不同的预期,这种预期对个体具有吸引力时,人们才会采取行动。

期望理论主要解释三种联系:

(1)努力—绩效的联系。个人感觉到通过一定程度的努力,有达到绩效的可能性。

(2)绩效—奖赏的联系。个体对于达到一定工作绩效后即可获得理想的奖赏结果的信任程度。

(3)吸引力。如果完成工作,个体所获得的潜在结果或奖赏对个体的重要性程度,与个人的目标和需要有关。

期望理论所揭示的道理是:员工是否愿意从事某项工作,主要取决于个人的具体目标以及他本人对工作绩效能否实现这一目标的认识或信念程度。图 2-7 可以说明这种关系。

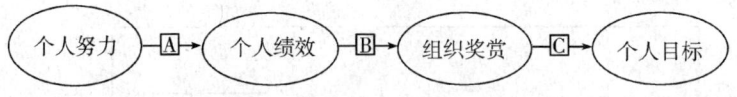

A: 努力—绩效联系
B: 绩效—奖赏联系
C: 吸引力

图 2-7 弗鲁姆的期望模式

资料来源:[美]斯蒂芬·P.罗宾斯:《管理学》,中译本,中国人民大学出版社,1998年,第398页。

弗鲁姆的期望理论有以下基本要点:

第一,一个人努力工作的动机强度取决于他对理想的工作绩效实现的信念程度;

第二,报酬与奖赏对员工具有强烈的影响作用;

第三,员工的自我利益是组织激励的基础,只有在员工对自我利益的追求和实现过程中,组织能够保证所提供的奖赏与个体的需要一致时,员工才会获得最大的满足感。

期望理论之所以受到许多质疑,是因为它不能有效解释作为企业的管理者,如何知道什么因素对员工有吸引力,什么没有吸引力。而这些因素很多与个人的感觉有关,缺乏统一性和客观性。因此,利姆·W.波特(Lyman W.Potter)和爱德华·E.劳勒三世(Edward E.Lawler III)扩展了传统期望理论模型,探寻激励、满足和绩效三者之间的关系。他们认为,满意与其说是工作绩效的原因,不如说是工作绩效的结果,工作绩效使人感到满意。同时,绩效、奖酬和满意之间也存在一种关系,不同的绩效决定不同的奖酬;不同的奖酬又使员工有不同的满意程度。对此他们设计了一种理论模型,用来解释三者之间的关系及其相关变量,如图2-8所示。

在图 2-8 中,方框 1:奖酬的效值,说明每个人都希望从工作中得到数量不等的各种奖酬,如友谊、晋升、加薪、成就感等。奖酬的效值反映个人的需求满足程度。

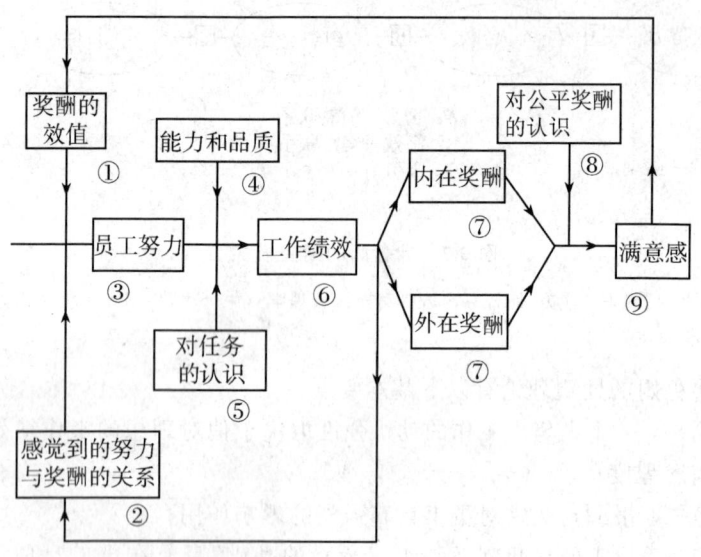

图 2-8 综合激励模型

资料来源：MBA 必修核心课程编译组，《人力资源：组织和人事》，中国国际广播出版社，1997 年，第 358 页。

方框 2：对努力与奖酬关系的认知度。它是指一个人希望付出一定数量的努力能够得到等量的奖酬，但是努力与奖酬之间的关系不是每一个人都能认识到。

方框 3：努力。它是指一个人在特定情况下所花费的一定数量的体力和脑力的支出。努力与绩效不一定成正比，或者说努力是指完成某项任务所花费的精力，但不是成功程度，因为努力和绩效之间的关系还取决于奖酬的效值和对努力与奖酬关系的认知程度。

方框 4：能力和品质。激励不直接影响绩效，要经过个人的能力与品质因素和对任务的认识两个因素发挥作用。而能力和品质是通过个人的智力、技巧、个性、品质等因素反映，这些因素一般是与环境相独立存在的。

方框5：对任务的认识。它是指人们为了保证某项任务的完成和工作的成功，所必须具备的条件和要进行的努力。例如，企业员工为了加薪或晋升，就必须掌握一定的专业知识，并且还要向上级证明自己在这方面的能力。同时，员工还必须了解怎样才能实现自己的目标，明确自己的努力方向。

方框6：工作绩效。在上述几个要素有机结合的基础上，就产生工作绩效。如果某一项因素，或几项因素没有配合好，都会影响工作绩效。

方框7：奖酬是人们努力的目标。奖酬包括内在奖酬和外在奖酬两个方面。外在奖酬是指上下级关系、工作条件、薪金、地位、工作保障以及企业福利等；内在奖酬是指成就感、出色工作的自我认可、工作自身、责任和个人成长等。实际上外在奖酬就是赫茨伯格所指的保健因素，内在奖酬是激励因素。

方框8：对公平奖酬的认知。人们对一定水平的绩效所认定的奖酬数量就是对公平奖酬的认知程度。一般情况下，按照标准完成工作的人就应该得到等量的奖酬。这些奖酬是多种形式的，包括物质和精神的奖励。

方框9：满意感。满意感是指一种对奖酬的态度。如果一个人实际得到的奖酬超过他认为应得的，他就会满意；反之，就会不满意。但是满意不一定只与应得的绩效有关，还取决于企业对绩效与报酬之间关系的认可。绩效决定满意，满意也可以通过反馈影响绩效。

波德、劳勒等应用激励理论提出了现代企业管理，包括员工薪酬管理的一些有价值的建议：

第一，建议管理人员善于发现员工对奖酬和绩效的不同反映，因为每个员工对奖酬的理解和要求都是不同的，而且是变化的；同时，员工也需要了解管理人员需要他们做什么，知道绩效的内涵。

第二，通过激励模型向管理人员表明，激励不仅仅取决于期望，还取决于关联性，即管理人员设置的绩效水平必须在员工认为可达到的范围和水平之内，他们经过努力可以达到绩效，或者超过绩效；否则，绩效与努力之间的差距过大，员工也就失去了信心，起不到激励作用。

第三,把员工所希望的成果与管理人员所希望的绩效联系起来。如果员工已经达到了绩效水平,并且他希望某些需要,例如提薪、晋升得到满足,管理人员就应该了解和帮助他实现这一愿望。这样就会对员工产生很高的激励,否则,会损害员工的积极性。一些管理人员之所以不能将两者结合起来,主要是因为他们不能了解员工的行为,往往以自己的感觉代替员工的感觉。

综上所述,激励理论与企业工资管理的关系比较密切,工资福利是奖酬范围的重要构成,同时也是企业员工努力的一个预期目标和激励因素。所以,各种激励理论对于企业的薪资和福利管理有着重要的理论指导意义。

第四节 企业薪酬分配理论

与企业工资分配有关的理论较多,但也有一些理论不是专门分析企业工资和福利分配的,本书仅介绍比较有代表性的两个理论:公平理论和分享经济理论。

一、公平理论

在赫茨伯格的激励—保健理论中,已经认识到员工感到不公平就是对工作不满意,这是激励程度低的主要原因,但是他本人对此没有进一步研究。系统的公平理论(Equity Theory)是由斯达西·亚当斯(J. Stacey Adams)提出的。该理论主要基于对一些简单行为的认识和解释:一个员工获得了增加工资5%的奖酬,但加薪很可能对他的工作没有任何激励绩效。原因是他的同事也得到了同样的奖酬,他们的绩效可能还不如他;或者5%的提薪仍然赶不上物价的上涨水平,他没有任何满足感。因此公平理论认为,决定员工对工资收入认可的往往不是绝对收入,而是相对收入以及本人对公平的认识。如果员工将自己的付出和所得与别人进行比较时,感到不公平,就会影响到他在工作中的努力程度。

公平理论认为员工首先会考虑本人收入与付出的比率,得出一个收入—付出比;然后将个人的收入—付出比与他人的进行比较。如果他认为两者相同,就会产生一种公平感;如果感到两者不同,就会有一种不公平感。他们一旦认定自己的比率高于或低于他人,就会试图去纠正它。如图2-9所示。

察觉到的比率比较	员工的评价
$\dfrac{\text{所得}A}{\text{付出}A} < \dfrac{\text{所得}B}{\text{付出}B}$	不公平 (报酬过低)
$\dfrac{\text{所得}A}{\text{付出}A} = \dfrac{\text{所得}B}{\text{付出}B}$	公平 (报酬相等)
$\dfrac{\text{所得}A}{\text{付出}A} > \dfrac{\text{所得}B}{\text{付出}B}$	不公平 (报酬过高)

注:A代表某一员工,B代表参照对象。

图 2-9 亚当斯的公平理论

资料来源:[美]斯蒂芬·P.罗宾斯,《管理学》,中译本,中国人民大学出版社,1998年,第398页。

在公平理论中,员工所选择的参照物是一个重要的变量,它不仅是指其他员工,即"他人",还指"制度"和"自我"。其中:

"他人"是指同一组织中从事相似工作的其他个体、朋友、邻居和其他同行。员工通过各种渠道获得有关工资标准和劳动政策等方面的信息,就会将自己的收入与他人进行比较。

"制度"是指组织中薪金政策与规定及其运作。制度因素也是员工进行比较的参照物,其中组织内部的薪金政策及成文和不成文的规定等,都会影响员工的认识。

"自我"是指员工对个人付出和获得之间的比较。在比较中,员工会受到过去经历及环境、以往工资标准以及家庭负担等因素的影响。

综上所述,每个人更关心的不是他们的实际得到的绝对报酬,而是与他人相比的相对报酬。他们以对工作的付出,如努力程度、工作经验、教育程度及能力水平等为依据,比较其所得,如薪金、晋升、认可等因素。特定参照物的选择与员工所获得的信息有关,也与他们个人对公平的价值观念有关。一旦他们认为不公平时,他们就会采取行动,例如,使得他人的付出和所得比发生变化;使自己的付出和所得比发生变化;不努力工作或者辞去现有的工作。

公平理论的提出对企业薪酬分配尤其对常见的两种工资分配形式和分配原则,有很大的理论指导意义。具体为:

第一,按照时间支付劳动报酬时,实际收入高于应得报酬的员工的劳动生产率高于收入公平的员工,其努力程度和劳动生产率就会提高;反之,就会降低。因此,按时间付酬有利于提高员工的劳动产量和劳动质量,但必须要保证他们得到的报酬公平。

第二,按照劳动产量支付劳动报酬,实际收入高于应得报酬的员工的劳动产量,与收入公平的员工相差不多,但质量提高;而实际收入低于应得报酬的员工,与收入公平的员工相比,产量提高,但质量低。因此,在计件付酬的工资制度下,对只重数量不重质量的员工,不应该实施任何奖励,否则,将加重员工的不公平感。①

二、分享经济理论

分享经济理论是经济学家马丁·魏茨曼在 1984 年提出的,他认为资本主义经济的弊端不是在生产,而是在于分配制度不合理,特别是雇员报酬分配制度不合理。在传统的工资制度中,工资同企业的经营活动没有直接的关系,由于工资固定、劳动成本固定,企业按照最大化原则,对市场总需求作出的反映总是在产品数量方面,而不是价格方面。但是成本不能动,价格也就不能动。一旦市场需求收缩,企业只能减少生产,不能降价,在成本固定时降价的结果是赔本。所以在市场收缩、产量减少时,工人失业是必然的。魏茨曼主张建立"分享基金"作为工人工资的来源,即与利润挂钩,工人与雇主在劳动力市场上通过协议规

---

① [美]斯蒂芬·P.罗宾斯:《管理学》,中译本,中国大学出版社,1998年,398页。

定双方在利润中的分享比例。利润增加,分享基金增加;反之,利润减少,分享基金减少,工资随利润增减而变动。

魏茨曼的理论也是对西方国家失业现象的一种理论解释。他认为,在现实的劳动力市场上,一方面已经就业的工人工资居高不下,这是工会保护的结果。雇主也不愿意解雇工人,因为解雇需要支付一定的成本(劳动合同的存在),而雇用新人又需要支付培训费用。另一方面,失业者只要能就业就愿意接受更低的工资,但劳动者的需求和供给者之间却很难达成协议。所以,政府在支付高昂的失业保险的同时,又不得不采取扩张性财政政策和货币政策来扩大就业,其结果是导致通货膨胀的产生。因此,魏茨曼主张将传统的工资制度改为分享制度,其核心是将固定的工资转变为与反映企业某些经营状况的指标相联系的收入,这样雇主与雇员所达成的工资协议就不是在劳动力市场上按小时支付工资的合同,而是两者在企业收入中各自分享比例的协议。

分享工资制度主张雇员工资与企业利润挂钩,因为当企业利润减少时,雇员规模不变,工资水平则下降;而且随着工人规模的增加,工资继续下降,即单位劳动成本随就业量增加而下降,边际劳动成本低于平均劳动成本。因此,实行利润分享的企业倾向于多雇用工人,从而稳定就业,减少失业。但是这一理论最致命的弱点是企业为了留住工人就必须支付等于或高于其他企业同等级工人的工资,否则,企业没有能力追加雇佣量或保留住已有的工人。因此,在市场经济条件下,分享工资制度理论的实践意义受到质疑。我国国有企业的工资制度,实际上考虑了工资与企业效益之间的关系;一些企业在实行股份制的过程中,采取工人入股,或者以本企业股份支付员工收入和福利的做法,在某种意义上,也是这一理论的运用。

参考资料

1.〔美〕理查德·B.弗里曼:《劳动经济学》,商务印书馆,1987年。
2.〔美〕C.A.摩尔根:《劳动经济学》,工人出版社,1984年。
3.〔美〕比尔顿·M.弗雷雪等:《西方劳动经济学》,中国华侨出版社,1990年。

4. 卢昌崇、高良谋:《当代西方劳动经济学》,东北财经大学出版社,1997年。

5. 马斌:《西方劳动经济学概论》,中央编译局出版社,1997年。

6. 李新建主编:《企业薪酬与福利》,经济管理出版社,1999年。

思考题

1. 早期工资理论的主要内容与应用价值。
2. 简述西方工资决定理论的基本内容和主要观点。
3. 简述西方工资分配理论的基本内容和主要观点。
4. 简述企业薪酬管理理论的主要观点与应用价值。

第三章

企业薪酬管理的法律制度环境

本章学习要点

- 了解劳动工资立法的基本框架,明确合法付薪的重要意义。
- 了解工资法的主要内容,明确其在企业薪酬管理中的作用。
- 了解工时法的主要内容,明确其与企业薪酬管理的相关性。
- 了解劳动保障法的主要内容,明确其与企业薪酬管理的相关性。

第一节　劳动工资立法

企业薪酬与福利的正常实施与运作,需要法律机制的保障。企业薪酬与福利的法律法规是劳动法的一个重要组成部分。劳动法的实质是运用法律机制对劳动关系进行调节和规范,因此,企业薪酬福利法的职能就是运用法律工具和法律机制,协调企业薪酬与福利运作中所体现的劳资关系,保护劳动者的合法权益,促进企业效益的增长。

一、企业薪酬福利法体系

企业薪酬和福利法是劳动法体系中的一个组成部分。劳动法体系是指在一个国家内,按照不同的分类标准将不同层次的劳动法规组合而成的法律系统。在系统中,各法规有着不同的职能,共同执行调节企业劳动关系的任务。

以我国为例,根据图 3-1 所示,劳动法律体系中主要包括:

1.劳动关系协调法,主要由以实现劳动关系运行协调化为基本职能的劳动法律制度所构成,包括劳动合同法、集体合同法、劳动争议处理法等;

2.劳动基准法,又称劳动条件基准法,主要由以实现劳动关系中劳动者权益(或称劳动条件)基准化(即制定和实施劳动基准)为基本职能的劳动法律制度所构成,包括工时法、劳动保护法、工资法等;

3.劳动保障法,主要由以保障劳动者实现劳动权益和劳动关系正常运行的社会条件,即实现劳动保障社会化为基本职能的劳动法律制度所构成,包括促进就业法、职业培训法和员工社会保障法等。

三类法律与企业薪酬和福利管理都有着密切的关系。

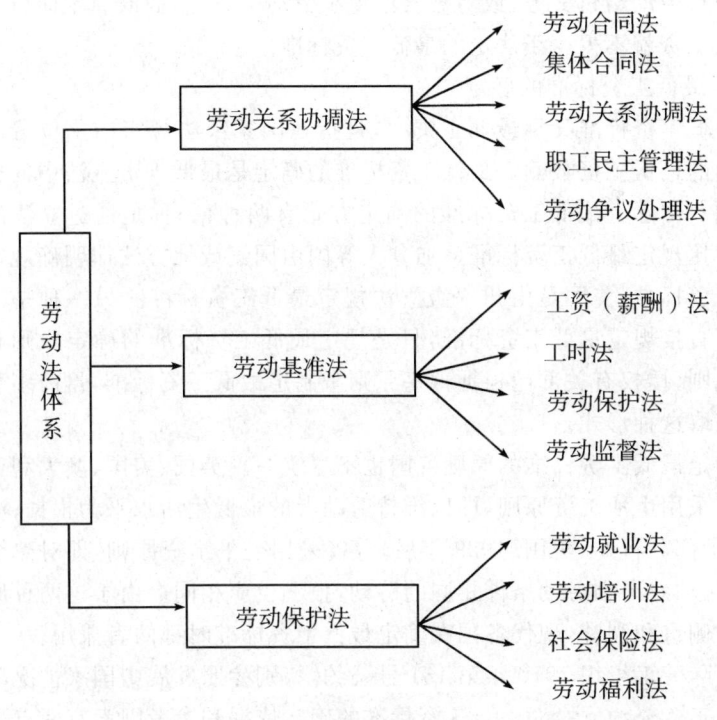

图 3-1 劳动法律体系

二、最低工资保障

1.最低工资保障的内涵与作用

最低工资保障是指国家通过强制手段规定用人单位(雇主)支付给劳动者的工资下限,以满足劳动者自身及其家庭成员基本生活需要的法律制度,是国家对劳动力市场运行进行干预的一种重要手段。最低工资保障属于工资保障制度,是指保障企业员工工资成为基本生活来源和维持生活需要的一系列规定和措施。

最低工资保障制度的作用有两点:一是规定劳动关系双方不得在劳动合同中约定在最低工资额以下的工资;二是只要员工按法定工作

51

时间履行劳动给付义务,或者被合法免予劳动义务,企业或雇主向员工支付的工资就不得少于法定的最低工资标准。

2. 最低工资标准的确定

最低工资标准又称最低工资率,是指在国家依法规定的单位劳动时间内的最低工资数额。最低工资标准的确定是最低工资立法中的核心问题。国际上最低工资标准的确定方式有两种:一种是通过立法的形式直接规定最低工资标准。加拿大等国由国家或地方法律明确规定最低工资标准,美国是由州一级立法规定最低工资标准。另一种是法律上不直接规定最低工资标准,只是规定最低工资标准的确定原则和具体规则,授权有关部门根据这些原则来制定最低工资标准,目前多数国家采取这种形式。

确定最低工资标准的原则各国也不尽统一。英国、美国、澳大利亚等国曾采用生活工资原则,即以维持劳动者的最低生活水平为根据;法国、英国部分行业、美国(1929年后)等曾采用公平工资原则,即对熟练程度、劳动效果和劳动条件相同的劳动,报酬也应相同。由于这两种原则各有侧重和利弊,现代各国在确定最低工资标准时都两者兼用。

国际劳工组织1970年第131号公约《特别参照发展中国家情况确定最低工资公约》中,对最低工资标准的确定依据和参考因素有两点规定:第一,工人及其家庭的必需品,须考虑该国的一般工资水平、生活费、社会保障津贴以及其他社会阶层的生活标准。但是家庭生活必需品的保障是只限于本人,还是包括家庭其他成员,各国规定不尽统一。第二,最低工资应参考可比性工资水平。

此外,在最低工资标准的确定中,还要注意几个问题,例如,在最低工资标准制定上反映地区间经济发展的不平衡问题,最低工资标准不应超出企业支付能力,而且最低工资标准应随物价的变动而调整。法国在劳动法典上规定最低工资标准应与国民消费价格指数的发展趋势联系起来加以考虑,规定该指数达到的水平比上一次确定最低工资标准时的指数增长了2%以上,最低工资标准也应以同样的比例增长。

3.企业在最低工资保障制度执行中的责任

企业是最低工资保障制度的最终实施者,企业在最低工资保障制度中的责任包括两部分:

(1)要使本企业职工明确了解自己所适用的最低工资标准以及最低工资保障制度的有关规定。对此国外一般都规定了非常具体的办法,如雇主必须将政府对最低工资的规定以书面形式张贴于工作场所和工资发放地点,对没有阅读能力的劳动者,雇主必须以口头形式向劳动者明确无误地解释政府关于最低工资的有关规定。

(2)严格执行最低工资保障制度的规定,具体包括:

第一,支付劳动者工资不得低于当地最低工资标准,不得把排除最低工资组成部分之外的项目列入最低工资之内,各种工资形式必须进行合理折算;

第二,必须以法定货币支付工资,不得以实物充抵劳动者的基本工资,必须按时支付给劳动者本人,至少每月支付一次,不得非法扣除或延期支付;

第三,劳动者按规定休假以及依法参加国家和社会活动期间,应视为提供了正常劳动,其工资不得无理克扣,而应依照法律、法规规定支付工资。如果企业和用人单位以低于当地最低工资标准支付劳动者工资,除向劳动者如数支付工资之外,还可由劳动行政部门责令向劳动者支付应支付工资额的一倍至数倍的经济赔偿金。

4.我国企业最低工资规定

我国在1982年《劳动法》第48条中规定"国家实行最低工资保障制度。最低工资的具体标准由各省、自治区、直辖市人民政府规定,报国务院备案。用人单位支付劳动者的工资不得低于当地最低工资标准"。[1] 1993年11月由劳动部门颁布了《企业最低工资规定》,对我国的最低工资制度作出了规定,[2] 1994劳动部门又发布了《关于实施最低工资保障制度的通知》,对《规定》中的一些内容做了修正。[3] 我国最低

---

[1] 劳动部:《关于实施最低工资保障制度的通知》,1994年10月8日。
[2] 劳动部:《企业最低工资规定》,1993年11月8日。
[3] 劳动部:《劳动部关于实施最低工资保障制度的通知》,1994年10月8日。

工资保障制度的主要内容包括：

(1)在总则中，对最低工资和最低工资标准的制定、管理做了规定。最低工资是指劳动者在法定工作时间内提供了正常劳动的前提下，其所在企业应支付的最低劳动报酬。正常劳动是指劳动者按劳动合同的约定，在法定工作时间内从事的劳动。最低工资标准是指劳动单位时间的最低工资报酬。最低工资标准的确定实行政府、工会、企业三方代表民主协商的原则。国务院劳动行政主管部门对全国最低工资制度实行统一管理，省、自治区、直辖市人民政府劳动行政主管部门对本行政区域最低工资制度的实施实行统一管理。

(2)最低工资标准的确定和发布。我国的最低工资标准在国务院劳动行政主管部门的指导下，由省、自治区、直辖市人民政府劳动行政主管部门会同同级工会、企业家协会研究确定。最低工资标准的确定参考政府统计部门提供的当地就业者及其赡养人口的最低生活费用、职工的平均工资、劳动生产率、城镇就业状况和经济发展水平等因素确定，高于当地的社会救济金和失业保险金标准，低于平均工资。最低工资标准一般是按月确定，也可按周、日或小时确定，各单位时间的最低工资率之间可以转换。[①] 最低工资标准的发布必须按照《规定》要求进行。

(3)最低工资的给付。最低工资应以法定货币按时支付。其中，加班加点工资、特殊工作环境下的津贴和法定保险福利待遇不包括在内。

(4)最低工资的保障与监督。包括企业必须将政府对最低工资的有关规定告之劳动者本人。企业实施的各种工资形式都必须进行合理的折算，折算率不得低于最低工资标准。各级人民政府的劳动行政主管部门负责对最低工资执行情况进行检查监督，工会对执行情况有权监督，如劳动者与企业之间就最低工资发生争议，按《中华人民共和国企业劳动争议处理条例》处理。

(5)《规定》还就最低工资保障制度的法律责任问题做了严格规定。[②]

---

① 劳动部：《企业最低工资规定》，1993年11月8日。
② 同上。

三、工资支付保障制度

工资支付保障制度的作用是通过法律效力保障企业员工获得全部应得工资及其工资支配权。这是对企业工资支付行为的一种规范和法律约束。在许多国家的劳动法中，都有工资支付保障的规定。国际劳工组织1949年95号《工资保障公约》和第85号同名建议书中，都做了明确规定。我国在《劳动法》中，对企业员工的工资支付保障做了原则性规定。1994年12月劳动部专门制定了《工资支付暂行规定》，主要包括工资支付的一般原则、特殊情况下工资支付、禁止克扣工资法、欠薪支付保障法等。

1. 工资支付的一般原则

工资支付保障制度的主要内容是规定了工资支付的一些主要原则。

(1)货币支付的规则。国外一般规定员工的工资以现金或支票支付。我国的《劳动法》第五十条规定，工资应当以法定货币形式按月支付给劳动者本人。货币是工资支付的惟一合法形式，以实物及有价证券替代货币支付工资是违法的。在我国境内，人民币是法定的货币工资形式。

(2)定期支付的原则。工资必须在固定的时间内支付，我国规定必须在企业与职工约定的时间支付。如遇节假日或休息日，应提前在最近的工作日支付。月支付是工资支付的最小时间单位，实行周、日、小时工资制的可按周、日、小时支付。对完成一次性临时劳动和具体劳动的工资，在完工后一次性付清。

(3)直接支付的原则。工资支付的对象只能是劳动者本人，员工因故不能领取工资时可由其家属或委托他人代领，或由企业委托银行等金融机构代发工资。薪金支付时，必须付上工资单，详细列明有关数据，以供员工核算薪金数额是否正确。员工在工资单上签字并不等于他接受了薪酬数额，仅表明他收到的薪金与工资单上薪金的数额相等，员工认为雇主支付不公平时，还有争取薪酬的权利。

(4)全额支付的原则。法定和约定支付给员工的工资项目和数额，必须全部支付,不得克扣。

(5)定地支付原则。除特殊情况外,企业和用人单位必须在经营场地支付工资,禁止在娱乐和易于浪费之处支付工资。

(6)优先和紧急支付原则。企业破产和依法清算时,员工的工资必须作为优先受偿的债权;职工因紧急情况而不能维持生活时,企业必须向本人预支可得工资的相当部分。

2.特殊情况下的工资支付

所谓特殊情况下的工资支付是指在非正常情况下对工资支付的法律规定。工资支付的正常情况是指企业员工在正常工作时间内履行劳动给付义务而被支付的工资,其他情况,则为非正常情况下的工作支付。正常支付与非正常支付,以法律、法规和集体合同为依据。按照我国的劳动法规,在下列特殊情况下,企业和雇主需要按照有关法律、法规和集体合同规定支付员工的工资:

(1)劳动者在法定工作时间内依法参加社会活动,企业应视同参加正常劳动而支付工资。社会活动包括:行使选举权;当选代表,出席政府、党派、工会、妇联等组织召开的一定级别的会议,如,我国规定员工参加区(县)级以上的会议,担任法庭的陪审员、证明人及辩护人;出席劳动模范、先进工作者大会以及参加工会基层会议等不得克扣工资。

(2)法定休息日和节假日,在探亲假、婚假、丧假期间,企业和用人单位应按规定标准支付工资。

(3)非员工个人原因造成的停工、停产,在一个工资支付周期内,应按合同规定的标准支付工资;超过一个工资支付周期的,若职工提供了正常劳动,则支付的劳动报酬不得低于当地最低工资标准;若员工未提供正常劳动,应按有关法律、法规办理。

(4)员工正常性工作调动、脱产学习、错判在押、服刑期间,企业或用人单位应按有关法律、法规支付工资。

(5)员工公派出国进修和学习期间,其国内工资按国家规定的标准支付。①

3.禁止克扣工资法

用人单位有正当理由扣减员工工资,即为合法扣减;反之,没有正当理由,则为非法克扣员工工资。我国法律对合法扣减工资和非法克扣工资做了如下规定:

(1)合法扣减工资。合法扣减工资的情况为:符合国家法律和法规的扣减员工工资;合法签订的劳动合同中有明确规定的扣减工资;企业依法制定的厂规和厂纪中有明确规定的扣减工资;企业经济效益下降导致的工资正常下浮,幅度不低于当地工资最低标准的工资发放。

(2)非法克扣工资。企业和用人单位没有正当理由扣减员工工资的行为,属于"克扣"行为。"克扣"的明确含义是,在正常劳动的前提下,劳动者已提供了劳动,但是用人单位没有按照劳动合同规定的标准支付劳动者全部或部分劳动报酬。"克扣"有两层含义:其一,劳动者提供了正常劳动;其二,用人单位无正当理由。

因此,只有在法定允许扣除工资的情况下,企业才可以扣除员工工资,而且扣除的工资额也必须符合法律规定。对此,许多国家都有明确规定,例如,工资在一定范围内,不得克扣;对工人不得科以过多的不合理的罚款,如必须科以罚金,也在一定的限度之内:法国为日工资的1/4,瑞士为日工资的1/2。美国规定除了工人故意或怠工造成雇主财产损失之外,不得科以罚金。

我国法律规定两种情况下才可以扣除员工工资:一种是企业代扣的费用,例如应由职工交纳的个人所得税、各项社会保险费用、经法院判决裁定后要求代扣的抚养费、赡养费,及其他合法扣除费用。另一种是员工违纪违章给企业造成经济损失应予以赔偿的,可从本人工资中扣除,但扣除的数额不得超过当月工资的20%,扣除后,其工资剩余部分不得低于当地月最低工资标准。

4.欠薪支付保障法

---

① 劳动部:《工资支付暂行规定的通知》,1994年12月6日;对《工资支付暂行规定》有关问题的补充通知,1995年5月12日。

(1) 合法拖欠与非法拖欠。劳动法中规定企业和雇主不得无故拖欠员工工资,合法拖欠的工资,必须依法保障支付。拖欠工资视理由正当与否,可分为合法拖欠和非法拖欠两种。合法拖欠即有正当理由的拖欠,有下述两种情况:一种情况是用人单位遇到非人力所能抗拒的自然灾害、战争等原因,无法按时支付工资;另一种情况是用人单位生产经营困难,资金周转受到影响,在征得本单位工会等员工组织同意后,可暂时延缓支付工资,最长延长期以地方法规和劳动行政部门的有关规定为依据。凡不符合上述两种情况的,均属非法拖欠,即无正当理由的拖欠工资。

(2) 欠薪索赔制度。法律规定,即使合理拖欠,也有相应的欠薪索赔特权制度和欠薪保障基金制度予以法律保障。欠薪索赔特权制度是指劳动者依法享有的对欠薪雇主就其欠薪优先索赔的权利的制度。法律赋予并保护劳动者欠薪索赔特权,旨在保障劳动者能够优先于其他债权人从欠薪雇主的财产(尤其是破产财产)中优先得到所欠薪金。此项制度的基本内容有:

首先,受特权保护的劳动者范围。原则上所有劳动者都享有这一权利,但一些国家规定,公务员、公营企业员工例外;有的国家规定,企业的高级员工、持本企业股份的员工及雇主亲属等不赋予此项特权。

其次,受特权保护的工资范围。一些国家的法律规定,享受此项特权的工资只在一定的限度内,或只限于一些类型的工资,例如基本工资、津贴等,其他工资类别不能享受。

再次,特权的等级。此项特权分为一般性特权和专门性特权两种。专门性特权优先于一般性特权。这种优先性表现在,对欠薪雇主的某项财产,享有优先特权的欠薪可以从该项财产中优先得到赔偿,有余额时,才能赔偿一般性欠薪。作为一般性欠薪处理的雇主财产,有的包括动产和不动产,有的只包括不动产。作为特殊性欠薪处理的雇主财产,法律上有专门规定。例如,海员对所驾驶船舶最后一次工资享有专门特权;建造、改造建筑物、水渠及其他工程的工人对建造财产的工资支付也有专门特权。

最后,欠薪索赔特权的加速偿付。由于欠薪索赔具有维持基本生活的目的,因此,在许多国家的法律中,都有关于加速欠薪索赔的规定。一般规定,欠薪索赔一旦查实,必须立即进行,不与破产程序和破产争议发生冲突,甚至一些法律规定,劳工法院可直接扣押和变卖已破产欠薪者的财产偿付欠薪。

(3)欠薪保障基金。欠薪保障基金,即特定机构依法筹资建立的专门用于雇主由于无力或故意而欠薪时,向劳动者垫付欠薪的基金。此项制度包括:

第一,基金来源。大多数立法规定,欠款保障基金全部来自雇主捐款;有的法律规定由各方面捐款和政府拨款组成,或只由雇主和员工捐款组成。雇主捐款一般具有强制性。

第二,基金的管理机构。基金由具有法人资格的机构单独管理,也可由劳动行政机构或社会保障机构管理。

第三,基金的受益对象。原则上所有的劳动者都可以享受基金,但一些法律规定,赔偿企业的高级雇员、雇主的亲属及已享受其他形式保障的人不能从基金中受益。

第四,基金保障的欠薪范围。一般法律规定,此基金只支付企业破产、雇主逃匿或资产被扣押等特殊情况下的欠薪,仅为维持基本生活部分的收入部分,或者基本工资和津贴,并且是短期的。例如,最后或最近几个月的一定数量的欠薪。

第五,基金支付的程序。各种法律对基金支付都有严格的法律程序。一般为,劳动者向基金管理机构或雇主提出索赔请求,得到雇主的认可或劳动争议部门的支持,在雇主无力偿付的诉讼程序已经开始且索赔的正当性已经查实的情况下,方可受理。①

四、工时法

工时立法就是国家以法律的形式,强制规定企业员工每日和每周工作的最长限度。这是保护劳动者身体和精神健康的具体措施,也是劳动者基本休息权和社会文明进步的表现。工时法主要包括:

---

① 王学力:《工资与工资争议》,人民法院出版社,1997年,第307~309页。

1. 工作时间

工作时间又称劳动时间,是指法律规定的劳动者在一定时间内从事生产或工作的小时数,包括每日工作的小时数和每周工作的天数和小时数。我国劳动法规定:国家实行劳动者每日工作时间不超过8小时、平均每周工作时间不超过44小时的工时制度,同时规定:

(1)工作时间是履行劳动义务和计发劳动报酬的衡量尺度,劳动者按照企业和雇主依法规定的时间从事生产或工作,企业按照劳动者在工作时间内提供劳动的数量和质量计发劳动报酬。

(2)工作时间是法律规定劳动时间的最长限度,企业和雇主安排劳动者的工作不得超过法定最高工时。

(3)工作时间不仅包括劳动者的实际工作时间,还包括生产或工作准备时间、工作交接时间、工间休息时间和女工哺乳时间以及与生产相关的一切活动时间。

2. 工作日种类

工作日又称劳动日,是指法律规定的以日为计算单位的工作时间。其种类主要有:

(1)标准工作日。标准工作日又称标准工作长度,是指法律规定在一般情况下统一实行的标准工作长度工作日。例如,我国目前的标准工作日为每日8小时、每周40小时。

(2)缩短工作日。缩短工作日又称缩短长度工作日,是指法律规定一些从事特殊工作,例如从事矿山井下、高山、有毒有害、特别繁重或过度紧张等作业的劳动者、夜班劳动者和哺乳期女工等的日工作长度可以短于8小时标准工作时间。

(3)延长工作日。延长工作日是指超过标准工作日长度的工作日,即超过8小时的工作日。它适用于从事受自然条件和技术条件限制的突击性或季节性工作,以及一些紧急性任务。对于季节性工作,在忙季最长每日不得超过11小时;闲季适当缩短。对延长工作日者,给予同等时间的补休;不能补休的,加发工资。

(4)无定时工作制。无定时是指法律不规定日工作时间,只规定周工作时间的工作日制度。它比较适用于工作性质和职责范围不受固定工作时间限制的职工。例如,企业中的高级管理人员、外勤人员、营销人员等。

(5)综合计算工作日。综合计算工作日是指以一定时间长度为周期,集中安排工作和休息,但平均工作时间与标准工作时数相同的工作日,即分别以周、月、季、年为周期,综合计算工作时间,但其平均日工作时间和平均周工作时间应与法定标准工作时间相同。综合计算工作日制度比较适合于下列工作:交通、铁路、邮电、水运、航空、渔业、地质、勘探、建筑、制盐、制糖以及旅游业等。

(6)弹性工作日。弹性工作日是指在周工作时数不变的前提下,在标准工作日的基础上,按照预先规定的办法,由职工个人自主安排工作时间长度的工作日。弹性工作日是标准工作日的转换形式,每周工作时数不变,保证每天核心工作时间(例如上午9－11时,下午1:30－4:30),其他时间由员工个人自行安排。该工作制的特点是不严格规定员工的上下班时间,个人可以根据工作和生活需要自行调节工作和休息时间。

(7)非全时工作日。非全时工作日是指每日或每周少于正常规定的工作时数的工作日,即一些小时工,或西方国家的"非全日工"(Part time Worker)。

3. 加班加时制度

加班是指员工按照企业的要求,在法定节日或公休假日从事生产或工作;加时是指员工按照企业要求,在正常工作日以外继续从事生产或工作。加班与加时均属于延长工作时间,企业都要给予补休或加发工资,而且要经过与工会或劳动者个人协商之后确定。但两者的区别在于前者是占用公休日或节假日时间,后者是占用一般的休息时间。

法律对企业加班加时有严格的限制,在一般情况下,不鼓励加班加时,目的是为了保障工人的身体健康和维护员工的基本权益。例如我国1994年由劳动部、人事部发布的《〈国务院关于职工工作时间的规定〉的实施办法》中规定,除下列情况外,各单位在正常情况下不得安排职工加班加点:

一是,在法定节日和公休假日内工作不能间断,必须连续生产、运输或者营业的；

二是，必须利用法定节日或公休假日的停产期间进行设备检修、保养的；

三是，由于生产设备、交通运输线路、公共设施等临时发生故障，必须进行抢修的；

四是，为了完成国防紧急生产任务，或者完成上级在国家计划外安排的其他紧急生产任务，以及商业、供销业在旺季完成收购、运输、加工农副产品紧急任务的。

劳动法对非法延长工作时间的限制措施包括：

(1)实行企业和劳动者协商制度。企业出于工作需要延长劳动时间，需与工会或劳动者协商之后，方可延长劳动时间，但一般每日不得超过1小时，最长不得超过3小时，每月不得超过36小时。

(2)实行高报酬支付制度。支付标准为：一般工作日安排劳动者延长工作时间的，支付不低于工资150%的报酬；休息日安排劳动者工作又不能补休的，支付不低于工资200%的报酬；法定休假日安排劳动者工作的，支付不低于工资的300%的报酬。实行劳动行政部门监督检查制度。我国县级以上的劳动部门有权对企业加班加点进行监督检查，对违法、违规行为，分不同情况，予以行政处罚：企业未与工会和劳动者协商，强迫劳动者延长工作时间的，给予警告，责令改正，并按每名劳动者延长工作时间1小时罚款10元以下的标准处罚；延长超过3小时的，或每月延长超过36小时的，给予警告，责令改正，并可按每名劳动者每超过工作时间1小时罚款100元以下的标准处罚。[①]

4. 带薪休息、休假制度

(1)休息时间。休息时间是指劳动者在国家规定的法定工作时间以外，免于履行劳动义务而自行支配的时间，亦即劳动者实现休息权的法定必要时间。我国宪法规定休息权是公民的基本权利。《劳动法》第38条规定："用人单位应当保证劳动者每周至少休息一日。"

休息时间的类别包括：第一，工作日内间歇时间。工作日内间歇时

---

① 王全兴：《劳动法》，法律出版社，1997年，第261～268页。

间是指在工作日内给予职工休息和用膳时间,一般为1至2小时,最少不得少于半小时;生产、工作不容间断的,应保证职工在工作时间内有用膳时间。第二,工作日间的休息时间。工作日间的休息时间是指两个相临工作日之间的休息时间,一般不少于16小时。第三,公休假日。公休假日又称周休息日,是指职工工作满一个工作周以后的休息时间,即每周的休息日。公休日大多在星期六或星期日,也有因工作性质分别轮休的。我国的统一的周休息日是星期六和星期日。

(2)带薪休假。带薪休假包括三种类别:法定节日、探亲假和年休假。法定节日是指法律规定用以开展纪念、庆祝活动的休息时间,包括政治性节日、职业性节日、传统性节日等。我国劳动法规定的法定节日为:元旦、春节、国际劳动节、国庆节,以及法律、法规规定的其他休假节日。对于法定节日的休假时间,我国基本履行建国初期公布的《全国年节及纪念日放假办法》规定,属于全体公民的节日有:新年1月1日放假1天,春节农历正月初一至初三放假3天,国际劳动节5月1日放假1天,国庆纪念日10月1日至2日放假两天。此外,属于部分公民的3月8日国际妇女节、5月4日国际青年节、6月1日国际儿童节、8月1日建军节等均有特定的休假制度。属于全民的节日,如逢星期六、星期日,应在公休假日期满次日补假;属于部分公民的假日,如逢星期六、星期日,则不放假。

(3)探亲假。探亲假是指职工享有保留工作和工资而同分居两地的父母或配偶团聚的假期。根据国家规定,工作满1年的国家企事业单位工作人员,与配偶不住在一起,又不能在公休日团聚的,可以享受探亲假待遇;与父母不住在一起,又不能在公休假日团聚的,可以享受探望父母的待遇。职工探望配偶的,每年给予一方探亲假一次,假期为30天;未婚职工探望父母的,原则上每年给假一次,假期为20天;已婚职工探望父母的,每4年一次,假期为20天。另外,可根据需要规定探亲路程假。

年休假是指职工满一定工作年限,每年享有照领工资的连续休假时间。年休假在国外比较普遍,许多国家在法律上都规定企业员工有权享受带薪年假。例如,在加拿大的劳动法中规定,员工在一年的年底为同一雇主连续工作满1年以后,有权享受至少两周的带薪年假。为同一雇主连续工作满5年以后,有权享受至少3周的带薪年假。如果员工在1年年底为同一雇主连续工作不满1年,有权享受带薪年假,其时间计算方法为每连续工作满1月,享受1天的带薪年假,但最长不得超过两周。除非另有规定,员工必须在有关年度结束后12个月之内使用完年假。①

我国在20世纪50年代,曾一度施行每年给予职工12个工作日的年休假制度,之后中断。近年来,许多企业又恢复这一制度。《劳动法》规定:"国家实行带薪年休假制度。劳动者连续工作1年以上的,享受带薪年休假制度。具体办法由国务院规定。"各企业可适当参照劳动法和国家有关规定,根据本企业的情况自行安排。

五、劳动保障法

1.反歧视工资

在市场经济条件下,劳动力市场的歧视现象是不可能自动消除的,需要运用政府机制和法律机制加以约束。因此,在许多西方国家,建立了反歧视工资的法律和制度,主要的有"民权法"和"公平付薪法"。在各国反歧视工资法的规定中,包括如下内容:

(1)在法律中明确规定,任何雇主凡因种族、肤色、宗教、性别或原有国籍不同而拒绝雇用和解雇某人,或者在就业报酬、条件、期限和待遇方面对某人进行歧视等,都是违法行为。

(2)对就业和劳动报酬上的歧视行为,国家鼓励对违法雇主及其某一组织的歧视行为提出诉讼。

(3)就主要的受歧视群体制定专门的法律保护。例如,各国对就业中的种族和性别歧视制定了法律规定,如,一些国家的法律保护黑人和有色人种有平等的就业和取得劳动报酬的权利;许多国家对女性就业提供专门的法律保护,主要内容是通过法律规定,对使用相同技术、并

---

① [加]A.E.奥斯特、L.夏莱特著:《雇佣合同》,中国对外翻译出版社,1995年,第46~47页。

在相同条件下工作的工人支付不同的工资收入是非法的。"相同的工作"指的是,具有同等的工作技能、努力程度和工作责任感。

2.女工薪酬福利权益保护

广义的女工是指以工资收入为主要生活来源的女性管理者、经营者和劳动者,狭义的女工是指在企业中以工资收入为主要生活来源的女员工。在企业中,女性是特殊的劳动群体,在传统社会,因为种种客观和社会的原因,女工属于受保护的弱势群体,因此,各国和国际社会,都制定法律对女工赋予特殊的权益和实行特殊的保护。其中,与薪资福利相关的内容主要有:公平付薪、平等福利待遇和女工特殊福利待遇,例如产期、哺乳期内的工资福利支付等。

(1)公平付薪。对女工来说,享受与男子同工同酬的待遇是一种合法的权益。所谓男女同工同酬是指用人单位不分劳动者性别对同等劳动支付相同的劳动报酬。1951年国际劳工组织通过了《男劳动力与女劳动力之间等价值劳动的报酬平等公约》,在这个公约中规定,对于所有劳动力即男劳动力和女劳动力同等价值的劳动,应付给同等的报酬。这一原则适用于基本工资以及一切因雇佣而由雇主直接或者间接付给劳动者的现金或实物形式的其他收入。公约还指出,这一原则受国家立法、合法的工资制度、集体合同等诸种法律形式保护。

许多国家在劳动法中都有公平付薪的法律规定,尤其是强调对女工不得因性别而在报酬方面加以歧视。例如,美国1963年的"公平付薪法案"中规定,雇主应给企业内干同等工作(这些工作需要同等的技术、努力和责任,并在相似的工作条件下进行)的男女员工支付相等的报酬。换言之,不以资历、业绩或产品数量质量为基础而产生的薪酬差异,即为不平等付薪。欧盟国家在"罗马协议"中规定,每一成员国都应当确定并维持"男女同工同酬"的原则,并下达了"公平付薪指令"。英国在1970年制定了《公平付薪法》,规定"只要妇女就业合同中的任何条款或条件相比于做相似工作的男性而言更为不利,就可以依据公平付薪法对雇主提出权利诉讼。[1]

---

[1] The British Council:"Gender and Development" Summer,1996,P10~12.

(2)平等享受养老金和其他福利待遇。女员工在退休之后,应该享受和男员工一样的薪酬和福利权益,主要是享受养老保险计划和退休金。许多国家立法保护的所有员工都被包括在私人退休金计划中,这些计划多数是由雇主和工会独立或联合发起的,受国家法律保护。美国1974年颁布了《雇员退休收入安全法案》(ERISA),用来保护美国工人及其依靠退休金和救济计划生活的人员的利益。该法案特别强调雇主不得为了避免支付雇员的退休金而解雇工人,这种情况尤其容易发生在快到退休年龄的工人和女工身上。例如,美国的养老金法律规定,所有的养老金计划中都要包括"共有的和生存者养老金计划",即参加养老计划的丈夫死亡后,妻子有权利享受养老金,数额至少是原有养老金的一半。

按照英国的法律,未受雇者或未达到雇佣时间的员工不允许参加养老金计划,因此一些未就业、临时就业或暂时退出就业岗位的妇女就要依靠丈夫的养老金过活,致使一些丧偶和离婚的妇女出现养老金支付问题。英国目前正在积极争取法律允许从事家务劳动的妇女也有权利参加养老保险计划,或者规定在离婚时,将丈夫的一部分养老金划给女方。但这一法律还没有最终出台。①

第二节 工资集体协商与劳动合同

一、工资集体协商制度

1.工资集体协商与集体协议

集体协商是指工会与雇主就劳资关系问题进行交涉的一种方式。在市场经济条件下,员工的薪酬和福利是劳资关系的核心,也是劳资争议的焦点。工资集体协商是一种主要的、正式的和有效解决工资争议

---

① The British Council: "Gender and Development" Summer, 1996, P10~12.

的方式。工资集体协商的结果是签订工资集体协议。在工资集体协议中,有关劳动报酬的内容视不同国家和企业有所不同,一般包括:

(1)关于工资标准及其差异的态度。在集体协议中,一般都对不同工种和不同技术水平的劳动者应付给不同的工资标准表明态度,例如,写进关于工资向生产第一线员工倾斜,向苦、脏、累工种倾斜,向技术岗位倾斜的内容。

(2)关于最低收入标准的制定意见。劳资双方应就如何保证低收入者的最低收入以及相关的措施等达成协议。

(3)关于保证企业员工收入和生活水平稳定的条款。该条款的制定主要是指如何消除企业外部因素,主要是经济波动引起的生活指数上涨对员工工资水平的影响,制定企业工资变动与物价指数变动关系的调整原则等事宜。

(4)关于本企业员工工资调整的原则和调整计划。企业应制定详尽的劳动生产率与工资增长之间的调整原则与变动比例。例如,有些企业在集体合同中规定,企业劳动生产率与员工工资增长率之间的比例为 $1:0.3 \sim 1:0.7$,最高达到 $1:0.9$。

(5)关于保证企业员工工资按时发放的协议。在集体协议中应明确规定,雇主不准随意克扣和拖欠员工工资,在特殊情况下应提前支付员工的工资等。

(6)其他有关的工资分配、工资水平、工资标准和工资分配形式等。

2. 我国的工资集体协商制度

从 2000 年 11 月开始,按照我国劳动法规定,我国境内的企业依法开展工资集体协商制度,并颁布了中华人民共和国劳动和社会保障 9 号部令,实施《工资集体协商暂行办法》。[①] 在《暂行办法》中,对工资集体协商和工资集体协议做了规定。所谓工资集体协商,是指职工代表大会与企业代表依法就企业内部工资分配制度、工资分配形式、工资收入水平等事项进行平等协商,在协商一致的基础上签订工资协议的行为。所谓工资协议,是指专门就工资事项签订的专项集体合同。已订

---

① 全国总工会保障工作部:《工资集体协商简明读本》,2001 年,第 31~38 页。

立集体合同的,工资协议作为集体合同的附件,与集体合同具有同等效力。同时,《暂行规定》还就工资协议对雇佣双方的同等约束力、对劳动合同中的工资报酬标准的约束以及对协议履行监督等作出规定。我国工资集体协商的内容包括:

(1) 工资协议的期限;
(2) 工资分配制度、工资标准和工资分配形式;
(3) 职工年度平均工资水平及其调整幅度;
(4) 奖金、津贴、补贴等分配办法;
(5) 工资支付办法;
(6) 变更、解除工资协议的程序;
(7) 工资协议的终止条件;
(8) 工资协议的违约责任;
(9) 双方认为应当协商约定的其他事项。

《暂行规定》中还规定,职工年度工资水平应符合国家有关工资分配的宏观调控政策;工资集体协商代表的产生和协商行为必须符合法定程序;工资协议签订后,必须在规定的时间内报送劳动保障行政部门审查,向全体人员公布,以及工资集体协商的期限和衔接等。

二、劳动合同

在现代企业中,必须通过雇佣合同的形式缔结员工与企业或雇主之间的雇佣关系,这就是所谓的雇佣合同。雇佣合同的实质是根据法律原则确定员工和雇主(企业)各自的权利与义务。以下有关薪酬和福利的内容包括在雇佣合同中:

1. 薪金数额、支付方式、支付时间、支付地点、加班费的支付

在雇佣合同签订和履行中,企业和用人单位必须明确以现金还是支票或银行转账等其他形式来支付员工的薪金,按照规定的时间付薪,例如月薪、周薪、半月薪等,以及明确在什么地点支付薪金。

2. 加薪

在一般情况下,加薪是由雇主单方决定的,除非在定约时双方事先商定加薪是接受工作的条件。但是在合同中,应该明确加薪的数额和

方式,例如是定期调薪,还是根据工作业绩加薪,或者定期自动加薪。此外,增加的幅度也要在契约中作出明确规定。

3. 年假津贴和法定假日

企业员工除了有权享受国家法律规定的节假日之外,还可以享受企业规定的休假。例如,很多企业都有带薪年假,但对不同的员工,规定不一,雇主和员工双方的权利与义务都应该写在雇佣合同中。此外,休假是否可以其他形式取代,如用加发工资或倒休的形式,如何取代,都要具体商定,并正式写进合同条款。

4. 佣金的支付形式和支付条件

对于实行佣金制的企业和员工来说,佣金的支付形式和支付条件非常重要。定约双方都应当事先明确,并把商定结果写进雇佣合同。例如,雇主和员工单方无权更改销售用户,无权变更销售地点,无权无故终止雇佣关系,等等。此外,预付佣金的数额和支付形式,也经常引起争议,必须事先约定,特别是对一些有弹性的按销售和经营比例提取的佣金的约定,更应该明确、具体。

5. 分享利润及购股

目前许多企业采取分享利润的制度和员工持股计划,允许员工购买公司的股权,还有的雇主提供"幻影股份计划",该方式虽不直接分配员工股份,但实际上也是一种参股和购股的形式。如果这些内容写进雇佣合同,就必须按约执行,单方不得更改计划。

6. 奖金支付

在雇佣合同中,必须明确奖金是否具有工资的性质。如果按照一定的标准或惯例支付,雇主就必须按期按额支付,不得随意变动。如果属于不定期支付,由雇主单方决定的,雇主就有权利决定奖金的支付数额和形式。

7. 员工福利

企业福利是员工受雇的基本条件,包括养老金计划、人寿保险计划、医疗保险以及住房等企业福利项目。这些福利待遇也属于员工劳动报酬的组成部分,在雇佣合同签订时,必须包括在内。有关福利待遇方面的合同争议,主要是在福利具体数额、对所有员工采取相同的还是有差别的福利标准等问题上。

参考资料

1. 王学力:《工资与工资争议》,人民法院出版社,1997年。
2. 王全兴:《劳动法》,法律出版社,1997年。
3. 〔加〕A.E.奥斯特、L.夏莱特著:《雇佣合同》,中国对外翻译出版社,1995年。
4. 李严峰、麦凯编著:《薪酬管理》,东北财经大学出版社,2002年。
5. 李新建主编:《企业雇员薪酬福利》,经济管理出版社,1999年。
6. 栾立冰:《劳动者权益保护丛书:女工》,法律出版社,1995年。

思考题

1. 我国的劳动法中与企业薪酬管理相关的内容有哪些?
2. 为什么要坚持依法付薪的原则?
3. 列举你所知道的企业依法付薪或违法付薪的事例,并作出法律解释。

第四章

企业薪酬战略、薪酬政策与薪酬方案

本章学习要点

- 了解企业薪酬战略的内涵与性质,认识薪酬战略是企业战略的有机组成部分。
- 了解现代企业战略与薪酬战略之间的关系,理解在现代人力资源管理中实施总薪酬战略的意义,明确实施薪酬战略的目的。
- 了解企业薪酬政策的制定原则、目的和运作机制,将薪酬政策作为企业战略管理的有效工具。
- 了解薪酬方案与薪酬政策之间的关系,认识薪酬方案是薪酬要素与薪酬政策相互结合的产物,是企业薪酬政策的具体化。

第一节 企业薪酬战略

一、企业薪酬战略的内涵与性质

1. 企业薪酬战略的内涵

企业薪酬战略的内涵可以定义为：企业为有效利用报酬机制，充分激励员工，合理配置人力资源，实现企业战略而制定的薪酬管理的原则、策略、计划和行动的总和。

薪酬战略是企业长期、整体的关于薪酬管理的设想和行动方案。现代薪酬管理战略超越了一般意义的人力配置目的，把人力资源作为企业特殊的、最有竞争力的资源，从战略的高度，对人力资源获取、配置、开发和激励进行全局性、长远性和预见性的规划与筹措。

2. 企业薪酬战略的性质

从性质上讲，企业薪酬战略是一种管理战略。所谓企业薪酬战略就是建立与企业战略一致化的薪酬管理过程。在管理过程中，通过薪酬管理行为最终实现企业的战略；或者说，企业薪酬战略管理的最终目标就是通过对企业员工的薪酬管理行为来实现企业的战略目标。

美国迈克尔·波特（Michacl Poter）提出了三种经典的企业管理战略类别，即：成本领先战略（Cost Leadership Strategy）、产品差异化战略（Product Differentiation Strategy）和更贴近顾客的目标集聚战略。该理论倡导节约成本、制造差异和贴近顾客都是符合现代人力资源管理目标的。在人力资源管理中，节约成本的主要途径一是降低工资成本，二是降低人力资源管理成本；在竞争中制造差异的实质是促使人力资源开发和管理成为差异的主要来源；目标集聚战略的实现更要依靠内部管理和员工的表现。这些都需要薪酬激励的有机配合。

薪酬战略与人力资源战略和企业战略是不同层次的战略，内在的一致性将三者有机地结合在一起。它们之间的一般性关系是：企业战略决定了人力资源战略,进而决定了薪酬战略。另有观点认为,企业战略属于全局性的竞争战略决策;人力资源属于一般性的战术决策;薪酬管理属于特殊性的战术选择。企业战略通过层层分解,最终落实到企业薪酬体系和薪酬方案的设计、运作和操作上。如图 4-1 所示。

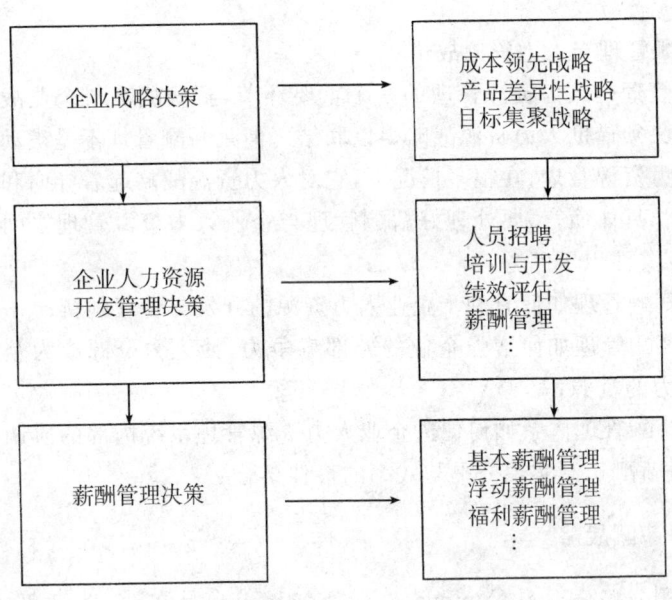

图 4-1　企业战略、人力资源战略和薪酬战略的关系

例如,企业如果选择了成本领先的经营战略,人力资源的一些管理行为都应该围绕着成本节约的宗旨进行,企业薪酬管理也应该据此确定薪酬制度、薪酬激励机制和薪酬要素及其组合。通过薪酬管理确定员工的角色,激励员工的行为,降低每一个员工的产出成本,或者促使员工核心竞争能力的增强和更具创新性,以实现企业的战略目标。

二、薪酬战略是企业战略和人力资源战略的有机组成部分

1.薪酬管理与企业战略

薪酬战略是企业战略的重要组成部分,要处理好两者之间的关系,

主要关注以下问题：

（1）薪酬管理计划如何对企业经营起到方向引导或支持作用；

（2）薪酬管理方案如何参与组织变革；

（3）薪酬管理项目如何与企业短期计划和长期战略目标有效结合。

2.薪酬管理与人力资源战略

薪酬管理是人力资源管理的一个重要环节，薪酬战略与企业战略两者之间必须借助人力资源战略得以联结。但是薪酬管理不是被动地从属于人力资源管理，在很多情况下，它对人力资源战略起着导向和开拓的作用。具体而言，要处理好薪酬管理与企业人力资源管理之间的关系，主要关注以下问题：

（1）薪酬管理如何有利于企业人力资源的开发与管理创新；

（2）薪酬管理如何增强企业的外部竞争力，使人力资源成为企业最具竞争力的资源；

（3）薪酬管理体系如何促进企业人力资源管理系统内部的协调一致，并通过薪酬机制实现公平与效率的最佳结合。

三、总薪酬战略

总薪酬战略（Total Compensation Strategies）是在20世纪80年代提出的一个新的管理范畴。它是对传统的薪酬管理理念和管理模式的否定，体现了一种薪酬管理系统与方式的变革。

1.薪酬概念和管理理念的创新

总薪酬体现了概念的创新，概念创新正是管理理念创新的理性升华。按照新的管理理念，所谓总薪酬是指货币薪酬，物质性的直接报酬，还包括"员工基于其工作结果所得到的全部报酬"。①

2.薪酬系统和机制的转变

总薪酬管理开发战略是一个包括对所有薪酬要素和薪酬管理系统

---

① [美]R.韦恩·蒙迪、罗伯特·M.诺埃：《人力资源管理》（第六版），经济科学出版社，1998年，第20页。

的开发过程。图 4-2 是一个总薪酬管理开发战略系统的示意图。与传统的薪酬管理模式相比,总薪酬管理战略系统有以下特点:

(1) 以总薪酬系统,而不是单个薪酬要素的管理为基点;
(2) 强调对人的行为和员工绩效的开发;
(3) 突出报酬机制的激励效应;
(4) 带有凝重的企业文化内涵。

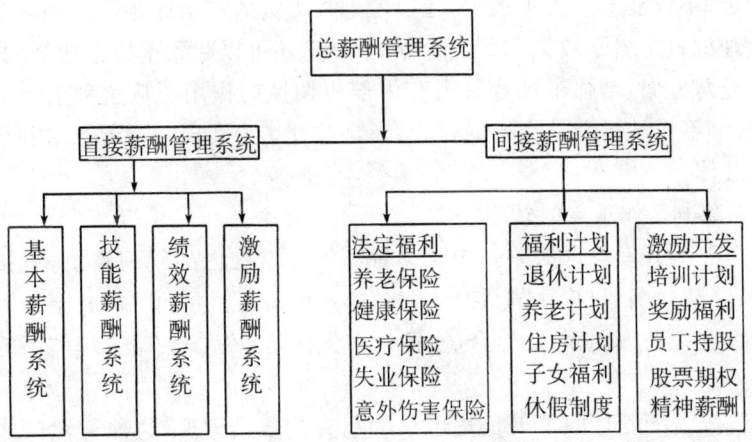

图 4-2 总薪酬战略框架

3. 战略基准的转变

总薪酬开发管理是站在一个战略高度来认识和发挥薪酬管理的作用。所谓战略高度是指薪酬管理并不是指雇主和雇员之间一种单纯的劳动力买卖关系,也不是简单的劳动与货币之间的交换关系,而是将企业薪酬管理整合到企业总体战略目标之中,与人力资源开发管理战略紧密结合在一起,把薪酬管理作为实现企业战略目标的重要途径。

4. 薪酬管理目标的转变

传统的薪酬管理体系尽管也注重对员工的激励作用,但是其着力点是对员工个人行为的刺激,是为了满足员工对物质需要的追求,主张通过提高企业薪酬水平来吸引和留住对企业有用的人才。传统管理模式的理论基础是把员工作为一个追求利益最大化的"经济人",作为一个单纯依靠出卖劳动力获取报酬的劳动者,劳动者的个人行为没有整合到企业的总体目标之中。

总薪酬开发管理战略是将企业目标与劳动者个人目标有效结合在一起,将目标定位为如何发挥企业的人力资源优势,实现企业发展和管理创新。因此,新的薪酬管理强调的是各企业目标的协调和一致。例如,薪酬计划不仅与企业的财务计划相匹配,还与企业的整体经营计划相融合;不仅要节约人工成本,还要考虑人力资源在企业各部门和环节的合理配置。薪酬政策和薪酬计划的实施,还可以起到重构企业结构、引导经营方向、增强市场竞争力和内部协调性的作用。从这种意义上讲,薪酬不单纯是劳动交换的媒介,还是被升华为实现经营者意志和目标的载体。

5. 薪酬工作重点的转变

总薪酬开发管理战略是包括多种薪酬要素在内的管理系统,直接薪酬、浮动薪酬、间接薪酬、货币薪酬、非货币薪酬、物质薪酬,乃至精神薪酬都囊括在内。因此,综合、全面和多元性是总薪酬战略管理体系的突出特点。

传统薪酬管理的重点是货币薪酬和直接薪酬管理,这种管理模式虽然体现了按劳付酬的基本原则,但难以有效解决员工管理中的"偷懒"、"搭便车"、"按酬付劳"等行为,即员工的内在激励问题。总薪酬开发管理战略将薪酬管理的重点由基础薪酬移向浮动薪酬、激励薪酬及福利薪酬的开发等,体现的是按照员工的最终工作结果,对为企业所做的实际贡献支付报酬的基本原则。这种重心的转变,有助于新的管理机制的生成。

6. 管理方式的转变

企业薪酬要素的多元化实质上反映的是薪酬管理模式的多元化,而总薪酬开发管理战略正是体现了薪酬管理模式的创新。传统的企业薪酬管理模式与企业经营之间缺乏一条联结的纽带。例如,人工成本独立核算,付薪体系单独设计,企业效益与薪酬水平不挂钩,报酬与工作绩效没有直接联系,等等。

总薪酬开发管理战略打破了企业各环节之间分割、短期和刚性的状况,运用多元化的管理模式解决众多的问题。例如,对企业高层管理者实施经营者年薪制,解决现代企业制度下委托代理制的核心问题;加大奖励薪酬的比重,推行以技能和绩效为基础的薪酬制度,激励员工的积极性;将企业福利管理作为薪酬管理的补充形式,使薪酬管理更具灵活性;实施股票期权等长期激励计划,倡导精神薪酬开发等。这些管理方式的创新,在增强企业外部竞争力、提高内部效率和员工凝聚力以及职业开发等方面,都可以起到传统薪酬管理所不能及的作用。

四、企业薪酬战略与企业发展

处于不同发展阶段的企业必须实施不同的经营战略,相应地也需要有差异的薪酬战略,因为企业经营战略、报酬战略与企业发展阶段三者之间存在着内在关联性,如表4-1所示。

表4-1 经营战略、报酬战略与企业发展阶段

发展阶段	经营战略	报酬战略目标	报酬战略重点
快速上升阶段	扩大投资力度	刺激创业	高报酬 高绩效奖励 中等福利
正常成熟阶段	保持市场和利润	奖励绩效	中等薪酬 中等绩效奖励 标准福利
停滞衰退阶段	转移利润与市场	侧重成本控制	低市场率工资 成本控制 适当奖励 标准福利

1. 对于处于迅速成长阶段的企业,经营战略是以投资促进企业的成长。为了与经营战略一致,报酬战略应该将战略重点定位为:通过报酬刺激形成一个强有力的领导班子和有实力的员工队伍。为此,设计一个高报酬与高绩效相结合的薪酬计划,体现风险越大、报酬越高的付薪机制,以鼓励员工敢于承担风险,多做贡献。此时,即使企业现有的实力不足以维持高于市场率的薪酬水平,为了竞争的需要,采取超前的

薪酬水平政策也是必要的。

2. 对于处于成熟阶段的企业,应采取以保持利润和市场为主的经营战略。薪酬战略的重点是员工更多地掌握企业所需要的技术和管理技巧,因此,报酬水平取中位,薪酬激励力度和福利也控制在中等水平。

3. 对于已经处于衰退期的企业,最恰当的战略是将资金投向更为赢利的产业,换言之,要实现投资目标的战略转移,有必要使企业的薪酬水平低于市场的平均水平。福利因为具有刚性的特征,以保持标准水平为宜。

第二节 企业薪酬政策

一、企业薪酬政策的性质与制定原则

企业薪酬政策的任务可以概括为三个:其一,增强企业薪酬的外部竞争力;其二,增强企业的内部激励机制;其三,引导企业薪酬管理的方向。具体而言,作为企业薪酬政策的制定者,应该考虑:和其他企业的同等工作相比,本企业应该支付什么样的薪酬水平,如何获得劳动力市场的薪酬竞争力,报酬收入如何在员工之间分配,什么样的分配方式可以最大限度地调动员工的积极性,什么样的报酬结构更适应企业对人力资源开发管理的需要,等等。

企业的薪酬政策可以分为对外薪酬政策和对内薪酬政策。对外的薪酬政策侧重企业的薪酬水平和外部竞争力,对内的薪酬政策主要调整薪酬的纵向等级结构和横向要素组合方式。两个问题都与公平付薪有直接的关系。

1.报酬公平的类别与实现

报酬公平与否是企业薪酬管理的关键,而报酬公平体现在四个方面,或通过内部公平和外部公平两个途径实现:

(1) 外部公平(External Equity)。所谓外部公平是指与其他企业

类似工作的报酬相比,员工认为他在本企业所获得的报酬是公平、合理的。这种外部公平可以通过两种形式比较,一是员工如果在其他企业从事过同样的工作,与他的原工作报酬相比;二是通过相关的报酬信息得知。外部公平是企业吸引和留住员工的一个重要因素。如果一个企业的报酬低于其他企业,员工就会认为他的报酬缺乏外部公平性,有可能为了寻求这种公平而消极工作、缺勤或"跳槽"等。

(2)内部公平(Internal Equity)。内部公平主要是指企业内部的员工的报酬相对于他所从事的工作而言,是否体现了按劳付酬的原则。对从事不同工作的员工而言,如何比较其贡献的大小,工作评价是衡量内部公平的重要依据。按照多劳多得和公平管理的原则,对每个工作岗位、每项职务、每位员工应付出的劳动数量和质量都需要有客观标准,并对应于一定的报酬值,员工按照工作标准完成了既定的工作任务,就应该领取相应的工作报酬。如果超额完成标准,还应该得到超额报酬。同理,如果未达到标准,就要相应地减少报酬。

(3)团队公平(Team Equity)。对许多岗位和绩效的评定,不是以员工个体为单位的,而是以团队为单位的,因此,内部公平还体现在不同的团队之间。维护团队之间公平的措施是建立科学和严格的绩效评估体系,首先体现团队之间集体公平的原则,而后按照内部公平的原则进行团队内成员间的报酬分配。

(4)员工公平(Employee Equity)。员工之间的公平是指同企业的员工之间是否体现了同工同酬的原则,有没有基于种族、民族、性别、年龄以及其他非经济因素的报酬歧视现象。员工公平是一个非常敏感的问题,因为员工之间存在着非常密切的合作关系,在同一职场工作,或者干同一项工作,如果出现了报酬的不公平现象,就会极大地影响员工的积极性,影响合作关系。避免员工报酬不公的主要途径是建立科学的薪酬体系和绩效评估体系,以及企业内部相应的增薪和晋升制度等。

2.报酬公平的比较及其后果

现实中,员工认定他的报酬公平与否,有三种比较方法:

(1)和同一个组织中做同样工作的员工进行比较,衡量是否符合内部公平或团队公平的付薪原则；

（2）和同一个组织中岗位不同的员工进行比较，衡量是否符合员工公平的原则；

（3）和其他组织中做同样工作的员工进行比较，衡量是否符合外部公平的付薪原则。

如果员工认为他的报酬不公平，理论上讲，会产生如下后果：[1]

（1）通过降低对工作的努力程度和工作绩效来减少投入；

（2）通过自己的行动，更加努力工作来改变投入或所得；

（3）选择一个新的参考值；

（4）通过谋求更高报酬的工作来增加个人的所得；

（5）曲解投入—产出比例使自己信服这一比例是公平的，实质上是夸大或降低自己的贡献；

（6）采取旷工、拖拉、延长工作间隔或者辞职等各种比较激烈的行为表示不满。

上述六种表现是一种推论，但在现实中，只有第一种和第六种最为常见。也就是说，低报酬所导致的后果是消极的。一般而言，外部不公平容易引起员工流失，一些员工可能流入其他收入高的企业；而内部不公平则最有可能导致工作绩效的下降，或者其他消极表现，例如，对上司或同事不满、破坏团结和人际关系、情绪恶化以导致其他不良行为的发生等。

二、外部薪酬政策

外部薪酬政策制定的目标是加大企业的竞争力。在激烈的市场竞争中，人才的竞争是关键，而依靠高薪吸引人才是企业普遍实施的战略手段之一。企业在大多数情况下会面临着这样的两难选择：没有薪酬优势，无法吸引高质量的人才，还会导致已获得人才的流失；如果工资率过高，又会面临加大成本预算、价格上涨，以及工资冻结、延滞支付等

---

[1] Lawrence S.Kleiman："Human Resource Management: A Tool for Competitive Advantage"（英文版），机械工业出版社，1998年，第255页。

问题。因此,选择什么样的工资率和工资支付方式,是企业外部薪酬政策关注的焦点。

企业的薪酬水平是由多种因素促成的,除了企业效益和企业薪酬战略之外,市场工资率的变动起着非常重要的作用。因此,企业外部薪酬政策主要是处理与外部市场的关系,维持一种能够具有外部竞争力的工资水平。

以往企业效益与薪酬水平的关系取决于企业有多少资金可以作为人工成本支出,没有更多地从政策的角度考虑薪酬对促进企业效益的作用。依照现代薪酬管理理念,薪酬政策是对当前薪酬水平判断和调整的一个至关重要的因素。换言之,薪酬政策的制定,反映了企业决策层是否将薪酬作为提高外部竞争力的一个有效手段。在制定薪酬水平时,不单纯把薪酬作为一种人工成本投入,而作为一种对人力资源,乃至企业的战略投资。由此决定了三种薪酬水平的对策模式:

1.领先对策,即在同行业或同地区市场上保持优势薪酬水平。一般而言,实施这种政策的企业有以下几种情况:企业处于快速成长期,企图利用薪酬机制吸引人才;企业效益好,崇尚劳资合作与利益分享;企业资力雄厚,为了体现企业实力等。当然,采取领先薪酬水平政策的企业也不乏一些求贤若渴的中小企业。

2.居中对策,即在同行业或同地区市场上保持中等薪酬水平。这是一种跟随战略,薪酬水平随市场波动。实施这种政策的企业风险小,不刻意通过报酬获得外部竞争优势,或者说可以不主要依靠外部薪酬优势来吸引和获取人才。现实中,一些实力雄厚的大企业比实力并不十分雄厚的中小企业更倾向于采取这种薪酬政策。

3.滞后对策,即在同行业或同地区市场上保持较低薪酬水平。一般而言,实施这种政策的企业有以下几种情况:受人工成本约束;企业处于衰退期或遇到财务危机;注重其他形式的补偿(高福利),注重长期报酬激励(期权)等。

至于企业选择哪一种薪酬政策,视企业的性质和现状而决定。目前通用的对薪酬水平的确定指标一般是根据薪酬调查来确定标准值。它的专用术语是价位值。例如,25P～50P(低位值)、50P～75P(中位值)、75P 以上(高位值)等。

三、内部薪酬政策

企业内部薪酬政策的重点是如何增加薪酬效率和激励员工。概括而言,就是处理好企业内部的公平与效率的关系。付给员工的报酬是企业成本的主要组成部分,在总投入一定的情况下,人工成本的降低,意味着收益的增加,这是不言而喻的事。但是一味地降低人工成本,并不一定能够为企业带来更大的效益,因为人力资源是一种特殊的企业资源,它的内在价值外在于对企业的贡献之上。要实现这一点,就要设法将企业的经营目标通过薪酬管理,落实在员工的行为激励上。

企业内部薪酬政策有两项任务:其一,促进企业薪酬结构的合理性。具体而言,就是使企业的薪酬等级、级差,以及薪酬在岗位和职务之间的分布合理,体现公平付薪的原则。其二,促进员工薪酬结构的有效性,即使得各薪酬要素之间的配置有效,集中体现按照贡献支付劳动报酬的原则。组织能否留住和激励员工,很大程度上是通过企业内部的报酬机制和报酬结构实现的。合理而公平的薪酬结构,是报酬机制的核心,也是企业薪酬政策制定的基准线。

第三节 企业薪酬方案

一、薪酬方案的目标与制定原则

1.薪酬方案的目标

薪酬方案,也称薪酬项目、薪酬计划等,一般是指为贯彻企业薪酬战略和薪酬政策,配合企业现存的薪酬制度而实施的短期行动部署和具体措施,包括薪酬抑制和薪酬激励两类方案。薪酬方案是薪酬要素与薪酬政策相互结合的产物,任何一个薪酬方案,都是薪酬体系设计者按照企业战略目标,秉承企业高层决策者的管理意志,将政策意图通过薪酬要素的功能组合而形成的。

薪酬方案、薪酬政策及薪酬制度三者之间的关系是,薪酬方案是企业薪酬政策的具体化,而薪酬政策是薪酬制度的重要补充形式。因此,在薪酬方案的设计中,必须与企业薪酬制度的基本原则相一致,同时又必须充分体现薪酬政策的内涵。在现代企业薪酬管理中,薪酬方案的设计与实施是为了达到三个目的:

(1) 促进薪酬管理与企业经营的更好结合;

(2) 促进薪酬管理与企业人力资源需求的有效配置;

(3) 提高员工绩效。

2.薪酬方案的制定和实施原则

企业薪酬方案在制定中,需要掌握四个原则:

(1) 提供能够吸引和留住企业急需人员的薪酬水平;

(2) 避免人工成本的盲目上升,维持组织有支付能力的薪酬水平;

(3) 避免因部分员工薪酬水平的提高,导致企业整体薪酬结构严重失衡;

(4) 坚持薪酬分配"两个公平原则",关注新方案实施后可能产生的负面影响,特别是对非受益者或较小受益者的影响。

企业薪酬方案在实施中,还必须注重与其他管理系统和人力资源其他管理环节的配合,例如,绩效管理、培训开发和员工关系等。

二、使用较为普遍的薪酬方案

1.人工成本控制方案

人工成本控制方案主要是针对薪酬脱离企业效益刚性上涨的问题而采取的一种薪酬对策。引起薪酬刚性上涨的原因有:生活费用的上涨、工会斗争、劳动力市场需求变化等。这种状况对企业造成两种不利的影响:一是加大了人工成本;二是难以推行以绩效为主的薪酬制度,打击员工的积极性。薪酬长期脱离企业效益,会导致企业经营业绩不佳,迫使企业不得不缩减人员规模,控制人工成本的支出。人工成本控制方案的核心是降低企业薪酬水平、调整薪酬结构,或者降低部分人员的薪酬。

任何企业的发展都不可能是一帆风顺的,许多企业在绩效低迷、外部环境不佳时,都不得不实施人工成本控制方案。例如,在20世纪70年代中后期和80年代初的美国,许多企业因为出现人工成本大幅度上涨的问题,被迫纷纷采取人工成本控制方案。当前的全球性的经济衰退和经济调整,促使许多企业也不得不打出裁员和缩减人工成本的策略。

人工成本控制方案的主要做法是找出有效控制薪酬成本扩张的主要原因。根据发达国家的经验,以往促使人工成本上涨的宏观因素或外部因素主要有:退休金改革影响企业退休计划的制定和实施;税收政策的影响;国民健康计划;反歧视法的实施等。而当今促使人工成本上涨的主要动力是企业对稀缺人才的竞争。一些薪酬专家认为,许多促使人工成本增加的因素并没有相应地提高企业效益,反而使得企业的薪酬水平和结构越来越背离"应得"的薪酬政策。例如,通货膨胀引起了生活费用的上升,导致工资成本的上涨,而不是工作绩效的改善。由于通货膨胀的作用,使得工资预算总额大幅度上升,而一些工作绩效优秀员工的薪酬仅略高于绩效不高的员工。其结果是,大大削弱了员工的工作积极性。

这种状况在一些老产业表现得更为突出。例如,美国的钢铁业在20世纪80年代出现了一系列问题:工人的高薪酬导致了在国际市场上没有竞争力,1982年美国工人的小时工资为26美元,西德为13.45美元,法国12.37美元,日本11.08美元,英国9.32美元,韩国仅有2.39美元。不仅如此,美国的人工成本高还与设备陈旧,生产能力膨胀和国内市场疲软等问题结合在一起,使得企业竞争力减弱。为了适应外部环境的变化,经理们不得不考虑在控制人员数量、工资总额和福利开销上采取措施。从70年代起,企业开始实施成本控制的薪酬政策,并进行了如下努力:

(1) 减少劳动力的雇佣数量,严格控制薪酬成本支出;

(2) 在制定企业外部薪酬政策时,更多地考虑本公司的实际支付能力,而不是企业的薪酬竞争优势;

(3) 抑制基本薪酬等固定薪酬和共有福利的增加;

(4)贯彻高绩效、高奖励的灵活的付薪机制。

为配合该政策的实施,企业采取了临时性和长期性两类措施。临时性措施包括薪酬冻结、延缓提薪、暂停生活补贴等;长期性措施包括裁员,鼓励薪酬高的员工和高层管理人员离职、退休;延长员工的工作时间、缩短假期、取消带薪休假、严格请假制度;缩小医疗保险范围,让个人承担一部分医疗费用;缩减非生产性开支,包括调整差旅补助支出、控制办公费用,以及限制公款娱乐等。

2.货币激励方案

货币激励方案是一种物质奖励方案,目的是为了吸引和留住企业所需要的人才,特别是企业短线人才。从薪酬要素的作用看,基础薪酬是保底薪酬,激励性不强。为了调动员工的积极性,或者为了在劳动力市场上取得薪酬优势,需要发挥浮动薪酬的作用,实施货币薪酬奖励方案。

货币激励的对象主要是企业短线环节或急需的专业技术员工。例如,当营销成为制约企业经营的"瓶颈"时,企业就要将改进营销业绩的方案作为该时期企业经营的重点。为此,配合营销战略的实施,需要实施货币激励措施。佣金方案是促进营销绩效的一种经常使用的办法,具体包括以佣金代替工资,薪酬随绩效变动,通过提高佣金来激励营销成绩优秀者。当绩效增加时,佣金随之增加;当绩效减少时,佣金随之减少。佣金方案的作用有两个:其一,薪酬管理与企业的目标配套;其二,将员工的努力、绩效与报酬紧密联系起来。当然,一套完整的佣金方案并非如此简单,还需要一系列实施原则、细则、监督和评估系统。

又如,企业为了提高员工的技术水平,鼓励员工掌握更多的生产技能,采用以技能工资为主的薪酬方案,在企业或者一些部门推行技能工资制度。技能薪酬激励也是一种货币激励方案,目的是运用货币手段激励员工学习新的技能,将员工的技能开发与报酬联系起来。具体做法包括提高薪酬中技能薪酬的比重;给技能优秀者提升或加薪;企业为员工提供学习和培训的机会,员工考核结果直接与报酬挂钩,成绩达到企业所要求的水平时,可以得到奖励薪酬,或者提供加薪的机会等。因此,一个好的以技能为基础的货币激励方案,可以促进员工工作技能的提高,为企业提供更多高质量的技术人才。

3. 福利激励方案

目前一些现代大企业越来越重视企业福利对激励员工的重要作用。在当今的人才市场竞争中,高质量的企业福利是吸引员工的必不可少的"秘密武器"。在传统的企业薪酬福利管理中,企业之所以热衷于福利,主要是为了安抚员工和享受政府对福利的优惠政策。在现代企业中,企业福利具有了新的功能,例如:

(1) 可以减少员工之间对货币薪酬的攀比;
(2) 与货币薪酬相比,福利具有更大的灵活性;
(3) 可以使员工体会到企业的关怀;
(4) 可以促进员工的身体和心理健康。

企业福利方案实施的目的主要是提高员工的工作和生活质量,增加企业的凝聚力。近年来,各种形式的福利激励方案纷纷出台。例如,健康保险计划、养老保险,即年金计划、住房计划、员工教育培训计划、带薪休假计划、为子女和家庭提供各种服务的福利计划等。

除此之外,薪酬方案还包括实施以单一或几种薪酬要素为主的综合性薪酬管理计划,其目的是为了引导和约束员工的某些绩效行为,或者对某员工群体的绩效进行激励等。例如,为了提高员工的技能水平,推行技能薪酬方案;为了激励员工的团队意识,推行增益分享方案;为了强化企业与员工的合作关系,推行员工持股、股权激励等长期激励薪酬方案等。

参考资料

1. 〔美〕斯蒂芬·P.罗宾斯:《管理学》,中译本,中国人民大学出版社,1998年。

2. 〔美〕詹姆斯·W.沃克著,吴斐芳译:《人力资源战略》,中国人民大学出版社,2001年。

3. Joseph J. Martocchio:"Strategic Compensation:A Human Resource Management Approach",Prentice Hall,1998.

4.〔美〕托马斯·B.威尔逊著,刘红斌等译:《薪酬框架:美国 39 家第一流企业的薪酬驱动战略和秘密武器》,华夏出版社,2001 年。

思考题

1. 什么是企业薪酬战略? 它与企业战略和人力资源战略之间是一种什么关系?
2. 试析总薪酬战略提出的现实意义。
3. 企业薪酬政策制定的基准和要点。
4. 试举你所知道的几种企业薪酬方案。

第五章

企业薪酬水平、薪酬差异与薪酬调查

本章学习要点

- 了解企业薪酬水平及其变动因素,掌握其变动规律。
- 了解企业薪酬差异的类型与决定因素,坚持两个公平的原则,制造合理的薪酬差异。
- 了解薪酬调查的重要性,掌握薪酬调查的方法。

第一节 企业薪酬水平及其影响因素

一、企业薪酬水平的基本内涵

薪酬水平有不同层次的划分,它可以指一定时期内一个国家、地区、部门、行业或企业单位劳动者的平均薪酬水平,也可以特指某一领域劳动者群体的薪酬水平,其中企业员工的薪酬水平是基础和核心。

影响企业薪酬水平变动的因素包括企业外部因素和内部因素。企业外部因素主要有:经济发展水平、劳动力市场的供求状况、政府的政策、工会的作用、物价指数的变动、地区差异等。企业内部因素有:劳动差异、分配形式和企业效益等。

二、企业薪酬水平的外部影响因素

员工的报酬水平不完全是雇主和员工在劳动力市场上自由交易的结果,也不是雇主在企业内部随心所欲的产物,它要受到外部多种因素的影响和制约。主要的外部影响因素包括:

1.经济发展水平和劳动生产率

经济发展水平和劳动生产率是企业薪酬水平的一个重要决定因素。对一个国家而言,劳动生产率低,劳动者的薪酬水平必然低,发展中国家与发达国家之间薪酬水平的差距,主要是因为劳动生产率不同。对一个产业和行业而言,也是如此。现代产业与传统产业的技术发展水平和劳动生产率的差异,必然反映在员工的工资差异上,其实质是劳动者自身人力资本投资与收益之间的差异。

2.劳动力市场的供求状况

劳动力市场上供求状况的变化,决定企业或雇主对劳动力成本的投入,从而影响企业员工薪酬水平的变化。这是因为,在其他条件不变的情况下,薪酬水平由劳动力市场的供求状况决定。它对员工薪酬水平的影响关系,可简单归结为:如果社会上可供本企业使用的劳动力小于企业需求,企业会采取提高薪酬的办法满足对劳动力数量和质量上的需求;反之,如果劳动力市场上供大于求,企业则通过压低薪酬的办法,减低生产成本,赚取更多的利润。

3.政府的政策调节

政府对企业员工的薪酬调节包括直接调节和间接调节两种。间接调节是指政府不是专门调节薪酬变动,而是运用调节其他经济行为和社会行为的政策,对企业的薪酬水平产生影响。例如,一些财政政策、价格政策以及产业政策等。直接调节政策是专门用于调节企业薪酬水平及其变动的,如最低工资法、反歧视工资法等劳动法律、法规,以及工会代表工人利益与雇主的交涉、谈判、斗争等,都对企业员工的薪酬水平起到保护或者制约的作用。

4.工会和行会的作用

工会的作用主要表现在集体协商制度下,员工组织有权与企业和用人单位就企业员工的薪酬水平、薪酬决定、薪酬差异及分配、支付形式等进行集体协商,签订工资集体合同。因此,作为劳动力市场上的一方代表,工会的力量、工会的行动直接影响企业薪酬水平的变动。

某些行业组织也对劳动力市场的工资水平进行干预和保护,例如,制定行业最低工资标准,通过行业组织的力量,影响行业工资水平的调整和变动等。

5.物价变动

物价变动,尤其是生活消费品价格的变动,将直接影响员工的薪酬水平。在货币薪酬水平不变或者变动幅度小于价格上涨的情况下,会导致员工实际薪酬水平的下降;反之,会引起员工薪酬水平的上升。前一种情况发生的可能性大,因为从长期看,物价往往呈刚性上涨趋势。后一种情况大多是政府干预和企业采取措施的结果。在生活必需品价格普遍上涨的情况下,企业必须增加薪酬,以保证员工的基本生活的需要和企业的生产经营不受影响,因为保障劳动者及其家庭基本生活的需要是企业薪酬的基本职能之一,也是政府干预企业薪酬变动的主要动机所在。

6.地区差异

地区间的经济发展水平、物价水平以及政策差异,也是影响企业间员工薪酬差异的外部因素,在不同经济体制下,表现特征不同。在计划经济条件下,差异主要是由政府控制和调节。例如,我国长期实行的工资区类别制度,就是由国家统一规定的同等级工资标准在不同地区实行差异支付制度。在市场经济条件下,政府干预的力度减弱,这些因素主要以自发的形式调节不同地区企业员工的薪酬差异。

从未来的发展看,随着企业员工薪酬水平的上升,地区间的薪酬差异还会存在,但各种外在因素的作用程度减弱,企业自身经营状况之间的差异成为主导因素。

三、企业薪酬水平的内部影响因素

1. 经济效益

企业效益是市场经济条件下,决定企业员工薪酬水平及其变动的最重要因素。企业之间劳动生产率的差距,必然反映在企业员工薪酬水平的差距上,因为企业的经济效益归根结底决定着企业对员工劳动报酬的支付能力。企业经营效益的好坏,直接决定了企业员工的个人收入水平。薪酬是劳动力的价格和价值的表现形式,它和其他的劳动要素成本的价格一样,随着企业效益而变动。例如,当其他因素不变的情况下,劳动生产率提高,表明企业员工在单位时间内创造的财富增加,员工的劳动报酬也会随之增加。反之,如果企业效益不好,成品价值无法实现,企业员工的个人收入也就失去了增加的基础。

企业的经济效益不仅决定了全体员工的薪酬水平,也决定了企业内部员工之间的工资差异,特别是非基本薪酬部分。因为在现代企业中,普遍采取结构薪酬制度,员工的奖金、津贴等非基本薪酬形式与企业效益的联系更为密切。

2. 员工配置

员工数量和质量配置与企业薪酬水平之间是一种相互影响的关系。薪酬是企业成本的一个组成部分,在产值一定的情况下,员工越多,表明企业支付的薪酬成本越高,劳动生产率越低;在薪酬成本一定的情况下，员工越多，平均薪酬越低。此外，员工的质量配置与企业薪酬水平也有直接的关系，高质量的员工要支付高薪金，低质量的员工支付低薪酬，高薪低能和低薪高能都会影响薪酬效益。因此，企业在资本配置中，既要考虑薪酬成本与其他生产资本之间的转换和替代，比较各种资源及其配置效益，也要对不同质量的员工和员工薪酬进行选择和配置。

3.薪酬分配和支付形式

薪酬分配形式也影响员工的薪酬水平及其变动。例如，相对而言，计件薪酬比计时薪酬更能促进某些产品的生产，因为它把劳动报酬和劳动成果直接联系在一起，比较适用于机械化程度不高，但与劳动者主观努力程度结合比较密切的工作。在计件薪酬形式下，一些个人劳动能力强、劳动成果多的员工，可以得到较高的劳动报酬。目前，各种形式的绩效工资又开始取代计件工资，成为新的主要工资形式。各种薪酬要素的配合，或者称薪酬分配结构，也决定薪酬水平的高低。例如，基本薪酬、奖励薪酬以及附加薪酬所占的比重不同，决定了企业员工之间的收入差距。此外，员工薪酬的支付形式，如现金还是非现金支付，现期支付还是延期支付，都会对当期员工薪酬水平产生影响。

总之，决定企业间和企业内部劳动者之间薪酬水平及其变动的因素很多，这些因素会在各种条件下，单独或者共同对企业员工的薪酬水平产生影响。

第二节　企业薪酬差异及其影响因素

一、企业薪酬差异的内涵

企业薪酬差异又称薪酬差异，主要有两种：一种是指企业之间员工的薪酬差异，另一种是指企业内部各工作岗位、职务和工种之间存在的员工薪酬差异。两种差异表现在不同岗位和职业的劳动者之间，就形成特定的薪酬关系。薪酬差异既包括薪酬变动水平,即相对量的差异,也包括薪酬数额,即绝对量的差异。员工总是希望接近、甚至超过其他人的收入水平;企业也在尽量减少与其他企业薪酬差异的同时,协调本企业员工之间的薪酬差异,使之保持适当的比例。因此,合理地确定薪酬差异和妥善地处理薪酬关系,是企业薪酬管理的重要内容,也是企业正常运转的基本条件。

二、企业薪酬差异的类别及其影响因素

企业薪酬差异有多种表现形式,主要归纳为三种,每种差异形成的原因和表现形式有所不同,具体为:

1. 垄断性薪酬差异

垄断性薪酬差异是由于不同质的劳动力之间的流动受阻而产生的薪酬差异。这种差异主要表现为行业和职业差异,发生在两种情况下:

(1) 人为垄断性薪酬差异。人为垄断性薪酬差异表现为在某种职业劳动力出现短缺的情况下,由于非自然力量的干扰,如行业和产业工会的限制、国家行政干预等,使得劳动者不能自由进入这些职业,从而使该职业的劳动者处于垄断地位,获得垄断性收入。例如,在我国市场经济发展的初期,一些垄断性行业,例如银行、邮电、电力和铁路部门,基本上由国有企业垄断,其他形式的企业很难参与竞争。相对而言,这些企业员工的收入和福利普遍高于其他企业员工。目前,我国随着市场机制的完善和劳动力之间的流动趋于正常化,使得行政性垄断薪酬差异逐渐缩小。

导致人为垄断性薪酬差异主要是外部原因,也可称为制度性原因,产生的基础在于市场机制不健全、行政干预过多。此外,行会和工会等员工组织的行为也会造成某些行业和职业薪酬的人为垄断。人为垄断薪酬差异是难以消除的,但可以通过劳动力市场的逐渐完善使之保持在一个合理的范围和限度之内。

(2) 自然垄断性薪酬差异。自然垄断性薪酬主要表现为某些职业需要一些劳动者自身具备的天赋素质,这种素质难以替代,后天训练也很难实现,从而使具备该素质的劳动力保持垄断地位,获得垄断收入。

这种收入相当于经济活动中的地租或租金,所以也称为租金性薪酬收入。自然垄断性薪酬差异也是由于职业和劳动者的特殊性质决定的,类似土地的供给是无弹性的一样,使用土地而付出的价格(租金)不是取决于土地本身的实际价值,而是取决于对它的需求。

自然垄断性薪酬差异产生的根源在于劳动力市场上某些特殊职业的供求关系。这些职业的劳动力供给是无弹性的,雇用这些劳动者而付出的价格,往往不是取决于劳动力自身,而是社会和企业对他们的需求。例如,"明星"就是属于供给缺乏弹性的职业,市场需求强烈,收入高,垄断性强,是由市场供求关系决定。对这种垄断性工资差异,不能通过市场机制解决,只能通过政府课之以高税的形式进行调节。

除了天赋条件造成自然垄断性收入之外,非市场行为也会造成垄断租金式收入。例如,城乡隔离政策,不合理的劳动力流动政策等,也会造成某些职业垄断和职业薪酬差距。

2. 补偿性薪酬差异

补偿性薪酬差异主要发生在企业内部,也称岗位性薪酬差异,是指由于工作条件和社会环境等外在因素导致的劳动者薪酬差异。所谓"补偿性"是指相同条件的劳动者,即知识和技能并无实质性差异的劳动者,在从事工作条件和社会环境不同的劳动时,雇主支付的薪酬不同。补偿性薪酬差异产生的原因,主要是雇主为了"补偿"一些人在工作条件和社会环境方面所处的不利地位。这些不良的工作条件和工作环境会对劳动者产生一些诸如劳累、紧张、枯燥、疲倦、痛苦和危险等生理和心理方面的压力和不良影响,这些影响需要企业在薪酬和福利上予以补偿,并由此产生与其他岗位在薪酬上的差异。

亚当·斯密的工资差别理论对补偿性薪酬差异做了较为系统的解释。

3. 竞争性薪酬差异

竞争性薪酬差异,也称技能性薪酬差异,是指在劳动力和生产资料可以自由流动,劳动力市场充分竞争的情况下,由劳动者的专业技能差异而导致的收入差异。一些劳动技能强、质量高的劳动者,凭借自身的优势,可以在竞争中处于优势地位,容易从事条件优越、待遇高的职业,与一些技能较低,在竞争中处于劣势的劳动者相比,形成薪酬收入上的差距。

劳动者技能差异的形成有先天性因素,也有后天性因素。在生产力高度发达的社会,劳动者个人的智力因素是造成这种薪酬差异的主要原因,而这又与后天的培养和训练相关。人力资本理论是解释这种薪酬差异的基础理论。按照人力资本理论,人在劳动能力上的差异主要是由人力资本投资差异造成的。在劳动力的培养过程中,如果人力资本投入多,形成的劳动力资本存量就高,在劳动力市场上,就能以高薪酬的形式得到回报和补偿。

随着经济的发展和社会的进步,竞争性或技能性薪酬差异将成为企业薪酬差异的主要原因,也是企业制造合理的薪酬差异的客观依据之一。

第三节 企业薪酬信息的获取与薪酬调查

一、薪酬信息与薪酬调查的重要性

企业能够获得劳动力市场上、特别是直接竞争对手的详细的薪酬资料,是企业制定外部薪酬政策最宝贵的依据。而薪酬信息的主要获得方式是薪酬调查。薪酬调查在企业薪酬管理中的作用可以归纳为:

1. 为制定本企业的薪酬水平和薪酬结构提供参考

通过对同行业现行工资状况的调查,可以掌握既定岗位的最低、最高及平均工资水平,使企业能够很好地了解其他公司的员工薪酬水平,保持企业在薪酬管理方面的竞争力。

2. 为企业薪酬调整提供依据

企业需要进行定期或不定期的薪酬调整。一般而言,每年或每两年都要进行一次调整,有的企业甚至半年或者几个月就调整一次薪酬。而企业工资的调整必须要在市场调查的基础上进行,以确定本企业各职位工资与市场工资之间的差距,使得企业内部的工资结构更加合理,增强薪酬的内部公平。

3. 为节约和控制人工成本提供信息

随着企业人力资本重要性的加强,人力资本支出在企业总支出中的比重越来越大,有效地控制企业人工成本成为一个重要的管理课题。根据发达国家一些企业的调查,工资成本占销售收入的比例可达到40%;而在服务业组织中,该比例则高达70%。① 因此,随着知识资本的升值和劳动力市场的规范,对企业而言,能够用适当的价格购买到合适的人力资源,是一种最理想的结果。

在企业薪酬信息获取中,需要树立的一个理念是,真实的、有价值的市场薪酬信息是难以获得的,这是因为薪酬信息具有两个突出的特点:

第一,隐秘性特征。薪酬信息是一种稀缺性的企业资源,特别是对人力资源管理而言,如果获取了直接对手的薪酬信息,就可以掌握该企业人力资源的实力、配置状况,甚至战略意图。

第二,即时性特征。在激励的市场竞争中,企业为了争夺人才,就要充分利用薪酬机制,促使劳动力市场上人才价格的随时变动。过时的信息会给企业带来两种伤害:一是,价格过低使企业不能获得劳动力市场上的价格优势,与人才失之交臂;二是,价格过高不仅使企业支付了过多的人才获取成本,而且还可能导致薪酬的外部竞争力与内部一致性的矛盾。

二、薪酬信息的获取途径

一般而言,可将薪酬信息分为无偿信息和有偿信息两类,这是因为两类信息的获取渠道不同。

1. 无偿信息的获取

(1)政府提供的企业平均工资和劳动力市场的职位价格。例如,近

---

① [美]迈克尔·比尔:《管理人力资本》——开创哈佛商学院 HRM 新课程,华夏出版社,1999年,第140页。

年来,我国劳动和社会保障部门建立劳动力市场工资指导价位制度,以此作为劳动力市场建设和企业工资制度改革的一项重要内容。当前,全国已有 80 多个城市发布了本地区劳动力市场工资指导价位信息,多数城市发布价位数在 60 个以上。政府发布的工资指导价位的作用为:

第一,发布工资指导价有利于促进劳动力市场的发展和其价格机制的形成,使劳动力市场不仅有场有市,而且有市有价。

第二,政府通过建立劳动力市场工资指导价位制度,促进劳动力市场形成合理的劳动力价格水平,为劳动力供求双方协商确定工资水平提供客观的市场参考标准。

第三,有了工资指导价,企业可以合理确定内部各工种的工资标准,调整内部各类人员的工资关系,克服内部工资分配上的平均主义和盲目攀比行为。

第四,建立工资指导价位制度,也使政府对企业工资分配从直接管理转向间接调控、从总额调控转向水平调控,有利于促进政府职能的转换。

(2)社会团体提供的劳动力市场职位价格。一些人力资源和薪酬管理学术组织和企业团体,也定期进行薪酬方面的调查,发布调查信息,这些信息可以为企业制定薪酬政策提供依据。

无偿薪酬信息的获得虽然没有太多的障碍,但是信息质量可能是主要的问题,其真实性和时限性经常受到质疑。

2.有偿信息的获取

有偿薪酬信息的获取也有两条主要途径:

(1)通过咨询公司获得企业薪酬信息,其主要途径是会员制。基本做法是,企业加入由某些咨询公司牵头的会员组织,按照专业人员设计的调查方案,提供相关的本企业的薪酬信息;咨询公司对各会员企业提供的薪酬信息进行加工、整理和分析,提供分析结果。会员企业可以无偿和以优惠的价格获得薪酬信息,非会员企业则按照市场价格购买薪酬信息。

(2)公司自己做薪酬调查。公司自己做薪酬调查也有三种形式,一是与兄弟企业互换薪酬信息;二是委托中介组织进行薪酬调查;三是通过一些非正规方式获取薪酬信息,例如个人访谈、电话访谈和邮寄问卷等。此外,从互联网上获取一些信息也被认为是经济可行的方法。

薪酬信息是可以购买的。美国从20世纪50年代起,就有一些咨询公司,如威廉·莫瑟(William Mercer)、瓦森·韦艾特(Watson Wyatt)、库珀与兰布瑞(Cooper & Lybrand)等咨询公司出售薪酬调查信息,但价格一般都比较昂贵。

三、企业薪酬调查

1. 相关市场的选择

薪酬调查是一项费时、费力、成本高的工作,一个企业不可能调查清楚其他所有企业的情况,也不可能将一个企业所有的相关工作的薪酬内容都作为调查对象。因此,选择基准企业和基准工作是非常重要的,因为它们最具代表性。

(1)基准企业的选择。在调查中,需要选择最相近、最有比较价值的企业进行调查,这些企业和职位被称作"相关市场"。换言之,调查对象应该选择直接对手企业,因为这些企业最可能与本企业竞争员工,其管理理论也最有价值。因此,不可盲目的、无针对性的选择被调查企业,应该考虑它们的性质、工作类型、管理模式与本企业是否相近,是否对企业有参考价值等。

调查企业的数量也需要考虑。为了达到经济、有效的目标,在一个相关市场中,如果企业数量比较少,可以考虑进行全面调查,或者尽量大比例的调查,这样获得的资料就会很全面;如果相关市场中企业数量多,则要确定一个有代表性的样本进行调查,最好采取随机抽样的方式确定调查对象,以避免太多的主观意向;也可将调查分解,每次只调查一个或几个方面的问题,力争获得有价值的资料。

(2)基准工作的选择。所谓基准工作是指那些在所有的企业中性质和内容相似的工作,这些工作在不同企业之间具有可比性。在基准工作选择时,需要注意的问题是:

第一,对每一个工作都要定义清楚,以便让负责调查的公司或人员能够确定它们的工作性质,并且可以与其他基准工作相匹配。

第二，选定的工作尽可能涵盖所有的工作等级，以便为确定企业薪酬等级结构提供参考。

第三，每个基准工作都要包含足够多的员工数量，基准工作数量的确定一般占企业全部工作岗位的 1/3 左右，如 20~30 种典型工作，这些工作性质明确、固定，分布在企业各相关部门，具有一定的代表性。只有足够大的样本才能具有代表性。

2.基准项目的选择

调查项目的选择也是技术性非常强的工作。在调查项目的选择上，明确调查目的、确定科学的调查方法，是项目选择的前提。同时要本着精选的原则，选择最基础、最直接的项目进行调查，通过这些资料，可以分析出更多的信息资料。对企业来讲，有价值的薪酬信息包括：

（1）薪酬水平及其变动的信息，如企业平均薪酬水平、各时期薪酬水平的变动、薪酬水平的增长幅度等。

（2）薪酬等级和薪酬结构，如企业岗位和职位等级结构的设计、薪酬等级差、最高等级与最低等级差、等级辐宽、相临等级的交叉程度等。

（3）薪酬要素构成，如基本薪酬制度选择、基本薪酬与浮动薪酬比例、货币薪酬与福利薪酬的比例、绩效薪酬的设计等。

（4）薪酬管理与支付方式，如薪酬管理制度、薪酬支付形式、团队薪酬管理、员工持股与利润分享制实施情况，以及特殊员工的薪酬支付等。

3.调查问卷设计

薪酬调查一般采用问卷调查法，由企业直接发放问卷或者委托有关部门进行调查，后一种形式比较便利。因此，根据委托调查企业的要求，设计科学、高效的调查问卷是非常重要的。调查问卷可分别设计综合性调查和典型性调查两种。综合性调查除了基本工资之外，还包括红利、加班费、夜间加班费等辅助工资，养老金、员工股息、假期规定、医药补助等各种福利和保险待遇，以及薪酬管理的一些项目。典型性调查主要包括基本工资、实际收入、工作时间等直接相关项目。

表 5-1 是一张美国咨询公司使用的市场工资调查表。

表 5-1 工资调查表

被调查企业名称:_____

地址:_____   行业:_____

代码:_____   完成日期:_____

资料完成人姓名:_____   职务:_____

1. 简述被调查企业的主要产品或劳务:_____

2. 雇佣情况:
(1) 本次调查所报告的公司、部门或工厂的员工总数:_____
(2) 小时工:_____
(3) 豁免工资收入者:_____
(4) 非豁免工资收入者:_____

3. 工资总量增长和结构调整:
(1) 在过去的 12 个月中,企业是否给下列各类员工增加了工资收入?
小时工: _____ 没有 _____ 有,数额或% _____ 日期 _____
豁免工资收入者: _____ 没有 _____ 有,数额或% _____ 日期 _____
非豁免工资收入者: _____ 没有 _____ 有,数额或% _____ 日期 _____
(2) 在同一时期,企业是否对下列各类人员进行了工资结构调整?
小时工: _____ 没有 _____ 有,数额或% _____ 日期 _____
豁免工资收入者: _____ 没有 _____ 有,数额或% _____ 日期 _____
非豁免工资收入者: _____ 没有 _____ 有,数额或% _____ 日期 _____

4. 成就工资增长:
(1) 在一段时间内,企业有无用于成就工资增长的预算?
小时工: _____ 没有 _____ 有,数额或% _____ 日期 _____
豁免工资收入者: _____ 没有 _____ 有,数额或% _____ 日期 _____
非豁免工资收入者: _____ 没有 _____ 有,数额或% _____ 日期 _____
(2) 如果没有,上一时期的工资增长额大约是多少?
小时工: 数额 _____
豁免工资收入者: 数额 _____

非豁免收入者: 数额 _____

(3) 如果有成就工资增长预算,大约是多少?

	业绩	晋升	总计
小时工:	_____ %,	_____ %	_____ %
豁免工资收入者:	_____ %,	_____ %	_____ %
非豁免工资收入者:	_____ %,	_____ %	_____ %

(4) 当前的预算年是:

包括从 _____ 到 _____

5. 是否在工会组织? _____ 是 _____ 否

如果在,请列出名称: _____

6. 生活费用:

是否给予生活费用补贴? _____ 给 _____ 不给

如果给,当前的数额和类别? _____

7. 对某些员工群体是否采取自动增资方式? _____ 不是 _____ 是

如果有,哪些群体,增资的频率和数额: _____

8. 贵公司的工资是按年度,还是按固定期限增加?

	年度日期	固定期限	日期
小时工:	_____	_____	_____
豁免工资收入者:	_____	_____	_____
非豁免工资收入者:	_____	_____	_____

9. 工资增长的频率:

	每年次数			
	1	2	3	其他
小时工:	_____	_____	_____	_____
豁免工资收入者:	_____	_____	_____	_____
非豁免工资收入者:	_____	_____	_____	_____

10. 有无其他资料帮助我们了解贵企业的工资状况？

_____

_____

_____

资料来源：Gary Dessler："Human Resource Management"，Prentice Hall International，Inc.，1997，P427。

参考资料

1. 刘雄、赵延主编：《现代工资管理学》，北京经济学院出版社，1997年。

2. 李新建编著：《企业雇员薪资与福利》，经济管理出版社，1997年。

3. 〔美〕迈克尔·比尔：《管理人力资本》——开创哈佛商学院HRM新课程，华夏出版社，1999年。

4. Gary Dessler："Human Resource Management"，Prentice Hall International，Inc.，1997。

思考题

1. 决定企业薪酬水平变动的主要因素是什么？它们是如何影响企业薪酬水平变动的？

2. 决定企业薪酬差异的主要原因是什么？它们是如何影响各种类型企业的薪酬差异的？

3. 为什么说企业薪酬调查在现代企业薪酬管理中的作用越来越重要？

第六章

企业薪酬结构设计

本章学习要点

- 了解企业薪酬结构的两种组合形式,掌握现代薪酬结构设计的三个要素:岗(职)位价值、员工能力和绩效贡献。
- 了解企业薪酬等级结构设计理念的变革及其重要意义。
- 了解工作评价的主要方法,掌握计点法、因素法等操作步骤。
- 学习企业薪酬等级设计的基本原理,掌握操作步骤及其要点。

第一节 企业薪酬结构的设计原则

一、企业薪酬结构的内涵和类别

企业薪酬可分为两种结构形式,一是等级结构,所谓等级结构是指与企业的岗位等级序列相对应的薪酬等级结构,也称纵向结构;二是薪酬要素结构,即不同的薪酬要素之间的组合,也称横向结构。前者反映的是岗位(职位)之间的相对价值关系在任职者报酬上的反映,后者是指员工个人因素在不同报酬要素上的体现。

二、企业薪酬结构设计的四原则

企业薪酬结构的构建要体现薪酬管理内外公平的原则,可具体化为 4P 原则。

1. 内部工作价值一致性的原则

所谓体现内部工作价值一致性的原则,也称基于岗位价值付薪的原则(Pay for Position)。它主要指企业应该清楚地了解每一项工作的相对价值,并能客观地在薪酬等级中予以反映。例如,在同一企业中,承担高责任工作的员工应该比承担低责任工作的员工获得更高的报酬。企业需要依据工作价值的比较结果来建立工作等级和薪酬等级结构。工作评价技术是确定企业薪酬等级序列的主要工具。

2. 按个人能力付薪的原则

按照员工个人能力付薪的原则(Pay for Person)强调在薪酬结构的设计中,应该综合考虑员工的各种能力,并在薪酬结构设计中予以体现。因为员工的能力差别决定了对企业贡献的差别。员工的能力主要体现在三个方面:接受正规教育的水平、工作经验和工作的潜在能力。学历工资、技能工资、资历工资和年功工资等,均属于能力工资。

3.按贡献付薪的原则

根据现代薪酬管理理念,按照员工的贡献付薪或绩效付薪(Pay for Performance),最能体现公平付薪的原则。该原则强调:第一,同"功"同酬,为企业付出了同样贡献的员工应该得到相同的报酬;第二,企业对员工的贡献期望,如依据员工对企业的忠诚度、知识技能和工作表现的不同,付给员工不等的报酬。传统的奖金、成就工资,现代的绩效薪酬、增益分享等薪酬形式都体现了按照员工的实际贡献支付报酬的原则。

4.外部竞争性的原则

外部竞争性的原则具体表现为按照市场价格付薪的原则(Pay for Price)。尽管企业薪酬结构的设计属于内部薪酬管理,但是现代企业薪酬管理不可能将内部管理与外部管理完全割裂开来。因此,在企业薪酬结构的设计中,也应该体现外部的竞争因素。具体而言,该原则要求企业在薪酬结构的构建中,尤其是对一些关键岗位和核心员工的薪酬设计,必须参考劳动力市场工资率的变化,即在体现内部公平性的同时兼顾外部的竞争性。

一般而言,在企业薪酬等级结构,即纵向结构的设计中,应主要关注与工作价值和市场工资率相一致的原则;而员工薪酬要素结构,即横向结构的设计中,应主要关注与员工的能力和贡献相一致的原则。

三、传统薪酬结构的主要弊端

传统的薪酬制度是以封闭性和单一性的等级结构为特征的,这一特征与等级制的组织结构相对应。传统薪酬结构的最大弊端是没有考虑外部环境的变化和员工在组织中的贡献问题,这种薪酬体制有两大缺陷:

1.缺乏弹性(No-flexible)

造成薪酬结构刚性的原因很多,主要有两个:一是在薪酬等级结构的设计中,多以岗位等级为基础,对内部一致性的考虑多于对外部竞争性的考虑;二是按照固定的模式复制同样的薪酬结构,难以体现企业的特色,被称为一种"万能"模式(One size fits all)。万能的薪酬结构缺乏弹性,无法适应外部环境的变化。

2. 缺乏感应(Unresponsive)

传统的薪酬结构设计根源于企业的岗位和岗位等级结构。一旦员工被固化在某一个岗位上，就按照岗位职责工作和获得报酬；员工的报酬与绩效之间的联系往往不是直接的，必须通过其他的管理环节才能反映出来，例如晋升、业绩考核等。

因此，传统的薪酬结构充其量是一个单功能的内部等级结构，而不是一个由多要素构成的具有多种功能的开放的薪酬管理系统。

四、设计富有弹性的、多样化的企业薪酬结构

20世纪80年代，为了适应组织变革和劳动力市场结构调整的需要，重新审视薪酬管理在企业管理中的作用，在欧美国家兴起了一场"薪酬运动"，即"New Pay"运动，企业薪酬要素和结构的多样化和弹性问题引起关注。具体而言，一个富有弹性的、多样化的薪酬结构应该具备三个特点：

第一，既能适应市场的短期变化，又能适应市场的长期变化。

第二，能够与组织战略和战略目标变化相匹配。

第三，对生产经营环境的反映敏感、快速。

企业薪酬是一个多层的结构组合，它的内在结构与其说是一个平面的结构分布，不如说是一个立体的网络系统。

企业多样性薪酬体系是指通过"两个一致性"体现"两个差异"和"一个激励"。两个一致性是指工作价值与报酬的一致性、员工贡献与报酬的一致性；两个差异为工作差异（Job－based Pay）和贡献差异（Performance－based Pay）；"一个激励"为绩效激励（Incentive Pay）。工作差异主要通过工作的评价来确定岗位和薪酬等级的差异；员工贡献与报酬的一致性强调的是不能局限于岗位对员工绩效的要求，必须激励员工去创造超越岗位的绩效。因此，为了更好地体现贡献与报酬一致性的原则，需要设计多功能的薪酬体系，促成各种绩效激励机制的生成和发挥作用。具体为：

1. 基础薪酬、浮动薪酬和福利薪酬之间的结构组合

基础薪酬的结构设计主要与企业等级结构相关，例如岗位（职位）

薪酬、年功薪酬等;浮动薪酬结构设计主要是长期激励薪酬和短期激励薪酬的配合问题;福利薪酬结构同样涉及不同性质和类别的福利之间的组合关系。

2.各类别薪酬内部的要素组合

例如,基础薪酬的结构包括岗位薪酬、年功薪酬、技能薪酬等能力薪酬的组合及其比例关系。

3.薪酬要素内在的等级和层次

例如,岗位等级、年功序列以及奖励薪酬要素的配置等,都具有明显的结构特征。如图 6-1 所示。

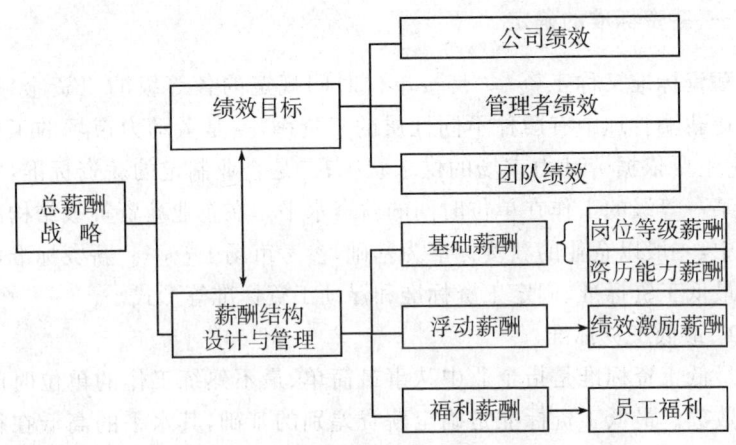

图 6-1　企业薪酬结构设计与绩效激励目标达成

一般而言,决定企业外部竞争力的是基本薪酬和企业福利的水平;而内部适应成本管理需要的是浮动薪酬管理。因为浮动薪酬是与员工贡献和绩效直接相关的,企业为了成本管理的需要,就要通过降低人工成本降低产品的价格,从而达到提高生产效率的目的。产品价格降低的结果从另一个角度提高了企业外部竞争力。

在总薪酬战略管理框架下,薪酬管理的最终目标是达到多层绩效激励目标的实现,包括组织绩效、雇员绩效、雇主绩效和团队绩效;反过来讲,多重目标的实现又有赖于科学的薪酬结构设计与管理运作。

第二节 薪资等级序列的构成指标

企业薪资结构的设计是以企业的薪资标准(工资率)、薪资等级表、薪资级差和系数、薪资幅度和等级重叠度等一系列要素和指标的确定为基础的。在本节的论述中,为了突出基本薪酬的作用,取狭义薪酬的概念,即工资或薪资。

一、薪资标准的确定

薪资标准又称工资率,是按单位时间规定的各等级的工资金额。在企业薪酬管理中有两种不同性质的工资率,一是劳动力市场的工资率,它主要依据劳动力市场的供求状况;二是企业制定的薪资标准,它表示某一等级的工作在单位时间的薪资水平。在企业薪资等级结构的设计中,一般以企业的薪资标准为基础,参考市场工资率。薪资标准可分为最低工资标准、固定工资标准和浮动工资标准等形式。

1. 最低工资标准

最低工资标准是指企业中从事最简单、最不熟练工作的单位时间薪资数额。最低工资标准是确定薪资差别的基础,其水平的高低在很大程度上反映宏观薪资的总体水平。企业最低工资标准的确定主要根据企业自身特征,但也要考虑以下因素的影响:

(1)国家法定的最低工资率或最低工资标准。企业和国家最低工资标准的含义不同,一般情况下,企业最低工资标准高于国家法定的最低工资率。

(2)以企业内最简单、最不熟练的劳动能力和劳动成果为依据。

(3)企业最低薪资标准应随着企业生产经营的发展、劳动生产率的提高以及本企业工资基金规模的变动适当作出调整。

2. 固定薪资标准

固定薪资标准的含义是每个薪资等级只规定一个薪资数额,一旦确定,长期稳定不变,与企业经济效益没有直接关系。对应某一特定岗位等级,一般有三种工资率:低位工资率、高位工资率和中位工资率。

3. 浮动薪资标准

浮动薪资标准是与固定薪资标准相对而言的,它的基本含义是指在每一个薪资等级规定 2~3 个薪资标准,随市场工资率的变化、企业的经济效益以及员工绩效状况上下浮动。浮动薪资标准的数目及变动范围与薪资等级的幅度,即同一等级中的工资率差异相对应。

二、薪资等级表

薪资等级表是指特定薪资等级数目和各等级之间薪资差别的序列表。它表示各岗位的薪资标准之间的一种比例关系,反映不同等级报酬的变化规律。薪资等级表的内容包括:薪资等级数目、薪资等级系数、等级重叠度、薪资等级幅度、薪资级差等。表 6-1 是一个以机械制造企业为例的薪资等级表。

表 6-1 企业薪资等级表

薪资等级	1	2	3	4	5	6	7	8
薪资等级系数	1.000	1.181	1.395	1.647	1.945	1.297	2.713	3.200
级差百分比(%)	-	18.1	18.1	18.1	18.1	18.1	18.1	18.1
薪资等级线			模型工、机械钳工等					
			天车、吊车司机等					
		冲压、油漆、木工等						
		车间搬运工等						
			机床调整工等					

资料来源:刘雄、赵延,《现代工资管理学》,北京经济学院出版社,1997年,第119页。

根据表 6-1,该企业在工人薪资等级系列中,共设置 8 个薪资等级;以 1 级为基础,各等级均按照 18.1%的比例增长。在不同的工种中,模型工和机械钳工的等级线是从 2 级到 8 级;天车和吊车司机的薪资等级线是从 2 级到 7 级;冲压、油漆和木工等的薪资等级线是从 1 级到 6

级;搬运工从1级到4级;机床调整工从3级到7级。

1.薪资等级数目(Pay Grades Number)

薪资等级数目是指企业的薪酬结构由多少层级构成。等级数目的确定与下列因素有关:

(1)企业的规模、性质及组织架构。薪酬等级决定于岗位和职位等级。相对而言,规模大、性质复杂及纵向等级结构鲜明的企业,薪酬等级多;反之,规模小、性质简单、扁平型组织的岗位和薪资等级则少。

(2)工作的复杂程度。薪资等级表要覆盖薪资系列的全部职务、岗位和工种,所以在确定薪资等级数目时,要考虑同一工种内或不同工种间劳动复杂程度的差别。劳动复杂程度高、差别大的工作,设置的薪酬等级数目多;反之,则少。

(3)薪资级差。在一定的工资基金总额下,薪资等级数目与薪资级差呈反向关系。一般情况是,级差大,数目少;级差小,数目多。

企业间的薪酬等级多在7级到10级之间。随着企业组织结构的扁平化,岗位等级数目减少,每个级别之间的薪资幅度拉宽,同一岗位等级之间的薪酬差距加大。许多企业改变了同一岗位等级使用单一工资率的做法,代之以多工资率;同时,岗位之间的工资率也有部分交叉,下一等级的高位工资率可以超过上一等级的低位工资率,即实行复合岗薪制度(后文将详细介绍)。这种变革一是为了考虑资历与晋升之间的矛盾;二是为了打破职位等级观念,将报酬与员工的贡献更加密切地结合起来。

2.薪资级差(Pay Grade)

薪资级差是指薪资等级中相临两个等级薪资标准之间的差额,它表明不同等级的工作由于其复杂和熟练程度不同,支付不同的报酬。薪资级差可以用绝对额、级差百分比或薪资等级系数等指标表示。

确定薪资级差首先要确定薪资等级表的"倍数",即最高薪资等级与最低薪资等级的比值关系。"倍数"的确定需要考虑以下因素:

(1)最高与最低等级工作复杂程度上的差别;

(2)政府规定的最低工资率;

(3)市场可比的工资率;

(4)企业工资基金的支付能力和薪资结构。

薪资等级之间的级差百分比可按四种方式递增:

(1)等比级差,即各等级薪资之间以相同的级差百分比逐级递增。其公式为:

$$D=\sqrt[n-1]{A}-1$$

式中,D:等比级差;

N:薪资等级数目;

A:薪资等级表的倍数。

等比级差有两个优点,一是薪资数额以相同的百分比递增,级差随绝对额逐级扩大,但等级之间的差距并不悬殊;二是便于进行人工成本预算和企业薪酬计划的制定。

(2)累进级差,即各等级薪资之间以累进的百分比逐级递增。如表 6-2 所示。

表 6-2 累进级差工资变动

工资等级	1	2	3	4	5	6	7	8
级差百分比	—	13	14.2	15	16	17.5	18.2	19

资料来源:刘雄、赵延,《现代工资管理学》,北京经济学院出版社,1997年,第121页。

按照累进方式确定的薪资级差,等级之间的绝对额悬殊明显,收入差距大。较之等比级差,这种级差对员工的激励作用强,适用于劳动强度大,技术差别小,需要对员工定期升级和突出个人能力的工作。

(3)累退级差,即各薪资等级之间以累退的比例逐级递增。如表 6-3 所示。

表 6-3 累退级差工资变动

工资等级	1	2	3	4	5	6	7	8
级差百分比	—	27	21.3	17.6	14.9	13	11.5	10.3

资料来源:同表 6-2。

(4)不规则级差,即各等级薪资之间按照"分段式"来确定级差百分比和级差绝对额的变化。各段分别采取等比、累进或累退等形式。例如,一些企业采用"两头小,中间大",或"两头大,中间小"的级差。如表 6-4 所示。

表 6-4　不规则级差工资变动

工资等级	1	2	3	4	5	6	7	8
级差百分比	—	12	15	20	20	18	16	14

资料来源：同表 6-1，第 122 页。

不规则级差在等级确定上较其他方式更为灵活，也比较符合薪资分布的一般规律，在企业等级确定时，应用比较广泛。

3.薪资幅度（Pay Rate Ranges）

所谓薪资幅度是指在一个薪资级别内最低报酬（工资率）和最高报酬之间的差距。

在每个特定的工资等级由不同的工资率构成的情况下，就形成了一定的等级范围，工资率之间的变动或差异程度即为薪资幅度。

通常情况下，各薪资等级的中点水平（Midpoint Pay Value）应该以薪资市场线为基准。中点薪资水平应该是一个经验丰富的员工在其工作达到规定的标准时应该得到的工资。例如，为了体现工作和员工个人因素之间的差别，企业可能在同一职位等级上设置三个薪资率，并分别有一定的浮动区间，高位薪资率和中位薪资率在 40% 的空间浮动；中位薪资率与低位薪资率在 60% 的区间浮动，见图6-2。

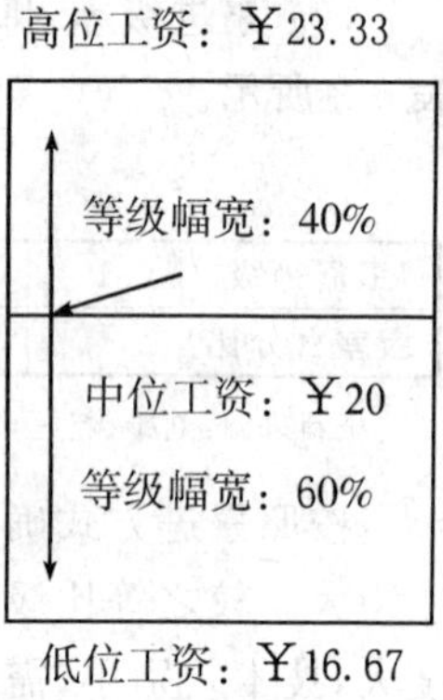

高位工资：￥23.33

等级幅宽：40%

中位工资：￥20

等级幅宽：60%

低位工资：￥16.67

图 6-2　薪资幅度

图 6-2 的计算方法为：

首先，确定中位薪资率，例如小时薪资 20 元；

其次，确定低位薪资率，计算公式为：

低位工资率＝中位工资/100% ＋（幅度率/2）

20 元 / 100% ＋（40% / 2）＝ 20/120% ＝16.67 元

最后，确定该等级的最高工资率，计算公式为：

高位工资率＝最低工资＋（幅度率 × 最低工资）

16.67 元＋（40% × 16.67）＝23.33 元

4.薪资等级重叠度(Pay Grade Overlap)

薪资等级重叠度是指在两个相临的薪资等级之间,薪资率之间的交叉或重叠程度。许多企业倾向于在相临等级的薪资率之间有部分重叠。这种设计不仅考虑员工资历因素,也为了增大薪酬的弹性,体现差别。计算公式为:

$$薪资等级重叠度 = 100\% \times \frac{A\text{等级的高位工资} - B\text{等级的低位工资}}{A\text{等级的高位工资} - A\text{等级的低位工资}}$$

设某企业 A 等级的最高工资为 1100 元,最低工资为 900 元;B 等级的最高工资为 1250 元,最低工资为 1050 元。如图 6-3 所示。

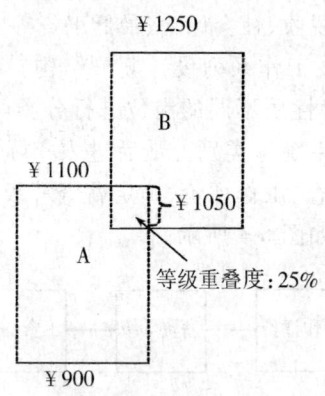

图 6-3　薪资等级重叠度

根据图 6-3,A 等级与 B 等级薪酬之间的重叠度为:

$$100\% \times \frac{1100-1050}{1100-900} = 25\% (\text{等级重叠度})$$

不同的等级重叠度体现不同的激励,一般而言,重叠度越大,激励作用越大。新的结构设计理念主张在不同层级的薪资之间使用不同的重叠度,即低层级薪资采用小重叠度,高层级薪资采用大重叠度。

5.最高与最低等级薪资差

为了增大员工之间的工资差异,可以将薪资等级之间的差距拉大,特别是最高工资和最低工资之间的差额倍数。

目前薪资管理的一般趋势是,不主张员工的基本薪资收入差距过大,而差距主要体现在浮动薪资中。在新老员工之间或者高技能和低技能人员之间,基本薪资的差距缩小被称为"工资压缩"现象(Pay Compression)。

第三节 薪资等级结构的设计步骤

在企业薪资结构的设计中,首先要考虑一些宏观因素对企业薪酬结构的影响,例如,税收、社会保险、最低工资等。其次考虑是否按照工作族(Job Family)或工作系列设计薪酬结构。在复杂的、工作性质多样的大企业,应该对性质不同的岗位进行分类,例如分为管理系统、业务系统或产品生产系统等类别。最后进入实际岗位等级设计程序,一般需要经过薪资调查、工作评价、确定薪资等级、制定工资曲线和结构微调等几个步骤。如图6-4所示。

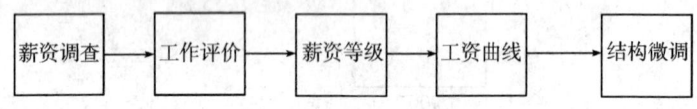

图 6-4 薪资结构的设计步骤

一、依据薪资调查确定市场工资水平

薪资调查的主要目的是使企业的薪资水平具有外部竞争力。具体而言,就是了解某一特定岗位劳动力市场的价格,即工资率,或者是满足竞争需求的报酬水平等,将此作为企业确定薪资水平和结构的重要参考资料。外部竞争力的决策直接影响组织的总成本支出,因此按照传统的工资决定理论,企业总是希望把报酬下限设定得尽可能低,并试图用最少的成本获取最大价值的劳动力。但现实中,只有依赖外部信息才能用适当的价格获取企业所需要的人力资源,即保证企业作出理性的薪酬决策。

二、在工作评价的基础上确定岗(职)位等级

工作评价的目的是对每个岗位进行定价,根据岗位的相对价值确定企业的岗位等级或岗位等级结构。

三、根据岗(职)位等级确定岗(职)位薪资等级

岗位等级确定之后,就可以确定相应的薪资等级。当企业中存在多种工作时,要按照岗位的重要性及其价值划分薪资等级,每一个等级中包含价值相同的若干种工作。如果不考虑员工个人之间在工作绩效和资历方面的差异,按照工作的相对价值,同一个薪资级别内的各种工作都应该得到相同的薪资,这就是以岗定薪的基本内涵。薪资等级的设置通常包括以下内容:

1. 设置薪资级别的数目。一个企业要设置多少个薪资等级主要取决于组织结构和薪资管理上的便利。视企业和管理的需要,可以设置几个到十几个薪资等级不等。

2. 确定最高等级工资与最低等级工资的绝对额和倍数差。前文提到为了增大员工之间的工资差异,可以将薪资等级之间的差距拉大,特别是最高工资和最低工资之间的相差倍数加大到十几倍,乃至几十倍不等;如果为了缩小差距,可以相差几倍。

3. 确定两个相临工资等级之间的差额和等级系数。有四种方式确定工资等级之间的差距:等比差、累进差、累退差和不规则差(详见表6-2至6-4)。

4. 确定合理的薪资等级工资率。一般可分为最低工资率、中等工资率和最高工资率三种。在确定等级薪酬范围时,一个简单的方式是参考市场工资率确定中点,然后根据中点工资率确定最低工资率和最高工资率。

在薪资等级工资率范围的确定中,还要考虑两个重要问题:第一,外部薪酬政策。如果企业选择与市场工资率持平的薪资政策,则中点工资率等同于市场工资率;如果选择的是高于或低于市场工资率的政策,则要作出相应调整。第二,薪酬等级结构的类型,如果选择的是非

复合岗薪酬结构,则该等级的最低工资率是下一个工资等级的最高工资率;如果是复合岗薪酬结构,则该岗位的中点工资率要低于市场工资率。

5.根据需要确定两个相临的薪资等级之间的重叠度。

四、参考市场因素制定薪资曲线

划分薪资等级之后,就要利用工资曲线来确定和调整每个等级的工资率。工资曲线是确定企业薪资结构和等级薪资的一种方法,它反映了企业的每个工作岗位的当前工资率同相对工作价值或薪资等级之间的关系。如图6-5所示。

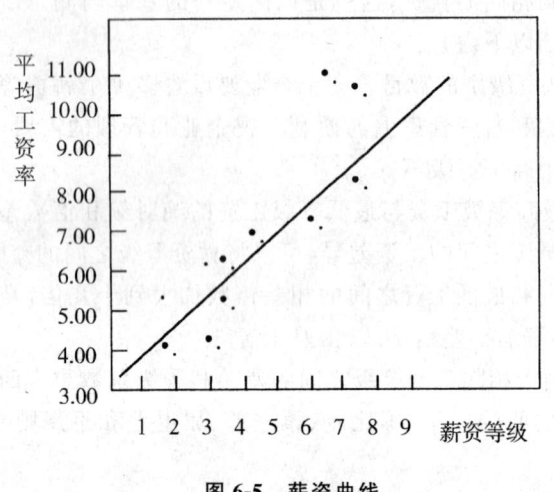

图6-5 薪资曲线

在图6-5中,薪资曲线由两个因素构成:纵轴是现行的市场平均工资率或企业规定的工资标准;横轴是根据工作的相对价值确定的薪资等级。利用薪资曲线来确定工资率需要经过三个步骤完成:

1.依据市场调查或岗位相对价值确定每个薪资等级的平均工资,即工资率。工资率应该是该薪资等级中各个工作岗位的平均薪资或中位薪资。

2.把每个等级的工资率标在薪资曲线上。

3.确定企业各工作岗位的薪资水平。

薪资曲线绘制完成之后可以发现,并非所有的工资率都落在工资曲线上,一些岗位的工资率可能偏离薪资曲线。这就意味着现实工资率与企业的目标工资率之间存在着偏差,需要做进一步的调整。

五、设计企业薪资序列及对工资率进行微调

设计企业薪资序列即在每一薪资等级基础上再设计岗位或岗位的工资率,薪资等级与特定岗位的工资率共同决定员工的薪资标准,从而建立企业的薪资结构。例如,企业共设置10个薪资等级,每个薪资等级按照不同的工资率,而不是单一的工资率支付工资。给每个等级薪资规定不同的工资率有几个优点:第一,在劳动力市场上具有较高的灵活性,特别是在起点薪资的确定上,可以具有较高的竞争性;第二,可以给绩效和资历不同的员工更多的报酬激励。因为等级薪资制主要是考虑岗位价值对薪资水平的决定作用,一些员工在没有岗位空缺的情况下,其绩效和资历的贡献可以通过工资率差异来体现。

修正薪资偏差是指利用一定技术修正当前的薪资水平与目标薪资水平之间的偏差。这种偏差一是意味着同企业内部其他岗位相比,该岗位的工资率偏高或者偏低,而这种偏离状况实质上反映了该岗位的报酬与其工作价值不符,没有体现报酬的内部公平性原则。二是根据岗位评价所确定的薪酬等级没有完全反映管理层的意图。

对于薪资水平低于目标薪资水平的工作和员工,应采取措施提高其薪资水平。对于薪资水平高于目标薪资的工作和员工,可以采用几种办法使其薪资与所从事工作的相对价值相互匹配:其一,提升或调动该员工到合适的岗位,增大工作负荷,使之与现行的工资水平匹配;其二,将该岗位的薪资水平冻结,直至全体岗位的薪资水平普遍提高;其三,延期提升或降低其现有的薪资水平。

参考资料

1. Gary Dessler:"Human Resource Management", Prentice Hall

International, Inc.

2. 康士勇、林玳玳:《工资理论与管理实务》,中国经济出版社,1998年。

3. Joseph J. Martocchio: "Strategic Compensation: A Human Resource Management Approach", Prentice Hall, 1998.

4. 刘雄、赵延:《现代工资管理学》,北京经济学院出版社,1997年。

5. 李新建编著:《企业雇员的薪酬与福利管理》,经济管理出版社,1999年。

6. 吴国存、李新建主编:《人力资源开发与管理概论》,南开大学出版社,2001年。

思考题

1. 现代企业薪酬设计主要依据的三要素是什么?
2. 如何理解岗位等级是企业薪酬等级结构设计的基础?
3. 简述薪酬等级结构设计的主要指标和操作步骤。

第七章

工作评价及其运用

本章学习要点

- 了解工作评价在企业薪酬结构设计中的作用,明确其应用条件。
- 了解工作评价的主要方法,掌握其操作要点。
- 学习应用点数法进行岗位评价和岗位等级结构设计,掌握评价步骤和操作要点。
- 学习应用因素比较法进行岗位评价和岗位等级结构设计,掌握评价步骤和操作要点。

第一节 工作评价的作用与应用条件

一、工作评价的作用

在工作中,我们经常会遇到工作岗位的层次差异和等级排列问题。一些工作比另外一些工作更重要,从事重要工作的员工应该得到高的劳动报酬,否则,就会有悖于同工同酬、按劳(贡献)取酬的基本原则。因此,确定不同岗位的相对价值,并使之成为企业薪酬决定和支付的基础,是工作评价的作用与任务。

自从专业分工和工厂化生产以后,岗位之间已经有了层次和等级之分,但是工作评价作为一项正式的岗位等级确定方式,是 20 世纪以后在西方一些企业产生和发展起来的。到 20 世纪 60 年代,美国已有近 70% 的企业使用各种方式的工作评价,而且大中型企业的使用率高于小型企业。英国 20 世纪 60 年代末的调查也显示,将近 1/4 的企业使用工作评价。同期,欧洲一些国家,例如瑞典、前西德及荷兰等国的企业,工作评价也比较普遍地被使用。工作评价在等级薪酬管理中,具有以下作用:

1. 科学地评定岗位价值、设计岗位等级结构,为岗位薪酬体系奠定标准

严格地讲,工作评价在薪酬管理中的主要用途是确定岗位薪酬的标准,或者说,它是以工作为基础(Job-Based)的薪酬体系的分析工具。在处理企业内部分配不均的问题时,一个突出的矛盾是某些员工认为他们自己承担的工作与得到的报酬不相称,或者同其他员工相比,他们没有得到应有的报酬。解决这一问题的关键是寻找一种技术,能够客观、公正地对企业的各项工作进行科学的价值判断,以此作为评定报酬的基础。工作评价的作用就是用一系列的评估指标来评价某一岗位在企业当中的相对价值,为岗位薪酬奠定客观依据。

2.使薪酬分配制度化、技术化

岗位之间的差异不能依靠人们的主观判断,必须进行科学的度量。工作评价是对工作进行研究和分级的一种技术和方法,它主要依据各个岗位在整体工作中的相对重要性来确定工作等级,用相同的标准度量不同的工作岗位,并把它们按照一定的标识分类、定级,确定之间的内在顺序。工作等级的制度化保证了薪酬结构的规范化。

3.协调岗位之间的关系,体现同工同酬的原则

尽管企业的工资水平是由企业和内部多种因素决定的,但是,企业内部各岗位之间存在着一种与技能水平、重要性以及企业需求之间的顺序和层次关系。换言之,在企业的生产和经营中,一些岗位就比另外一些岗位更为重要,或者更为稀缺。岗位的层次区别实质上体现的是岗位的价值差异。同理,岗位价值不同,在不同岗位从事工作的员工的劳动报酬也应该有所区别。

因此,建立工作评价系统的直接目的是根据岗位价值等级付给在该岗位上任职的人以相应的报酬,体现高难度岗位的任职者获得高报酬,而低难度岗位任职者获得低报酬这样一个同工(功)同酬的原则。

二、工作评价的应用条件

工作评价应用于薪酬管理时,需要企业提供以下条件:

1.有一个由专家组成的工作评价小组,小组成员应该具有丰富的工作评价经验和技术;

2.编制适合本企业的详细和科学的工作说明书,工作评价必须在工作分析的基础上进行;

3.收集其他公司相近的工作评价资料作为参考;

4.得到企业高级管理层的支持和广大员工的积极配合。

三、工作评价的指标体系

工作评价系统的核心是建立工作评价的指标体系,它是由一系列评估指标组合而成。评估指标的数量根据企业需要而定。指标的类别,即维度以能涵盖岗位价值的各主要方面为宜。目前国际上比较流

行的工作评价指标有：

1. 反映岗位的重要性或影响力度的指标

与岗位影响力度相关的因素很多，主要是一些规模与水平指标。例如，人数、资金、销售量、利润率等指标都可以反映岗位的重要性和影响力度。再者是职务层次，职务层次越高，影响力度就越大。例如，董事长、总经理、部门经理和一般员工之间的影响力度显然不同。

2. 反映岗位的责任范围和程度的指标

岗位责任是指任职者对下属或其他岗位应承担的各种业务、人事、管理等责任，主要通过责任内容、责任范围和责任层级等指标反映。

(1) 一个特定的岗位涉及多少责任面。这可以从多角度来看。例如，领导一个部门，还是多个部门；参与一项工作，还是多项工作；工作性质是简单重复性的，还是复杂多变的。按照责任面的多少，可以将工作分为若干等级，然后进行测量。

(2) 岗位所赋予的权限，包括决策权和计划权等。例如，决策权按照程度可依次分为主要决策权、参与决策权、决定权、建议权、审批权、审核权以及处置权等。如果某个岗位的决策权限大，表明其责任大；反之则小。某些岗位如果只需要照章办事，受到的制约多，独立性差，"自由度"小，则岗位的责任范围也小；反之，某个岗位可以相对独立地执行或者改变某项计划，可创造的空间大，受到的约束小，则责任范围大。

(3) 承担风险的责任。一些工作如果失误，会给企业带来巨大的经济和名誉损失，另外一些工作的失误可能损失较小，风险的大小与岗位的重要性直接相关。

3. 反映岗位监管难易程度的指标

岗位的监督和管理难度直接受员工规模和员工层次的影响。员工的规模也就是在该岗位所要监督管理的员工的数量，人员多相对人员少的岗位，监管难度则大。在员工数量相同的情况下，人员的层次也影响监管难度，即管理和监督的难度随员工的层次提高而上升。管理专家与监管一般员工的难度显然不同，或者说，质量高的员工相应地也需要高质量的监管人员。

4. 反映岗位的内部和外部工作关系的指标

每一岗位的工作都需要部门内部或者相关部门的支持和协调。不同岗位需要得到的支持与协调的程度不一样；同一岗位处理不同问题时，也会出现差异。一些处理较为简单问题的岗位，所需要的协调和支持比较少；一些岗位需要处理的问题较为复杂，需要的支持和协调相对就多；一些问题需要若干个部门的支持和协调，难度则更大。

岗位的外部协调主要是指该岗位与企业外部的单位或部门的协调。例如，政府部门、信息部门、供应商、技术支持部门、法律部门等。按照与外部沟通和协调的难度可以分为不同的级别，在分级时考虑这样几个因素：沟通和协调的频率、涉及的单位数、单位的级别等。

5. 反映任职者技能要求的指标

岗位资格要求指标有时也称为工作技能要求指标。它主要由三个因素构成：学历水平、工作经验和员工的潜在能力。

(1) 学历水平是指顺利完成岗位工作所必须的最低学历要求，一般依据接受正规教育的程度，可分为若干等级，不同的学历赋予不同的难度值，由低至高依次可分为：小学、中学、职业高中、中等专业技术学校、高等专业技术学校、大学本科、硕士和博士等。

(2) 工作经验主要是指胜任本岗位工作所需要的最短的准备时间。以从事专业工作或相关工作的长度为依据，可参照以下几个等级的划分：

- 无经验或只有简单经验(1年以下的相关工作经验)；
- 需要有专门经验(1年以上、2年以下的专门工作经验)；
- 需要有较丰富的岗位经验(5年以上、8年以下)；
- 需要有丰富的跨岗位的经验(8年以上、12年以下)；
- 需要有极其丰富的跨几个重大岗位的经验(12年以上)。

目前，在我国许多企业中实行持证上岗制度，包括有关管理部门颁发的技术等级资格证书和企业自行规定的岗位培训考核制度。通过相应的认证等级，可以反映岗位对任职者的技能和经验的不同要求。

(3) 能力要求主要涉及岗位对任职者潜在能力的要求，评价标准以实际工作需要的能力、性质和程度为依据。例如，对管理和专业人员来说，其能力的评价应注重高层次的管理和专业能力，如专业技术能力、计划协调能力、决策应对能力、开拓创新能力等;对操作人员来说,其潜在能力主要表现在观察能力、感知能力、注意力、记忆力、判断能力、语言表达能力、空间认知能力、协调配合能力和数字估算能力等。

6. 反映工作强度与工作压力的指标

不同岗位的工作强度和压力不等,使得任职者付出的努力程度不同。强度和压力大的工作需要任职者在生理和心理上付出的更多,也给任职者的生活状况及个人发展造成不利的影响,甚至造成某些伤害等。这些因素包括:

(1)工作负荷程度,是指工作量的饱满程度,一般以工作负荷率作为评价标准。工作负荷率等于实际工作时间与法定工作时间之比。

(2)工作复杂性,是指工作内容的复杂和难易程度。任职者承担任务简单,步骤和过程交叉少的工作,需要任职者付出的努力小;反之,承担难度大、专业技术要求复杂或带有开创性质的工作,需要任职者付出的努力则大。

(3)工作复杂度,是指岗位所涵盖的业务范围以及对其业务领域的影响力。承担单一的、相关性较低或辅助性的工作,需要任职者付出的努力则小;反之,主管多项相关度较大的工作,需要任职者付出的努力则大。

(4)工作压力,是指工作任务和责任对任职者身心健康的负面影响程度。例如,过高的工作频率、遭受人身攻击的风险和较大的精神压力等,都会给任职者造成生理和心理的不良影响。主要的衡量指标包括:身体疲劳程度,通常按照国家关于体力劳动的分类标准;心理压力,主要以对任职者造成的心理压力程度为标准;工作的单调性,主要以工作内容是否多样化,是否能引起任职者的兴趣为标准。如果某项工作非常单调,长时间在固定位置上重复单一动作,则该项工作的分值为最高。

7. 反映工作环境或条件的指标

不同岗位的工作环境决定了员工付出的努力、生理和心理损害程度的差异。工作环境因素包括:

(1)工作时间,是指工作在时间上的分布特点,主要以班制安排、加班和出差情况为评价标准。通常讲,日班制、加班和出差少表明工作条件相对优越,分值低;反之,班制不规则、需要经常加班和经常出差的工作条件则较差,则分值高。

(2)工作地点,是指任职者在完成工作职责时所处的场所特点,以及场所的变动情况。例如,室内作业比露天、野外、海上、地下、高空和恶劣环境下的作业相对要条件优越,前者评价分值相对低,后者相对高。

此外,在工作评价中,还可根据企业和工作性质,甄选出更多的评价因素,如工作的创新性与开拓性,工作的非程序化程度,异质文化的适应性等迎合新的工作类型和特征的指标。

第二节 比较排序法与工作分类法

工作评价的方法很多,其中比较排序法、工作分类法、点数法和因素比较法是比较常用的方法。

一、比较排序法(Paired Comparison)

比较排序法是最早使用的工作分析方法,在一些西方企业,19世纪70~80年代已经开始使用。该方法是一种比较主观的评估方法,主要目的是设计一个纵向的薪酬结构。比较排序法的基本方法是配对排序法,也称对偶比较法,即运用一一对比的方法,将每个岗位与其他岗位按照其重要程度或者价值进行比较,确定出岗位等级序列。该方法通常用于当数个评价者对同一部门的不同岗位进行评价时,根据岗位的要素进行比较排序。例如,某部门有6个工作岗位,称为A、B、C、D、E、F,采用"012"法将6项工作进行等级排序,分为4个步骤:

第一步,画一张两维的表,纵栏和横栏分别列出6项工作;

第二步,将每一项工作分别与其他5项工作进行比较,作出不难、难及相同三种判断。判断为不难时,记"0";判断为难度相同时,记"1";判断为"难"时,记"2",如表7-1所示。

表 7-1 岗位难度测评

岗位	A	B	C	D	E	F	总额
A		2	1	2	2	2	9
B	0		0	0	1	0	1
C	1	2		0	0	1	4
D	0	2	2		1	2	7
E	0	1	2	1		2	6
F	0	2	1	0	0		3

资料来源:康士勇、林玳玳,《工资理论与管理实务》,中国经济出版社,1998年,第273页。

第三步,计算总额一栏中的加总难度得分,根据得分排列出工作难度等级,如表7-2所示。

表 7-2 岗位等级排序

难度判断得分	岗位名称	岗位等级
9	A	6
7	D	5
6	E	4
4	C	3
3	F	2
1	B	1

资料来源:同表7-1。

第四步,将所有测评人员的意见加总后,得出一个平均值,根据平均值确定岗位的等级序列,如表7-3所示。

表 7-3 岗位等级综合排序

岗位	A	B	C	D	E	F
评委甲	9	1	4	7	6	3
评委乙	8	2	5	6	—	4
评委丙	7	3	5	6	5	4
数值和	24	6	14	19	11	10
评委数	3	3	3	3	2	3
平均值	8	2	4.67	6.33	5.5	3.33
等级排序	1	6	4	2	3	5

资料来源:同表7-1,第274页。

配对排序法简单易行,适用于岗位少、管理程序简单的工作,如办公室和行政科室等。它的缺点也比较明显,如主观判断性强,测评人员之间的价值判断差异大,不适宜在规模较大的企业中运用等。

二、工作分类法

工作分类法起源于美国 20 世纪 20 年代,目前仍在许多企业使用。与排序法不同的是,工作分类法强调的是工作类别的差异,而不是单个工作的差异。它的基本思路是,首先将各种工作岗位按照最具代表性的特质设定一个分类标准,把具有相同特征的岗位归为同一个"类别";然后在分"类"的基础上,再按照职务说明书将同类别工作的其他特征差异分为不同的"级别"。

工作分类法的步骤是:

第一步,根据工作性质和管理的便利,区分岗位的类别,例如管理类、业务类、技术类和操作类等;

第二步,选择共同的评价指标,例如根据工作的责任、任务量和工作复杂程度等,对岗位进行排序、分级,并对各级别和岗位工作进行明确定义;

第三步,将不同类别的岗位或职位对应相应的类别和等级;

第四步,不同等级的岗位或职位对应不同的工资标准,形成工资等级序列。

工作分类法具有简单明了、灵活性高的特点,因为是按照事先制定的标准进行评估,在一定程度上可减少评估人员的主观性,也比较适合大公司对管理和业务系统的工作评价。

其主要缺点是对类别和级别的划分主要基于一种假设,即工作因素与工作价值之间存在着一种稳定关系,因此仍带有较强的主观判断性。

第三节 点数法

一、点数法的基本原理

点数法被认为是在正规的工作评价中的第一个量化方法。据英国的统计,将近50%的企业使用该方法进行工作评价。

点数法的原理是:基于工作的相对价值对每一个特定的工作或岗位进行比较;因为工作性质不同无法直接比较,就要寻找不同质的工作中的同质要素进行比较;将一些具有代表性的同质要素在工作族中选择出来,设定一定的标准进行评价,即通过计点的方式反映工作的相对价值;依据岗位价值的大小构建岗位和薪酬等级结构。

二、岗位评价步骤

薪酬等级结构是以岗位等级结构为基础的,因此,首先要进行岗位评价;其次根据岗位价值确定岗位等级结构;最后依据岗位等级结构来构建薪酬等级结构。岗位评价的步骤如下:

第一步,在工作分析的基础上,选择一些有代表性的基准工作(Benchmark Jobs),从中开发出与岗位和工作相关的薪酬因素系列,即选择同类评价因素。按照岗位特征和要求可以分为三类:工作责任、工作环境和个人特征;也可以分为四类:工作责任、努力程度、知识技能(个人条件)和工作环境。视各类要素对岗位的重要性赋予不同的权数,权数总和为100%,例如,可将上述四类要素类别分别赋予40%、35%、20%和5%的权重。

第二步,将一级要素继续分解为二级等不同的子要素。例如,知识技能可以分为学历水平、工作经验、工作能力三个二级评价子要素,其中学历水平和工作经验各占5%的权重,工作能力占25%。工作能力再细分为决策能力(5%)、协调能力(4%)、应变能力(6%)和创新能力

(10%)四个三级评价子要素。

第三步,将最末一级子要素按照标准差异分成相应等级,一般为4～6个等级,并对每个等级的内涵进行定义。例如,表7-4将所有的末级指标均分为5个等级。

表7-4 评价要素与点数配置表

类别	权重	细分因素		点数	级数	等级				
						1	2	3	4	5
工作责任	40%	指导监督		100	5	20	40	60	80	100
		风险控制		80	5	16	32	48	64	80
		内外协调		60	5	12	24	36	48	60
		岗位权限		80	5	16	32	48	64	80
		工作决策		80	5	16	32	48	64	80
知识技能	35%	学历水平		50	5	10	20	30	40	50
		工作经验		50	5	10	20	30	40	50
		工作能力	决策能力	50	5	10	20	30	40	50
			协调能力	40	5	8	16	24	32	40
			应变能力	60	5	12	24	36	48	60
			创新能力	100	5	20	40	60	80	100
努力程度	20%	工作负荷度		50	5	10	20	30	40	50
		工作复杂性		50	5	10	20	30	40	50
		工作压力		50	5	10	20	30	40	50
		工作单调性		50	5	10	20	30	40	50
工作环境	5%	工作时间		10	5	2	4	6	8	10
		工作地点		20	5	4	8	12	16	20
		职业危害		20	5	4	8	12	16	20
合计点数										1000

评分人:

第四步,如果采用1000点的方法(视评价指标的数量尚可选择500点或600点),则根据要素的重要性(权数)将点配置在每一个评定要素上。在点数配置上,要遵守末级配置的原则。例如,工作责任的总权数为40%,即400点,分别配置在5个二级要素上。各要素的点数配置视需要而定,如果有三级要素,则将点数分布在三级要素上。例如,创新能力为三级要素,其权重为10%,点数为100,分为5个等级,最低等级20点,最高等级的点数为100,各等级之间相差20点。最低等级要素的点数乘以等级即得该等级要素的点数值。

第五步,企业所有工作岗位的总点数都被配置之后,就会形成一张评价要素与点数配置表,如表7-4所示。

三、薪酬等级与点值的匹配

1.岗位等级的点值确定

岗位等级的点值确定可按以下公式计算:

$$W = \frac{(p^h - p^l) - (G-1)}{G}$$

式中,W—每个等级中的点数配置;

p^h—最高点数;

p^l—最低点数;

G—期望的等级数目。

假设某企业的最高岗位的点数为900,最低为300,共设7个等级,各等级之间点数平均分布,则每个等级的平均点数为:

$$W = \frac{(900-300)-(7-1)}{7} = \frac{594}{7} = 85$$

2.岗位等级的点数配置

各岗位等级的点数配置如表7-5所示。

表7-5 岗位等级的点数配置

等级	点数	等级	点数
1	300~385	5	644~729
2	386~471	6	730~815
3	472~557	7	816~900
4	558~643		

3.薪酬等级标准的点值确定

岗位等级工资标准的确定有两种方式,一种是确定工作等级和点数配置之后,制定相应的工资率,按照级别决定每项工作的工资标准。另外一种是经过市场调查以后,获得市场工资率,然后把市场工资率换算为每项工作的货币工资额。前者为直接换算法,后者为间接换算法。后一种方法比较先进合理,但实施难度大,成本较大。可以使用直接换算法,或者将两种方法综合起来使用。

(1)直接换算法。直接换算法的实施步骤为:首先,根据点数法确定岗位等级标准,将各项工作按照相应的点数纳入相应的级别;其次,将工资总额除以所有岗位的点数之和,得出每点的工资率;最后,将各等级的点数乘以工资率,即得到各等级的工资标准。其计算公式为:

$$每点工资率 = \frac{工资总额}{所有岗位点数之和} \times 100\%$$

式中,所有岗位点数之和 = Σ 岗位点数×岗位数

在确定岗位评定点数时,如果遇到等级点数幅度较大的问题时,也可用组中值代表。

$$岗位工资标准 = 岗位评价点数 \times 每点工资率$$

(2)综合计算法。综合计算法是将市场调查法与直接计算法结合起来,首先计算出工资标准及其工资等级结构;其次经过市场调查确定各岗位的工资率;最后对一些岗位的工资标准做适当修订,以提高企业与市场工资之间的吻合程度。

4.计点法的操作要点

计点法在使用中还需要注意一些问题:

首先,评定人需要选择一些对工作和岗位熟悉的专家,采取背靠背的方式打分,然后,将分数汇总后选择一个平均值;

其次,对评价要素要逐层、逐项进行定义,定义一定要准确,切忌含糊不清的语言,定义出来的指标就是评定者进行评价的标准和依据;

最后,分数汇总出来以后,还需要综合考虑岗位特征和企业要求进行点数配置和工作等级的划分。

计点法的设计比较复杂,一旦设计出来以后,应用方便,尤其是对规模大、岗位多、工作性质相对稳定企业的薪资结构设计,具有一定的优越性。

此外,由美国工资设计专家艾德华·海(Edward Hay)于1951年研发出来的海氏工作评价系统,又称"指导图表——形状构成法",也是

一种要素评分法,其主要特点是解决了职能部门之间不同职务相对价值的比较和量化。

第四节 因素比较法

一、因素比较法的应用特点

因素比较法也是一种比较常见的工作评价的数量化方法,是对上述三种方法的综合,比较适用于岗位种类多的大型企业。它的主要特点是通过确定有代表性的工作岗位和工作因素的相对价值,推算企业的岗位等级和薪资等级。

二、因素比较法的应用步骤

1.选择评价标准因素

与点数法相同,因素比较法首先要选择岗位之间的各项同质的报酬因素,这些因素可称为标准因素。通常包括:智力要求、体力要求、技能要求、责任和工作条件等方面。

2.标准工作的因素等级排序

从全部岗位中选择若干典型岗位作为基准岗位,按照各岗位对标准因素的程度选择,进行等级排序。表7-6给出有代表性的工作,每项工作的标准因素分级如表所示。

表 7-6 标准工作因素等级分布

等级顺序	智力	体力	技能	责任	工作条件
1	焊工	起重工	焊工	焊工	保安
2	冲床工	保安		冲床工	焊工
3	起重工	冲床工	起重工	保安	冲床工
4	保安	焊工	保安	起重工	起重工

通过表 7-6 可以看出，各种工作对工作因素的要求不尽相同，一些工作对智力要求较高，一些则对体力的要求较高，而且各种工作的技能要求、责任程度以及工作条件之间也存在很大差异。

3.确定标准工作的相对价值

通过对各种标准工作的标准因素进行比较之后，用序列法把基准岗位各因素的相对值从小到大排列，确定它们之间的相对价值，并分成若干等级。实施中，每个评委单独对工作因素进行评分和排序，然后将所有评委的结果综合起来。例如，五个因素指标在焊工、起重工、冲床工和保安四种工作中的比值分布如表 7-7 所示。

表 7-7　工作因素评价

工作种类	智力要求	体力要求	技能要求	责任	工作条件
焊工	1	4	1	1	2
起重工	3	1	3	4	4
冲床工	2	3	2	2	3
保安人员	4	2	4	3	1

资料来源：Gary Dessler,"Human Resource Management", Prentice Hall International, Inc.,1997,P432.

各工种对各因素指标的要求不同，权数也不同。例如，一般对操作工的体力要求较高，但智力要求相对较低；而一些工作对员工的责任要求高，体力要求相对较低。例如，焊工体力要求为 4，智力要求为 1；起重工智力要求为 3，体力要求为 1，责任和工作条件均为 4；保卫人员智力和技能要求都为 4。

4.因素工资率的配置

比照现行市场工资率给各基准岗位的因素等级赋予一定的价值量或工资比率，在此基础上，建立一个综合的工资评定体系。其配置特点为：工作性质决定因素等级和配置比例，市场工资率与因素配置比例共同决定因素工资率。表 7-8 显示不同工作的工资率及因素配置。

表 7-8 不同工作的工资率及因素配置

工作种类	工资率	智力要求	体力要求	技能要求	责任	工作条件
焊工	9.80	4.00（1）	0.40（4）	3.00（1）	2.00（1）	0.40（2）
起重工	5.60	1.40（3）	2.00（1）	1.80（3）	0.20（4）	0.20（4）
冲床工	6.00	1.60（2）	1.30（3）	2.00（2）	0.80（2）	0.30（3）
保安人员	4.00	1.20（4）	1.40（2）	0.40（4）	0.40（3）	0.60（1）

注：（ ）代表因素级别。

资料来源：Gary Dessler,"Human Resource Management", Prentice Hall International, Inc., 1997, P456.

5. 建立工资因素级别表

把非基准岗位按因素分项与评定体系进行比较,确定其相应的数值和工资额,加总各因素数值和工资量,得出各岗位的相对数值或工资额。至此,构成一张工资因素级别比较表（表 7-9）,该表将不同性质的工作,按照因素的特征排列在一起,从而体现这样一个原则:工作因素相同,则报酬相同。

表 7-9 工资因素级别对应表

价格（$）	智力要求	体力要求	技能要求	责任	工作条件
0.20	……	……	……	起重工	起重工
0.30				……	冲床工
0.40	……	焊工	保安	保安	焊工
0.50					
0.60	……	……	……	……	保安
0.70	……	……	……	冲床工	
0.80					
0.90					
1.00					
1.10	……	……	……	检验	
1.20	保安	……	……	电镀工	
1.30		冲床工			
1.40	冲床工	保安	检验员	电镀工	……
1.50	……	检验员	……	……	检验员
1.60	冲床工				

续表

价格($)	智力要求	体力要求	技能要求	责任	工作条件
1.70	电镀工				
1.80	……	……	起重工	检验员	
1.90					
2.00	……	起重工	扳钳工	焊工	
2.20	……	电镀工			
2.40	检验员	……	……		电镀工
2.60					
2.80					
3.00	……		焊工		
3.50					
4.00	焊工	……			
4.80					

资料来源:Gary Dessler,"Human Resource Management",Prentice Hall International, Inc.,1997,P462.

表7-9中,焊工的智力工资率是4美元,体力要求是0.4美元,技能因素是3美元,责任因素是2美元,工作条件因素是0.4美元,五个因素加在一起是9.8美元,与表7-8焊工的小时工资率相符合。

三、因素比较法的实施要点

因素比较法在使用中,需要注意以下几点:

1.在确定各种工作影响因素时,要考虑生产和经营的性质。例如,影响因素可以概括为五个,即劳动者的智力、体力、责任、劳动消耗和工作环境,各因素对不同性质工作的影响不同。各种因素还可以细分,例如劳动者的智能可以分为知识、技能、经验等;责任可以分为安全责任、经营责任或风险责任等;劳动消耗也可以分为体力消耗和脑力消耗等。

2.用最简洁的方法,将各因素的内涵表述清楚,以保证评定标准的统一和公正。与其他工作评价方法相同,因素比较法也需要遵循自上而下和自下而上的沟通渠道,依靠专业人员提供设计方案,但需要一线人员的密切配合和及时反馈。

3.确定各因素的影响等级及其在总体系中的比重时,要注意结合企业生产的性质和特点。例如工作环境因素,在一些设备先进、机械化程度高、工作条件差异不大的企业,其重要性低于一些工作环境较差、机械化程度低、工作条件差异大的企业;相反的,前者对劳动者的智力因素要求比较高。

参考资料

1. Gary Dessler:"Human Resource Management", Prentice Hall International, Inc.,1997.
2. 康士勇、林玳玳:《工资理论与管理实务》,中国经济出版社,1998年。
3. T. M. Husband:"Work Analysis and Pay Structure", McGraw-Hill Book Company (UK) limited,1976.
4. 安鸿章:《工作岗位的分析技术与应用》,南开大学出版社,2001年。

思考题

1. 简述工作评价对岗位等级结构设计的重要性。
2. 简述工作评价体系中主要指标的选择和作用。
3. 简述计点法的操作步骤和操作要点。
4. 简述因素比较法的操作步骤和操作要点。

第八章

基本薪酬管理

本章学习要点

- 了解企业薪酬的基本计量形式,计时工资和计件工资的内涵与特点。
- 了解岗位等级工资制的类别、内容及其管理特征。
- 了解技能工资的新功能及其在一些企业中的实践。
- 了解年功序列工资制的起源、发展及其管理特征。

企业薪酬管理可分为基本、辅助和间接等多种类别,由此构成企业薪酬管理的制度体系,主要包括岗位和职务等级工资制、技能等级工资制、年功序列工资制等。企业可以选择不同性质和特点的薪酬系统,但任何一种薪酬管理模式都是建立在基础薪酬制度之上的,换言之,基础薪酬制度是其他薪酬管理制度的平台。在现实的企业薪酬管理中,很少使用单一的薪酬管理制度和管理机制,一般都是将几种制度有机地结合起来运用。因此,一种薪酬管理模式,往往是以一种或一种以上的制度为主,辅助以其他的管理制度和管理形式。

第一节 计时工资与计件工资

薪酬的计量形式是指计量员工的劳动贡献,确定劳动报酬的标准和方式。企业按照不同的方法和标准,对员工的实际劳动量进行考核,根据考核发放相应的薪酬。计时工资和计件工资是通用的计量报酬的标准和形式,是工资的两种最基本也是最原始的计量形式,其他工资标准和制度都是在这两种工资计量标准和形式的基础上衍生出来的。

一、计时工资制

1.内涵与构成要素

计时工资制是按照单位劳动时间和特定的工资标准计算的一种工资制度。其构成要素为:

(1)劳动计量与报酬支付的技术标准。劳动之间存在着复杂程度、责任程度和繁重程度的差别。对不同质劳动的测量,除了以时间为测量单位之外,还需要制定各种等级测量标准。例如,技术等级标准、岗位等级标准、职务等级标准以及劳动强度标准等。

(2)劳动计量与报酬支付的时间单位。工资标准是技术标准与时间单位的综合,也称"单位时间的工资标准"。常用的劳动报酬的时间计量单位有小时、日、周、月和年等。

(3)实际有效劳动时间。以计时工资为计量形式的工资收入,不是按照劳动的自然时间,而是有效劳动时间计算。所谓有效劳动时间是指包含劳动成果(数量和质量)的有效劳动时间。

计时工资的内涵可通过下列计算公式表示:

计时工资＝特定岗位的单位时间工资标准×实际有效劳动时间

2.计量形式

根据时间单位的不同,计时工资又分为小时工资、日工资、月工资和周工资等:

(1)小时工资,根据实际有效工作小时数和以小时为单位的工资标准计算的工资。

(2)日工资,按照实际有效工作日数和以日为单位的工资标准计算的工资。日工资又分为多种计算标准,例如,按平均月规定出勤天数计算,按当月规定出勤天数计算,按平均月日历天数计算,按当月规定天数计算等。

(3)月工资,按照实际有效工作月数和以月为单位的工资标准计算的工资。月工资标准是确定日(小时)工资标准的基础,即日工资标准为月工资标准除以月均法定工作日天数(例如实施 40 周工作日的每月为 21.16 个工作日)所得之商。在支付工资时,全勤者按月工资标准发放工资;缺勤或加班者,按日工资标准或小时工资标准扣发、加发工资。

小时、日、月工资都是以时间作为计酬单位,三者之间可以相互转换。其基本转换关系为:

$$小时工资标准 = \frac{日工资标准}{制度工时数}$$

3.主要特点

在技术标准、岗位技能和工资标准一定的条件下,计时工资收入主要取决于个人的实际有效劳动时间,由此决定了计时工资的三个主要特点:

(1)测量要素稳定,标准固定统一,易于管理,有利于员工收入的相对稳定;

(2)受劳动对象和劳动条件差异的影响小；

(3)对员工出勤率有较强的制约作用。

计时工资是风险较小、激励水平较低的工资制度。企业向员工支付计时工资的同时，实际上就是向员工提供了保险，并将风险移到了企业一方，特别是在外部环境不好的情况下，企业承担的风险更大。

4.适用范围

计时工资的适用范围很广，对以下工作更适合：

(1)劳动成果无法计量的工作，例如管理、辅助和服务工作等；

(2)劳动成果难以直接反映员工的技术水平和业务能力，如基础研究和实验性生产工作；

(3)技术复杂、分工细致、以集体形式进行的工作，例如大型石化企业、机械制造业等；

(4)机械化和自动化程度高，劳动数量和成果主要取决于机械和设备的性能，例如大型的生产线作业等；

(5)生产规模小，生产场地集中，便于监督管理的工作。

总之，计时工资适用于岗位责任明确、等级和工资标准规范的工作，以及劳动成果不便于直接通过个人技能和努力程度反映的工作。

二、计件工资制

1.内涵与构成要素

计件工资是根据员工完成的工作数量或合格产品的数量计发的劳动报酬。计件工资将劳动报酬与劳动成果直接联系在一起，刺激员工从物质利益上关心劳动成果。其构成要素包括：

(1)特定单位时间的工资标准，即按月、日或小时等计时的工资标准。单位时间工资标准视工作性质有所不同，要经过工作评价对工作物划分等级，并对产品检验合格以后才可确定。

(2)单位时间的劳动定额或工作量标准。劳动定额一般采用产量和工时两种指标。

(3)计件单价。计件单价是指生产某一单位产品或完成某一单位工作量得到的工资额，可分为个人计件单价和集体计件单价。计件单价与产品产量共同决定薪酬的数额。其计算公式为：

$$个人计件单价 = \frac{特定工作物等级的单位时间工资标准}{相同单位时间的产量定额}$$

$$集体计件单价 = \frac{全体定员单位时间工资标准之和}{相同单位时间的产量定额}$$

2.计量形式

计件工资有多种计量形式，比较常见的有：

(1)个人计件和集体计件。个人计件是依据员工个人的劳动成果和计件单价计发工资；集体计件是先按照员工集体劳动成果和计件单价计算工资总额，而后在个人之间进行再分配。

(2)无限计件和有限计件。无限计件是不考虑完成产量多少，按照同一计件单价计发工资，产量越高，工资越多；有限计件是对超额工资的数额加以限制，规定个人和集体超额收入的最高限，限制方法是实行累进计件单价或浮动计件单价等。

(3)直接计件工资和间接计件工资。直接计件是直接按照员工个人的工作量发放计件工资；间接计件是一些辅助员工的工作量不能直接反映，要通过被辅助对象的工作量间接反映。其转换公式为：

$$间接计件工资额 = 间接计件单价 \times 所辅助员工的实际产量$$

$$间接计价单价 = \frac{辅助员工的工资标准}{所辅助员工的工作量}$$

(4)超额计件。超额计件又称为计时计件混合工资，将员工完成的工作量分为定额内和定额外两部分，定额以内的工作量按计时工资标准发放，超过定额部分的工作量按计件工资标准发放。

(5)累计计件工资。累计计件工资又称差额单价计件工资，即按照员工生产合格产品数量的不同阶段，以一定的差额比例规定不同的计件单价，分别计算计件工资额，然后以月工资的形式一并计发工资。这种工资标准又有不同的计算方式：一种是两段单价计件，即定额内产品按标准单价计算，超额部分按一个较高的、统一的单价计算；另一种是累进(退)计件，定额内产品按标准单位计算，超额部分按直接累进(退)

或分段累进(退)单价计算。

(6)包工计件和提成计件工资。包工计件是一种集体计件工资方式,即企业将成批量的或成系统的生产任务发包给员工集体,事先协定好工作量、完成期限、包工工资数额等双方的义务与权限,待承包方如期完工之后,获得合同规定的工资总额,然后在包工集体中再分配,也可在包工前预付部分包工收入或分阶段支付工资。这种方式比较适用于劳动量大,难以精确分解和必须集体进行的工作,例如,大的承包工程等。

提成计件是指员工个人或集体按照一定的比例,从营业收入或纯利润中提取报酬的工资支付方式,又被称为佣金或酬金。佣金比较适用一些劳动成果难以事先量化和不易确定计件单价的工作,例如服务性和辅助性的工作,也比较适合与市场营销有关的工作。

3.主要特点

计件工资的特点主要是:

(1)能够直接和准确地反映劳动者实际付出的劳动量,以及不同劳动者之间的劳动差别。

(2)对劳动成果的计算和分配程序简化,透明度高,易于管理。

(3)刺激员工从物质利益上关心自己的劳动成果,提高工作效率和工作质量。

4.适用范围

计件工资比较适合以下性质和特点的工作:

(1)产品的数量和质量直接与劳动者的技能、劳动熟练程度及努力程度相联系的工作。

(2)能够单独计算产品数量、单独检验产品质量和单独反映员工劳动成果,生产的直接目的是增加产品件数的工作。

(3)生产过程持续、稳定,大批量产品生产的工作。这些工作的劳动定额、计件单价等要素条件相对稳定,易于管理,也可以保证员工对生产工艺的掌握程度。

(4)管理完善、操作规范的工作。例如,有健全的产品数量统计和质量检验制度,科学的劳动定额和定额考核制度,以及高水平的管理监督人员。

一些工作不适宜采用计件工资制,例如对从事质量检验工作的员工,不能依据产品合格率来评定工资,否则助长人为提高产品不合格率的现象。

三、计时和计件工资的管理特征比较

按照度量的客体,计时工资是按照时间投入和努力程度两种投入支付报酬的工资形式;计件工资是按照产量和某些成果性的指标(产量、利润、销售额、营业额等)支付报酬的工资形式。因此,它们是两种性质截然不同,而又相互配合的薪酬计量形式。

1.计时工资的管理特点与要点

计时工资隐含着这样一种假设,员工在工作中所消耗的时间越长,他们在工作中所付出的努力程度越高。例如,一周工作40小时,总会比工作10小时的员工的工作要多。

计时工资有多种计量单位,如小时工资率、月薪(半月薪)或年薪等。之所以采用多种计时标准,是出于管理的需要。换言之,对时间单位所做的不同选择是为了找到更好的办法来反映员工的努力程度。对生产线上的员工来说,因为生产线的变动频率是非常高的,因此最好的衡量时间单位是小时。对于管理人员来说,尽管也可以用小时来反映努力程度,但不很理想,因为管理者的工作是非常规性的,不容易被描述,工作任务也不是十分明确的。因此,按照月工资或者更长的时间来计算管理者的努力程度有利于他们在一个较大的时间范围内规划工作,并合理地安排自己的工作时间。正像小时工资制并不考虑员工在每一小时中所工作的确切分钟数一样,月薪制也同样不考虑员工在每月或者每年工作中实际耗费的小时数。为了计量的方便,可以取一个相对合理的时间计量单位,如小时、或月或年。

不仅如此,许多管理人员是不享受加班费的人员,因此也没有必要计算加班费。而蓝领工人的加班和领取加班费是一种比较经常的现象。

企业采用计时工资制度是企业一种不得已的选择,因为计时工资不如计件工资更能体现劳动者的贡献和效率。但是对一些不能按照成

果计量报酬的工作,企业只能选择计时制按照劳动时间计算报酬,主要原因是对这些工作的价值无法根据个人的产量和一些劳动成果形式进行有效衡量。例如,一些管理者和科室人员的工作,即使最为常规的部分,也无法用计件标准衡量。在这种情况下,最好是忽略个人之间的差异,支付一个按固定标准计算的工资,即计时工资。

在许多情况下,计时工资也是员工的一种选择。因为与计件工资相比,计时工资是一种水平较低,但风险较小的工资。尽管计件工资可以刺激员工对报酬的欲望,进而激励员工的努力度,但是在无法控制产量的情况下,许多员工宁可选择风险小的工资形式。例如,在市场不景气的情况下,销售人员尽了最大的努力,仍然不能完成销售任务。在这种情况下,销售人员就可能愿意实行计时工资。

2.计件工资的管理特点

计件工资在员工激励方面的优势是比较明显的,尤其在一些以员工个人能力和努力度为基础的工作中,例如营销人员,使用计件工资激励不仅会促使劳动效率的提高,也会促成员工的筛选机制,导致优秀的员工留下,较差的员工离开企业。

计件工资的主要弊端是因为它是按照劳动成果的数量来计量报酬,在管理中容易导致员工注重产品的数量而忽视产品质量的现象。如何克服这一弊端的方法是企业应该选择一种促使员工对质量和数量都同样重视的管理形式。理想的方式是,运用消费者在选择产品时的数量和质量的权衡理论,促使员工愿意选择符合质量的产品。例如,一个打字员是按照页数,即产品数量来计算报酬,这种报酬标准会刺激其打的页数越多,报酬越高;同时,必须规定另一种报酬标准,即稿子打印越准确,费用标准越高,差错越多,费用越低,直到差错率到一定界限之后,拒绝付费。

计件工资另一个管理难点是较高的监督成本。一个通俗的例子是,出租汽车公司无法有效监督出租汽车司机在载客时打开待租灯,不打计时器的现象。司机可与顾客进行私下交易,以低于原定标准的价格载客,而公司是无法监控满街跑的出租车的。在这种情况下,最为简便的报酬管理形式是让司机以协商的价格租下车,自己支付汽油钱等开支,剩下的收入归自己,即所谓的"包车法"。司机在支付租金、汽油费、管理费等以后,可以得到全部的佣金。

但是"包车法"也有弊端,即无法监督司机只开车不"养车"的问题。例如司机为了获得更多的剩余收入而自觉延长工作时间,在这种情况下,多干对公司是没有好处的,因为租金是事先讲定的;但如果车是公司的,又会导致司机只开车,不保养车的问题。因此,出租车公司选择司机报酬的办法有两个:一是将车卖给司机,那就没有出租车公司存在的必要;二是收取折旧费。如果磨损情况是容易判断的,此方法可行,困难的是对每辆汽车的磨损情况不好进行判断。因此,选择一种使公司和司机之间建立长期的合作关系,让司机在提高工作量的同时,承担养护成本的行之有效的办法是件困难的事情。

第二节 岗位等级工资制

岗位等级工资制与职务等级工资是等级工资的两种主要形式,区别在于前者主要是按照工作岗位的等级确定工资等级,适合于企业员工;后者是根据职务等级确定工资等级,比较适合管理人员。它们都是根据岗位和职务对任职者在知识、技能和体力等方面的要求,以及劳动环境因素来决定和分配报酬的薪酬制度。

一、岗位等级工资制的实施原则

岗位等级工资制是按照岗位的等级结构支付薪酬的一种管理制度。"只对岗位不对人"是岗位等级工资制的核心原则。

岗位等级工资制的实施原则:

1.工资的确定和分配以岗位要素为依据,这些要素通常包括岗位工作的复杂程度、繁重程度、责任大小、精确程度以及劳动条件等。

2.岗位要素决定各岗位和职务之间的相对顺序和等级序列。

3.任职者根据岗位任职情况获得相应的工资等级收入。

二、岗位等级工资制类别

岗位等级工资制的类别主要有一岗一薪制、一岗多薪制和复合岗薪制等。

1. 一岗一薪制

一岗一薪是指一个岗位或一个职务只有一个工资标准。其特点是一岗一薪，同职同薪，标准互不交叉，提职才能增薪。任职者只要达到岗位要求，就可以获得相应的标准工资；岗位变动，工资随之变动。例如，某公司管理人员、技术人员和普通员工的岗位月工资标准如表8-1所示。

表8-1 一岗一薪制

单位：元

岗职	工资标准	管理系列	专业技术系列	操作员工岗位工资标准	
				岗级	标准（元）
十级	3600	公司总经理			
九级	2900	公司副总经理	总工程师		
八级	2500	总经理助理	副总工程师		
七级	2100	公司部室主任	高级工程师	七级	1900
六级	1800	公司部室副主任	副高级工程师	六级	1700
五级	1600	科长	工程师	五级	1500
四级	1400	副科长	助理工程师	四级	1350
三级	1200	主办科员	技术员	三级	1200
二级	1000	科员	见习技术员	二级	1050
一级	800	办事员		一级	800

在表8-1中，薪资等级由高至低排列，即十级为最高等级，一级为最低等级。管理和技术人员使用相同等级，但在管理职务中，最高岗位等级为十级，工资标准为3600元，对应的职务是公司总经理；最低为一级，工资标准为800元，对应职务是办事员。技术人员中最高为总工程师，工资等级为九级2900元；最低为见习技术员，工资标准为1000元。操作工中最高为七级，工资标准为1900元，最低为一级，工资标准为

800元。

一岗一薪制强调了不同岗位和职务之间的工资差别,在同一岗位上的人员执行同一工资标准,员工增薪的渠道只能是职位和岗位提升。这种工资制度的优点是简便易行,比较适合于新建企业、青年员工多的企业,以及专业化程度高,工种间技能比较单一,工作物等级也比较固定的企业。其缺点是对绩效的敏感性差,在同岗位人员之间难以体现绩效差别,缺乏激励。

2.一岗数薪制

一岗数薪制,即在一个岗位等级中设置几个档次的工资标准,一职数薪,标准互不交叉,不升职亦可增薪。与一岗一薪制相比,它可以反映同岗位员工之间的报酬差别,如表8-2所示。

表8-2 一岗数薪制

单位:元

岗级	1	2	3
七级	1750	1700	1650
六级	1600	1550	1500
五级	1450	1400	1350
四级	1300	1250	1200
三级	1150	1100	1050
二级	1000	950	900
一级	850	800	750

一岗数薪制比较适合生产专业和自动化程度高,同一岗位技能要求差别不大,但需要反映员工能力或绩效差别的工作。

3.复合岗(职)薪制

复合岗(职)薪制,即每个岗位和职务内设若干个工资标准,但不同等级的工资标准有部分交叉。这种工资制度的特点是一职数薪,同职可不同薪,不同职可同薪,不升职亦可增薪,如表8-3所示。

复合岗薪制综合考虑了在同一岗位任职的员工之间在个人资历、技能水平以及工作绩效方面的差别,同时也考虑了市场工资率对特定岗位薪酬标准的影响。

表 8-3　复合岗(职)薪制

单位:元

岗级	1	2	3
七级	1850	1750	1650
六级	1700	1600	1500
五级	1550	1450	1350
四级	1400	1300	1200
三级	1250	1150	1050
二级	1100	1000	900
一级	950	850	750

有两种复合岗模式,一是同跨度模式,二是不同跨度的模式。同跨度模式是指岗位等级之间使用同样的工资重叠率;不同跨度模式是在低薪酬等级中使用较小的工资重叠率;而在较高的薪资等级中使用较大的重叠率,如图 8-1 所示。

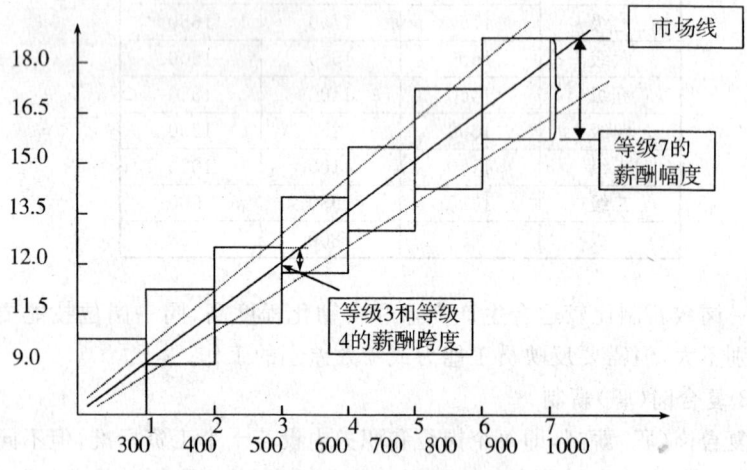

图 8-1　复合岗薪图

在图 8-1 中,采取不同工资重叠率(Pay rate overlap)设计一个复合岗薪工资结构,需要以下步骤:

第一步,确定岗位等级(Job Grades)的数目,例如 6 个或 9 个薪资等级;

第二步,找出关键岗位的工资率(Key Jobs' Pay Rate),制定岗位工资标准系列;

第三步,设计薪酬等级幅度(Rate Range Spreads),为了体现不同层级工作的差别,可分为三种等级幅度,高等级在 40% 的区间浮动,中间等级在 15% 区间,低等级在 5% 区间浮动。计算方法见本书第六章图 6-2。

第四步:设计一个薪酬等级差,假设各等级的薪资差相同,则:

$$H = \frac{A - Z}{G - 1}$$

式中,H:每个等级的幅宽;
　　A:最高等级的工资率;
　　Z:最低等级的工资率;
　　G:期望的等级数目。

假设最高等级的工资率是 20 元。
最低等级的工资率是 5 元。
有 6 个等级,则 H = 20 元 − 5 元 /(6−1)
　　　　　　　　　= 15/5
　　　　　　　　　= 3。

分配到每个等级之后为:
等级 1 = 5 元　　等级 4 = 14 元
等级 2 = 8 元　　等级 5 = 17 元
等级 3 = 11 元　　等级 6 = 20 元

第五步:确定等级之间的覆盖率,假设低等级的覆盖率在 5%,中间等级在 20%;高位等级在 40%。计算方法见本书第六章图 6-3。

三、岗位等级工资制的管理

岗位等级工资制隐含着这样一个假设:企业内部存在着某种适当的工资结构,而这种工资结构又是与员工在企业等级结构中所处的层次相对应的。因此,这种工资结构会使职位晋升对员工来说至关重要。晋升意味着工资的大幅上升,意味着一切物质报酬和非物质报酬的更多实现。

人力资源管理经济学中,用"锦标赛理论"来解释提拔、晋升以及相应的物质激励问题。例如,在网球比赛中,奖金是事先固定的,谁赢谁拿奖金,不取决于绝对绩效,而是相对绩效。这种情况也适合于企业,职位都是事先固定的,与每一个职位相联的是一个等级的薪资,只要职位等级晋升,薪资数额则已经确定。员工的能力只是体现在他是否能够击败竞争对手,是否能拿到这个职位,而与他升到这个岗位之后的能力程度无关。

现实中,许多企业的晋升都是在企业内部进行的,并且往往是被限制在所需要填补空缺的那些岗位的竞争者之间。一位员工干得好与不好,不是因为他干得好,而是因为他与同处于一个等级的员工相比,干得好。因此,员工追求晋升的努力程度取决于与晋升相联的薪资的上升幅度。如果两个职务等级之间的薪资差额大,竞争者的努力程度则大;差额小,努力程度则小。

因此,在这种机制下岗位薪资等级之间的差额表明,这种差额的激励作用主要不是对已经在岗位上的员工,而是下一个等级的员工。工资上涨的诱惑力是促使他们努力工作的主要动力。"锦标赛理论"说明了两个问题:其一,工资水平要足够高,才能吸引员工到企业中来参赛;其二,工资等级间的差额要足够大,才能诱发员工的努力程度。

此外,岗位等级薪资也表明,加大报酬激励程度并不一定增加企业的工资成本或提高工资水平,只要调整薪资等级之间的差距,变动不同层级员工的薪资水平同样可以起到这个作用。

第三节 以知识和技能为基础的薪酬制度

一、传统的技能等级工资制

技能等级工资制是按照员工的知识和技能等级确定工资等级的一种薪资制度。与岗位和职务等级制所不同的是，它是按照员工所具有的知识水平和技能程度来划分技能等级，依据技能等级确定薪资等级。

1. 标准要素

传统的技能等级标准的确定依据四项内容：教育背景、专业知识、工作技能和工作实例。教育背景，主要是指员工接受正规教育的程度。专业水平是指受教育程度有时不能完全反映员工的专业知识水平，因为岗位有特定的要求，员工的技能还要通过对专业知识的掌握程度来反映。也就是所谓的"应知"，即员工为了完成某一等级的工作所应具备的专业理论知识，如对工艺过程、材料性能、机器结构与性能的了解等。工作技能是指员工为胜任某一等级工作所应具备的技术能力与工作经验，例如程序设计、工艺管理、设备操作、检查维修等。工作实例是员工的工作综合能力，一般是根据岗位对"应知"和"应会"等能力的要求，制定出各技术等级对应的能力要求，通过对典型工作项目或操作实例的检验，测定员工的综合技能，根据技能确定技术等级和工资标准。

2. 等级确定

技能等级工资标准的确定步骤为：

（1）进行工作评价，即根据劳动的复杂、繁重和精确程度，以及岗位对员工的技能要求划分等级；

（2）确定最高等级与最低等级工资的倍数、工资等级级差及工资等级表；

（3）结合员工的个人技能背景，纳入相应的工资等级。

表 8-4 是根据八级标准模拟的技能等级工资表，采用等比级差的

工资标准确定。

表 8-4 技能等级工资表

工资等级	1	2	3	4	5	6	7
等级系数	1.000	1.15	1.323	1.521	1.749	2.011	2.313
工资标准	1000	1150	1323	1521	1749	2011	2313

3.特点与缺陷

技能等级薪资制是为了适应企业对技能员工的需求,通过薪资机制体现员工的技能差别,促进员工技能的提高。主要弊端在两个方面:

(1)与岗位脱节。因为技术职称的认定是由权威性的认证机构采取统一的考核方式,在许多内容上不能与企业的特定岗位要求相吻合。换言之,具备技术职称的员工不一定适合特定岗位的要求。

(2)与绩效脱节。技能等级工资是一种能力工资制度,而不是一种绩效工资制度,因此,在有些情况下,会导致员工的报酬与绩效背离。

二、以知识和技能为基础的薪酬方案

近年来,在许多发达国家的企业中,极力推崇以知识和技能为基础(Pay for Knowledge & Skill Based Pay)的薪酬方案,主要目的是为了奖励员工学习新的与工作相关的技能。一项调查显示,在 1992 年前后,有将近一半以上的"财富 500 强"的企业,至少在部分员工中实施这一薪酬计划。[1] 以知识和技能为基础的薪酬体系之所以在一些发达国家的企业中流行,主要是为了适应企业对员工知识和技能增进的需求,企图通过薪酬机制来孕育员工的个人创新能力。

1.实例分析

某制造厂安排了一条自动化生产线,需要员工掌握一些纵向的相关的生产技能,企业实施了一个培训装配技术的分步骤的技能工资方案(Stair-Step Model)。该方案要求受训者完成三个层次的技能培训任务,并相应地获得特定的技能工资等级。具体方案如图 8-2 所示。

---

[1] 劳伦斯·S.克雷曼:《人力资源管理》(英文版),机械工业出版社,1998年,第 263 页。

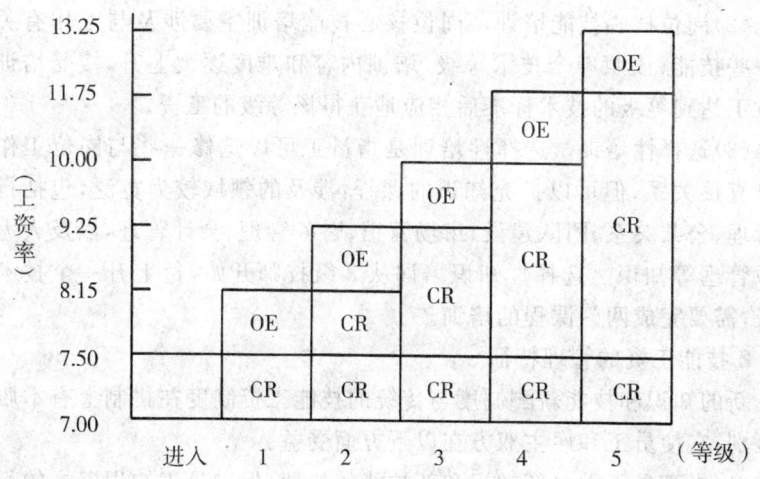

图 8-2 技能工资方案

资料来源：Joseph J. Martocchio, "Strategic Compensation: A Human Resource Management Approach", Prentice Hall, 1998, P137.

在图 8-2 中，CR 代表员工基础性培训；CE 代表岗位核心技能培训；OE 代表选择性知识培训。根据图 8-2，受训人的起点工资是每小时 7 美元，晋升装配技师 1 级，需要完成基础性培训和岗位技能培训，工资升至 7.5 美元；晋升技师 2 级，需要完成基础性培训、岗位技能培训和选择性知识培训，工资升至 8.15 美元；晋升技师 3 级～5 级，除了基础性培训之外，还要在原有基础上继续完成更高层次的岗位技能培训和选择性培训，其技能工资也逐级增至 9.25 美元、10 美元、11.75 美元和 13.25 美元。

(1) 员工基础性培训，包括三个方面：

第一，导向培训，主要是企业文化和员工福利内容的培训，例如薪酬体系、员工福利、工作时间、休假等；

第二，安全培训，主要是培训员工在工作场所如何保护自己和合作者的安全，以及所使用的机器设备的安全与维护等；

第三，质量培训，即培训员工如何实现产品质量的标准等。

(2）岗位核心技能培训。岗位核心技能培训主要涉及与工作有关的一些技能，依照5个技术等级，培训内容和难度逐级上升，接受培训的员工达到等级的技术标准后相应地获得该等级的工资。

(3）选择性培训。选择性培训是指员工可以选修一些与岗位工作没有直接关系，但可以扩充知识的课程，涉及的领域较为宽泛，包括行政管理、公共关系、团队建设、市场营销、财务管理、会计管理，以及人力资源管理等知识。选择性知识培训从2级技师开始，每上升一个技术等级，需要完成两门课程的培训。

2.技能工资的管理特征

新的知识和技能薪酬制度与传统的技能工资制度在机制上有本质的区别，它使员工和雇主双方在以下方面受益：

(1）提高员工学习新知识和新技能的热情，促进员工知识资本的积累和升值；

(2）推动员工技能的全面开发，促使员工掌握更多与本岗位技能相关的知识和技能；

(3）满足企业发展对员工技能的深层次需求，有助于解决生产和经营中的技术难关，提高产品和工作的质量。

但是，以技能为基础的付薪体系也有其内在弊端，致使一些企业基于下述原因不热衷推行：

第一，增大劳动力成本。技能工资的直接效应是刺激员工提高技能，而技能的提高并不必然导致员工绩效的提高，所以，技能工资在运作中，有可能促成短期内工资成本的上升，因为企业需要为员工技能提高支付工资，提供培训费用等。

第二，在一种工作岗位需要两个以上员工的情况下，对学习新技能的员工要多支付工资；如果岗位对新技能没有需求的话，有可能导致知识的浪费或同工不同酬的现象。

第三，如果员工所学的知识未能及时应用到生产和经营中，会削减以后的激励效应，甚至导致薪酬体系的失效。根据一些企业的经验，在技能工资体系下，员工一般只需要3~4年即可以达到技能区的最高水平，如何利用薪酬机制保持员工的积极性成为问题的关键。

此外,技能工资制度在实施中,需要特定的企业外部环境和内部条件,如企业决策的分权化、自我管理的工作团队、职场的灵活性和员工的自我开发等。换言之,以技能为基础的薪酬体系只能在一个对技术需求迫切的企业中,才能显示其有效性。

第四节 年功工资和资历工资

一、年功工资

年功工资(Seniority Pay)是一种简单而传统的薪酬制度,它是按照员工为企业服务期的长短而支付或增加薪酬的一种管理制度,往往与终生雇佣制相关联。其基本特点是员工的企业工龄越长,工资越高。

年功工资的理论基础主要是人力资本理论,它假设随着员工在公司时间的延长,其人力资本存量,包括知识、技能、经验和人际关系等方面的积累越多,员工对公司的价值也在增加。

在传统的基本工资管理中,员工的工龄往往属于基本薪酬要素,是岗位等级工资制的补充。基本工资中的年功因素有两种计算方法,一种方法是以日历年为单位,工龄每增加一年,工资增加一个单位,如一年工龄为5元,则10年的工龄工资为50元。另一种方法是将工龄分为若干时期段,同一工龄段的年功工资相同。其计算方法以表8-5为例。

在推行以年功工资为主的企业中,一般是将年功因素作为岗位等级工资晋升的一个限制条件,在特定岗位的员工必须为企业服务到一定的时间长度之后,方可有资格晋升一个档次的工资,或者晋升到上一个等级的岗位和工资。换言之,时间和经验(企龄或司龄)是企业衡量员工任职资格和职位晋升的主要决定因素之一。如图8-3所示。

表 8-5 年功工资计算方法

企业工龄	年功工资(元)(按时期计算)	企业工龄	年功工资(元)(按年度计算)
5 年以下	25	1	5
5～8 年	25～40	2	10
8～10 年	40～50	3	15
10～15 年	50～75	4	20
15～20 年	75～100	5	25
20～25 年	100～125	6	30
25 年以上	125	/	/

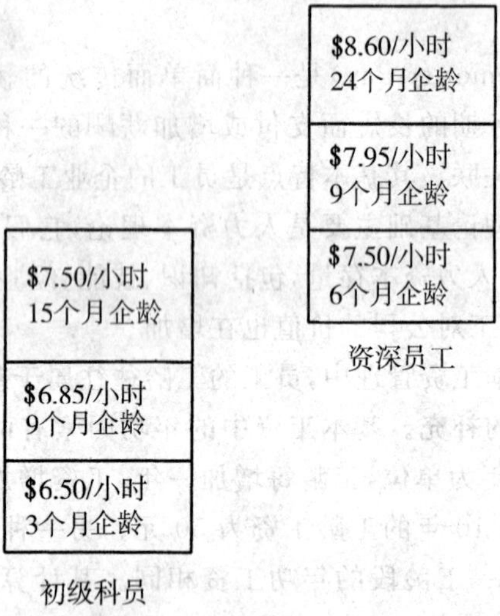

初级科员

- $7.50/小时　15个月企龄
- $6.85/小时　9个月企龄
- $6.50/小时　3个月企龄

资深员工

- $8.60/小时　24个月企龄
- $7.95/小时　9个月企龄
- $7.50/小时　6个月企龄

图 8-3 年功工资

二、资历工资

资历工资(Longevity Pay)与年功工资有所区别，它设计与实施的主要目的是为了奖励那些已经达到了特定薪酬等级最高工资标准，但又不可能晋升到上一个等级的员工。企业为了激励这些资深员工，减少其流失率,在岗位晋升受到限制的条件下,通过增加这些员工的基本薪酬而解决增加薪酬与职位晋升之间的矛盾。换言之,将职位晋升与增加报酬各自独立开来。资历工资较为广泛地应用在一些公共事业单位、非赢利性单位和政府公务员的薪酬设计中。表 8-6 是 1996 年美国联邦政府公务员的资历工资等级表。

表 8-6 美国联邦政府公务员工资等级

单位:美元/年

	1	2	3	4	5	6	7	8	9	10
1	12384	12797	13208	13619	14302	14274	14679	15089	15107	15489
2	13923	14255	14717	15107	15274	15723	16172	16621	17070	17519
3	15193	15699	16205	16711	17217	17723	18229	18735	19242	19947
4	17055	17624	18193	18762	19331	19900	20469	21038	21607	22176
5	19081	19717	20353	30989	21625	22261	22897	23533	24169	24805
6	21269	21978	22687	23396	24105	24814	25523	26232	26941	27650
7	23634	24422	25210	25998	26786	27574	28362	29150	29938	30726
8	26175	27048	27921	28794	29667	30540	31413	32286	33159	34032
9	28912	39876	30840	31804	32768	33732	34696	35660	36624	37588
10	31839	32900	33961	35022	36083	37144	38205	39266	40327	41388
11	34981	36147	37313	38479	39645	40811	41977	43143	44309	45475
12	41926	43284	44722	46120	47518	48916	50314	51721	53110	54508
13	49856	51518	53180	54842	56504	58166	59828	61490	63152	64814
14	58915	60879	62843	64807	66771	68735	70699	72663	72627	46591
15	69300	71610	73920	76230	78540	80850	83160	85470	87780	90090

资料来源:Joseph J. Martocchio, "Strategic Compensation: A Human Resource Management Approach", Prentice Hall, 1998, P80.

根据表 8-6,美国联邦政府公务员薪酬等级基于技能、教育水平、经验等因素而确定。此外,对任职者还需要一些特定的专业背景,例如心理学、法律以及相关的专业技术等。整个薪酬序列中共有 15 个薪酬等级,每级中又设 10 个职级。如果从最低等级的职位做起,需要 18 年的时间方可进入上一级。各职级的等待时间为:

职级 1~3: 1 年;

职级 4～6：2 年；
职级 7～9：3 年。

三、年功工资和资历工资的管理特点与缺陷

1. 激励员工为本企业服务

工龄是工资收入差别和增长的主要因素,为了增加收入,员工必须长期在一个企业工作。因此年功和资历工资对企业的主要作用是刺激员工为本企业服务,阻滞员工,特别是工作经历长的老员工离开企业。相应地,这种工资制度的优点是增加员工对企业的依赖性和安全感,避免失业风险。

2. 起点低,利于成本管理

工资不是根据行业或产业竞争决定,而是由企业决定,一般起点比较低,增资时期固定,可以预知工资的增长量,有利于企业的人工成本核算和成本控制。

3. 缺乏竞争和绩效激励

年功序列工资制的最大缺陷是缺乏竞争和激励。长期实施之后会造成这样一种后果:对同等学历和能力的人来讲,无论贡献大小,工资变动只能决定于企业工龄的累加;对学历和能力不相同的人来讲,工龄也会成为掩盖其他劳动差别的主要因素。因此,该工资制度容易造成员工工资与劳动质量和数量的脱节现象,并形成起点工资低、工资差别大的工资结构,不利于薪酬激励功能的发挥。

四、日本的年功序列工资制

1. 发展沿革

年功序列工资制起源于第一次世界大战之后西方的一些企业中,但它在 20 世纪 50 年代的日本广为流行,并被认为是日本传统企业薪酬制度的典型代表。它之所以在战后的日本受到青睐,基于以下背景:

(1) 20 世纪初,日本劳动力市场上工资标准的决定因素主要是职业构成和工人的熟练程度,由于劳动力供大于求,因此,雇主可以雇佣

到工资起点非常低的非熟练劳动力。这些因素即为年功序列工资的萌芽。

（2）二战期间，日本的劳动力需求增大，企业工资增长幅度也随着加大，劳动力开始向工资高的企业流动，毕业的学生成为新增劳动力的主力。企业为了巩固内部劳动力市场，留住员工，纷纷进行薪酬制度的改革。改革的焦点集中在两个方面：其一，实施定期加薪制度；其二，各类工资因素分离，即形成结构工资制。

2.日本"电产型工资体系"

在改革中，日本电业产业工会提出的"年功工资方案"，即"电产型工资体系"被得到普遍认可，并逐步在日本企业中推广开来。如图8-4所示。

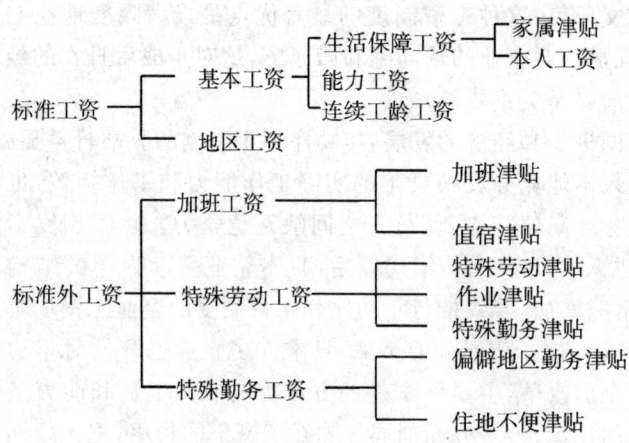

图8-4　日本"电产型工资体系"构成

资料来源：王振基编著，《日本工资和社会保险概况》，三联书店，1980年，第5页。

根据图8-4，"电产型工资体系"的特点是：

（1）员工的薪资分为两部分：标准工资和标准外工资。标准工资是与8小时劳动相适应的工资；标准外工资是指加班工资、特殊劳动工资和特殊勤务工资等。

（2）基本薪资的核心部分是按年龄计算的，按照保障最低生活费用的企业年龄工资表的标准计发。

(3) 除了年龄工资之外,连续工龄工资和家属津贴等也起到保障员工最低生活的作用;同时,还考虑了能力工资因素。

(4) 基本工资在工资中占很大份额,将近80%,效率工资仅占15%左右。

3.年功序列工资制的改革

年工序列工资制在日本最初实施时,效果比较显著,对一些企业的经济效益起到了积极的促进作用。甚至有观点认为,第二次世界大战之后,年功序列工资制、企业内合作和终身雇佣制成为日本经济在20世纪20年代高速发展的三个主要原因。虽然从就业管理系统而言,终身雇佣制是前提和核心,但是没有年功序列工资制,终身雇佣制则名存实亡。正如前文所言,这种工资制度的显著优点是最大限度地稳定了企业员工,增强员工对企业的认同感和归属感,这对于战后日本的经济复苏和企业发展是至关重要的。

随着社会的进步和经济的发展,年功序列工资制的弊端日益显露,主要是工资收入不能充分反映员工的实际工作能力和工作绩效,也不能充分反映职务或岗位特点,使员工之间缺乏竞争力。除了制度本身的缺陷之外,进入20世纪70年代以后,日本企业劳动力年龄结构老化,老年职工迅速增加,导致推行年功序列工资制度的企业工资成本急剧增加,企业负担加重。因此,近年来,日本许多企业也开始对年功序列工资制实行全面改革,主要做法是一方面提高职务工资和能力工资在基本工资中的比例;另一方面削弱年功在工资中的作用,把无限期凭年功提薪改为一定年龄内凭年功提薪,实际上,也就是把单一的年功工资制改变为多元的结构工资制。

参考资料

1. 劳伦斯·S.克雷曼:《人力资源管理》(英文版),机械工业出版社,1998年。
2. 王学力:《工资与工资争议处理实务》,人民法院出版社,1997

年。

3. 吴志华:《现代人力资源管理》,中国纺织出版社,1996年。

4. Joseph J. Martocchio："Strategic Compensation：A Human Resource Management Approach",Prentice Hall, 1998。

5. 赵延、陈保华:《工资理论与实践》,北京经济学院出版社,1990年。

6. 劳动部工资司:《岗位技能工资制》,中国劳动出版社,1992年。

7. 李新建主编:《企业雇员薪酬福利》,经济管理出版社,1999年。

8. 〔日〕宫坂纯一:《报酬管理——工资与动力》,中国经济出版社,1996年。

9. 王振基编著:《日本工资和社会保险概况》,三联书店,1980年。

思考题

1. 基本薪酬包括哪些主要的管理制度？各自的特点是什么？
2. 简述岗位等级工资制的类别和特征。
3. 简述复合岗薪制的设计步骤。
4. 你认为技能工资制是一种什么性质的薪酬制度？
5. 试述年功序列工资制的产生背景及其变革趋势。

第九章

补偿性薪酬与特殊情况下的薪酬管理

本章学习要点

- 了解工作津贴的设置意义,掌握工作津贴的管理内容和管理方式。
- 了解津贴与补贴的区别,掌握补贴的管理内容与管理方式。
- 了解协议工资制度的特征,讨论其在特殊员工薪酬管理中的作用。
- 了解保密工资制度的特征、类型,讨论其在员工薪酬管理中的作用。
- 了解企业非正式员工的产生原因和构成形式,掌握其薪酬管理的特点。
- 了解弹性工作制的起源和主要形式,掌握其薪酬管理的特点。

第一节　工作津贴与补贴管理

津贴分为薪酬性津贴和非薪酬性津贴两种,与工资制度有关的主要是薪酬性津贴,即工作津贴。传统的工作津贴主要是为补偿特殊劳动条件下,企业员工所付出的额外劳动消耗、生活费支付及对身体健康的损害等。现代薪资管理中津贴的内涵和外延都在扩大,一些带有奖励、激励和政策倾斜性质的津贴纷纷出现,并且在补偿性薪酬中的比例日益提高。

企业的津贴体系或津贴管理制度由津贴项目、津贴实施的条件、范围和津贴标准等内容组成。工作津贴也称劳动津贴,它与劳动岗位、职务和工种等劳动条件直接相关,因此,工作津贴又可细分为岗位津贴、职务津贴、工种津贴等。

一、岗位津贴

岗位津贴是对特殊劳动条件下工作的补偿。传统的特殊条件包括时间、空间和环境三个方面,如非正常工作时间(夜间加班)、超常工作空间(高空、地下、水下作业等)和恶劣的工作环境(高温、潮湿和接触有害物质等)。

与特殊劳动条件相关的津贴项目有:补偿员工额外劳动消耗的津贴,如高空、高温、夜班津贴等;补偿身体健康伤害的津贴,如有毒有害岗位津贴,林区、高原、水下和井下作业津贴等。在管理中,此类津贴应该注意:

1. 发放条件与资格

(1) 规定明确、具体的津贴发放的资格条件,是指某一生产岗位和工作单位是否具备发放津贴的条件,何种岗位、职务、工种的员工符合津贴领取的条件。

(2) 对申请津贴的岗位、工种进行测试,符合规定者方可发放津贴。

(3)发放比例不宜过高,津贴与劳动者的实际劳动贡献、劳动能力等没有太直接的联系,它的发放只考虑客观的工作环境和工作性质对劳动者额外劳动和生活消耗的补偿,为避免冲淡工资的作用,津贴项目一般不宜设立太多,在工资中占的比例也不宜过高。换言之,对劳动者的劳动报酬,能支付工资的,不支付津贴;能采取直接支付形式的,不采取间接补偿形式。

2.发放标准

津贴的发放标准是指某项津贴在单位时间内应支付的金额。它的确定有两种方式,一是按照员工基本工资的一定百分比计算;二是按照绝对数额计算。第一种方式比较少见,大多数是按绝对数额计量。在确定津贴标准时需要考虑下述因素:

(1)工资标准。如果在制定工资标准时,已经考虑了对特殊劳动的补偿,就没有必要另设津贴补偿;如果不能全面反映一些岗位和工种的特殊劳动性质和劳动消耗,就需要单独设立补偿津贴。

(2)劳动特殊性。对劳动的特殊性及其对员工的影响要进行科学测量,将其结果作为确定不同等级津贴标准的依据。

(3)健康损害程度。一些津贴的发放是为了补偿和预防特殊工作条件对劳动者身体健康造成的损害,津贴标准的确定与对员工身体的损害程度直接相关。因此,需要通过一些相关部门的技术测定,例如医疗单位、职业病防治部门等对职业病的发病率和治愈率以及劳动保护投入等多种因素进行科学测量,从而确定通过津贴形式对员工健康程度的补偿标准。

对一些特殊的工作,企业应该按照国家、地方和行业规定的统一标准发放津贴;此外,企业还可以根据生产经营状况和工作需要制定和调整本企业的津贴发放标准。

3.支付形式

津贴有实物和货币两种支付形式。在一般情况下,与额外劳动补偿有关的津贴支付货币,并构成辅助工资的一个部分;与身体健康补偿有关的津贴有的采取实物的形式,有的采取货币支付形式,以货币形式居多。支付周期通常以出勤日累计,按月随工资支付。

二、职务津贴

现代意义上的劳动条件与传统的概念有所区别。例如,激烈的市场竞争、紧张的脑力付出以及频繁地置换工作地点和工作内容等,这些都需要员工作出额外付出,也应该给予特殊的补偿。因此,在许多企业中,现代岗位津贴已经发生了性质上的变化,并在很多情况下,与职务津贴结合在一起。

一些工作的环境和条件虽然没有特殊性,但是对员工劳动数量、质量以及个人能力和责任付出有特殊的要求,也应以职务津贴的形式给予报偿。例如,企业中的高级管理人员,在企业中具有重大指挥和决策作用,责任重大,个人需要特殊性的付出,对此,就需要通过工作津贴的形式予以补偿。企业技术骨干的情况虽然不同于企业高层管理者,但是他们在特殊工作岗位和技术上的超额付出,也需要以工作津贴的形式支付。此外,其他一些岗位,例如会计、保安等岗位的津贴,也是一种对于特殊责任付出的补偿。

三、生活津贴

生活津贴是为了保障员工实际收入的稳定,补偿员工由于特殊工作需要而造成的额外生活支出,包括补偿员工在生产过程中的额外生活费支出,如外勤工作津贴、铁路乘务津贴等;补偿员工在边疆、高海拔作业而付出的超额生活开支,如林区津贴、地区生活费津贴、高寒山区津贴、海岛津贴,以及出国公务、劳务人员的国外津贴等。

在跨国企业外派人员的薪酬管理中,生活费津贴是一项非常重要的内容。它主要是指用于食物、服装、家具、娱乐、交通以及私人保健、医疗保健等项目上的支出。提供生活费用的目的在于保证外派人员在国外任职期间能够维持原有的可自由支配收入的水平,维持原有的购买力。此外还考虑到,外派人员初到其他国家,因不适应陌生的生活环境,也会带来额外的生活成本。例如,语言不同、环境不熟、因不会讨价还价有可能在东道国受到歧视等。这些都需要跨国公司为外派人员提供生活津贴。

四、补贴管理

1. 补贴的性质

从维持生活水平不变或者提高员工薪酬的基本职能角度来看,补贴与津贴一样,也是补偿性薪酬的一种重要形式。但是津贴与补贴是有区别的,尽管现实中两者的区别有时不好把握。其主要区别在于,津贴是为特殊劳动付出而提供的劳动补偿性报酬,支付对象仅与工作性质有关。换言之,只有部分从事特殊工作的员工才可以得到。而补贴多是因为受企业外部环境因素影响,或者企业经营管理方式变化导致员工收入损失而提供的一种补偿,发放范围包括全体员工。所以,津贴与工作岗位、职务和工种有关;而补贴发放与员工的生活和收入水平有关,与工作性质没有直接的关系。一种划分津贴和补贴的简单方法是,属于生产性质的称作津贴,属于生活性质的称作补贴。

2. 补贴的类别

在企业实践中,有两种类型的补贴:

(1)政策性补贴,主要是指受一些外部因素的影响,例如物价上涨、国家福利政策变动等,造成员工实际收入水平的下降而提供的补偿形式。

(2)企业补贴,主要是企业为补偿员工过去的劳动付出,维持当前的实际薪酬水平不降低,或者防止员工外流等而发放的补贴性收入。

3. 发放管理

在补贴的发放中,应该掌握两个基本的原则:

(1)使员工的现有工资水平不降低的原则。无论是政策性补贴,还是企业内部的补贴,其目的都是为了保证员工的实际薪资水平不因外在的因素而降低,因此维持原有的薪资水平是发放下限。

(2)发放的比例不易过大。对员工补贴的比例和方法目前大多数观点不倾向于比例过大,甚至有观点认为,应该把政策性补贴和企业补贴纳入基础工资,称之为"无补贴薪酬"。这样做的好处是有利于管理,而且如果与绩效工资挂钩,还可以部分浮动。其弊端在于,如果将补贴纳入基础薪酬之后,将成为企业永久性的人工成本支出,不利于享受国家的税收优惠。根据一些企业的经验,补贴转基本工资的工作可考虑结合薪资改革或薪资调整进行。

第二节 协议工资制度

一、协议工资的内涵

协议工资,也称协商工资或谈判工资,是指劳动者和企业双方,通过直接谈判或协商来确定工资支付标准,并将协商结果通过劳动合同等正式契约的形式确定下来的一种工资制度。对协议工资制度内涵的理解需要区分两个范畴:

1.协议工资制度与集体谈判工资制度

实际上,作为雇主与员工双方讨价还价的结果,任何工资形式都带有协议的因素。按照劳动经济学中关于谈判工资学说的观点,特定的工作岗位并不一定就是刚性的、单一的工资率,现实中存在着工资率变动的区间。在特定区间内,劳动力的供给方和需求方可以通过谈判确定工资水平。

集体谈判工资制度是在工会存在的情况下,当工会有效地遏制了工人之间的彼此竞争,成为劳动供给的垄断者,并力图使劳动力市场成为卖方垄断市场时,所采用的一种工资制度。而协议工资是以员工个体形式与雇主协商的工资。它相似于工会制度前的个人劳动力市场行为,但又不同于这种简单的以买卖劳动力为动机的讨价还价行为。

2.协议工资与协议工资制度

协议工资与协议工资制也是两个性质不同的概念。协议工资是参照企业外部和内部多种因素的影响之后,在许多因素的限制下,通过协商的方式来决定员工的工资水平;而协议工资制是一种制度化了的工资决定和管理方式,它可以不受劳动力市场、企业工资水平和工资等级结构的影响,直接甚至完全由雇主和员工双方协商决定。因此,协议对前者是一种手段和形式,对后者则成为决定性因素。

二、协议工资的应用范围和适用性

鉴于协议工资具有不确定性、随意性和可变性等多种特征,因此,它不是在任何场合都适用,它的使用要受到一定的限制。换言之,它只适应于以下场合:

1.一些无组织的劳动力市场。对于有组织的劳动力市场或者已经建立了企业内部劳动力市场的企业,最好不使用这种工资制度。

2. 经营中遇到特殊困难或者特殊机遇的企业。对这些企业来讲,需要利用工资机制最大限度地调动员工的积极性,特别是企业急需人员的积极性。在这种情况下,企业可以把协议工资制作为一种应急措施。

3.特殊的员工群体。最初的协议工资制一般使用在"临时员工"中,这些员工也有两种性质,一种是企业中的辅助人员,从事一些临时性、非技术性的工作,有些是小时工或非全日制工,不宜采取与正式员工统一的薪酬管理制度和管理形式,故采取协商的方式决定工资的支付。另外一种是对于企业特殊需要的员工,因为他们自身或者企业的原因,不可能纳入企业正式薪酬管理体系中,也可以采取协议工资制。例如,企业特聘技术人员、管理人员、专业咨询人员等。

从目前的发展趋势看,我国一些企业,包括国有企业开始对部分员工实施协议工资制,并收到一些成效。其主要目的是为了留住和激励一些企业需要的技术人才和管理人才。对这些企业来讲,实际上实施的是双轨制的薪酬管理体系。然而,协议工资制必须协调好两种薪酬体系的关系,否则将引发薪酬的外部竞争力与内部公平性的矛盾,并相应导致激励一部分员工积极性的同时,有可能损伤另一部分员工积极性的现象。

第三节 保密工资制度

一、保密工资的内容

保密工资制是企业出于外部竞争或者内部管理的需要而实施的对员工收入结果实行保密的一种工资制度。在一般情况下,实施保密工资制度的企业以正式制度的形式规定不准许向企业外部和企业内部公开员工的个人收入状况;员工的薪酬数量和支付形式由雇主和员工双方协商确定,一经商定,对外界保密,任何一方不得随意泄露;企业可以根据需求状况和员工的绩效表现调整员工的工资;员工也可以向雇主提出增加工资的要求,但薪酬的调整是在企业与员工之间进行,双方均没有向外界公布的权利。

二、保密工资的形式

企业对薪酬的决定和发放尽管可以采取多种加密形式,但不外两种:

1.全密型。所谓完全保密型,是指不仅对所有形式的薪酬都采取保密措施,包括基础薪酬、奖励薪酬等,而且对薪酬决定和发放的全过程也实行保密。

2.半密型。所谓半保密型,是指不是对所有的薪酬部分都保密,例如,基础薪酬是开放的,只有奖励薪酬保密,或者只对部分薪酬的决定和发放形式保密。

从目前发展趋势看,全密型的薪酬制度已不再流行,许多企业实行的是半保密薪酬制度。例如,对浮动薪酬部分,包括奖金、特殊津贴等实施保密,或者公开薪酬发放的标准、形式以及增薪比例和条件等,但对发放的对象和结果实行保密等。

三、保密工资的优势

保密工资是一种争议较大的薪酬管理制度和管理方式,持赞成态度的观点认为在管理实践中,保密工资与公开薪酬发放相比,具有一些管理特点:

1.避免员工之间在工资上相互攀比,减少因分配不均产生的矛盾,有利于维护管理的权威性。

2.雇主可以根据企业对短线工种和特殊人员的需要,及时调整人员配置,保持企业各类人员之间的合理配备。

3.引导员工不将注意力集中在对金钱的患得患失上,有利于对员工的综合激励。报酬激励的负面效应是容易把员工的生活聚焦在钱和自我上来,使"拿高薪"成为员工主要甚至是惟一的目标,这样就会大大缩小了员工的思维广度,诱导员工更加重视自我,不利于合作。

4.有利于对"明星员工"的激励。公开奖励是最有效的激励方式,但也有其不良的一面。当明星员工连续几次处于高薪位置时会出现两种情况:一是他们担心脱离原来群体,会自动降低投入,此时员工对归属的需要超过了对金钱的需要;二是优秀员工容易产生一种"自负感",把高薪作为一种荣誉和目标,可一旦失去这种优势地位,又很难接受。因此,在薪酬保密的情况下,可以缓解明星员工的压力。

四、保密工资制的主要弊端

1.劳资双方的报酬交易多是在暗中进行的,不利于监督和管理,容易发生工资纠纷。薪酬保密对组织中的人际关系、对组织成员的合作行为以及对生产效率的不良影响都是不可低估的。在秘密发放薪酬的过程中,有可能引发员工之间、员工对管理者的猜疑。与公开发放所产生的外化冲突相比,秘密发放所带来的冲突往往是隐晦的和更加棘手的。

2.降低员工对薪酬的公平感和满意度。在薪酬保密的情况下,会使员工产生不信任感、模糊心理和身处局外的感觉。因为信息的缺乏往往会助长员工高估与他处在同一层次的其他员工的报酬量;对别人的报酬量估计越高,就越不满意自己的报酬。

3.难以发现和及时纠正薪酬管理中的问题。公开发放薪酬可以减少甚至杜绝在秘密发放中可能存在的以个人好恶代替客观标准的弊端,而且如果制度本身存在缺陷,可以很快从员工的反馈中得到信息,从而做进一步的修正。而保密薪酬制度则掩盖了这些问题,为不公平现象提供一种制度上的保护。

当然,对于企业是否实行保密工资制度,也就是让不让员工知道本企业其他员工的工资收入,是企业的一种选择。如果企业的人际关系基础不好或者工作对合作的要求很高,就不太适用公开发放制度;如果企业中员工的绩效普遍不高,而且员工的努力程度相差不多,此时公开发放薪酬也不会起到它独特的激励作用。企业因为特殊的需要,高薪雇佣一些员工,或者某些员工有较高的申请工作的能力和工资谈判能力,使得这些人的工资与其他员工产生差距,并采取适当的保密措施,也是出于管理的需要。因此,为了避免因薪酬差距引起员工之间的攀比、不满、恶性竞争或紧张状态,适宜采取"秘密工资制度"是无可争议的。但在要求员工独立工作的企业,公开发放薪酬可能是一种较好的选择,因为这时需要员工发挥个人的最大潜力,有差异的政策会激发员工的热情。

从综合评价来看,公开发放更体现现代企业的管理特征。在一些企业可以采用折中的方式,例如,不公开每一个人的薪酬数额,但公开每一类人员数额的平均值;也可以通过正当的程序查询自己或别人的工资,但不能随意公布查询的结果等。总之,提倡报酬的公正性与尊重个人收入的隐秘性,都是市场经济条件下应该共同遵守的规则。

第四节 非正式员工的薪酬管理

非正式员工,也称临时性、应急性员工(Contingent Employees)或弹性劳动力(Flexible Work Force)等。随着企业管理模式的变化、劳动力市场的发展以及人力资源性质的转化，非流动性、随意性的人力资源不断扩大，日益成为劳动力市场的一支不可忽视的力量。企业从降低管理成本、防范经济衰退和适应生产周期的变化等角度，也倾向于减少正式员工的规模，扩大非正式员工的数额。与此相应，非正式员工的薪酬管理也应该纳入企业薪酬管理的系统之中。

一、非正式员工的构成及其雇佣特点

根据发达国家的经验，企业非正式员工由四部分人员组成：

1.非全日制员工（Part－time Employees）

非全日制员工也分为三类：自愿非全日制员工、非自愿的非全日制员工和工作分担者。

（1）自愿非全日制员工一般有两个确定标准：其一，出于选择一种新的工作方式、为了照顾家庭、为了个人兴趣爱好等原因而自愿地选择非全日制的工作；其二，在一定法律工作时间之下，例如美国的法律规定，每周工作在35小时以下为非全日制工作。

（2）非自愿的非全日制员工。与自愿的非全日制员工的不同之处在于，他们找不到全日制工作，只能从事非全日制工作。而且因为一些个人或社会的原因，这些人所选择的非全日制工作，往往是低技能、职业发展没有前途、缺乏福利待遇等优势的工作。

（3）工作分担者。工作分担是一种特殊的协议就业形式，它是指两个或两个以上的非全日制员工承担一个单独的全日制员工的工作。公司与工作分担者签订正式的劳动合同，明确承担者共同分担一个全日制员工所有的工作职责、工作任务以及相应的收入和福利。

2.临时员工（Temporary Employees）

临时性员工是企业经常采取的一种雇佣形式，但是目前企业雇佣临时工与传统的雇佣原因和方式有了很大的变化。以往企业的临时性员工多是一些技能层次比较低的员工，例如办公室人员等。目前，从发达国家的实践看，临时员工的层次在升高，一些有特殊技能的人员，例如编程人员、系统分析员、律师等都加入到临时员工的队伍之中。这些变化给临时员工的薪酬管理带来新的挑战。

(1)临时性员工的雇佣原因。传统的雇佣临时员工主要基于两个原因：

一是,作为固定工的临时补充。在常规的生产和经营中,一些固定工因为工作或个人原因不能上岗时,企业雇佣一些临时员工作为补充人力。

二是,为了适应工作周期的变化。一些企业的生产周期变动大,或者生产任务不规律,在业务的高峰期或者人力短缺不够时,雇佣一些临时工作人员。

此外,一些企业雇佣临时性员工还出于低雇佣成本的考虑,例如可以不提供或少提供企业福利待遇、降低法定的保险支付以及减少裁员支付等。

当前一些企业雇佣临时员工除了上述原因之外,还主要基于企业和雇员把新增加的岗位和工作作为一种试验形式,企业雇佣一些临时员工,确认该工作是否可以成为正式岗位;一些受雇佣者也愿意以临时员工的身份受雇于企业,看是否可以长久任职,许多企业都把临时性工作称作"三个月的面试"和"通向全日制工作或者新职业的入口"。

(2)临时性员工的雇佣渠道。当前企业雇佣临时性员工最主要的渠道是通过代理公司(Temporary Employment Agencies)。代理公司作为企业和临时雇员之间的中介组织,其发展方兴未艾。代理公司的主要业务除了介绍就业之外,还可以承担安置就业和就业期间的管理等任务。企业选择代理公司考虑两个原因:声誉和信誉是首要的因素,费用高低也是雇佣方所要考虑的问题。

企业通过代理公司雇佣到临时性员工之后,雇员的法定雇主就是代理公司,代理公司承担的责任包括雇员的选择和管理,如招聘、录用甚至培训等。

除了代理公司之外,企业还有两条获得临时性员工的渠道:一是,直接雇佣安置(Direct Hire Arrangement)。与正式员工一样,通过正常的招聘渠道招募临时员工,虽在雇佣条件和雇佣期限上与正式员工有所区别,但企业与临时员工签订的劳动合同的期限一般不超过1年。在雇佣期内,企业应该对临时性员工负有人力资源管理的义务与责任。

二是，待聘安置（On-call Arrangements），这种雇佣方式是可以提供临时工作的人员与公司签订雇佣协议，一旦企业对其有雇佣需求，随叫随到。在欧美一些国家，有组织的技术工人在不能长期被雇佣的情况下，往往作为待聘员工，企业也为其提供必须的管理和待遇补偿。

3.租赁员工（Leased Employees）

企业一般通过租赁公司或者就业中介机构雇佣临时性员工，企业需向租赁公司交纳一定的代理费用。租赁公司的性质与临时性工作代理是相似的，它与企业签订雇佣协议，由租赁公司而不是企业为员工提供工资和福利。通常情况下，租赁公司与临时性代理两种中介机构的区别在于，前者是提供较长时期工作的非正式工作者，后者是提供短期工作者。

4.独立签约者、自由职业者和咨询师等。这些人员一般都具有特殊的技能，并具有较高层次的技术认证资格。他们利用自己的技术特长为企业提供服务，而且往往不通过中介机构，自己同企业签订雇佣合同，公司通过项目的形式雇佣短期人员，完成项目之后，解除约定。学校、研究所也都通过这种形式雇佣一些兼职教授和研究人员。

二、非正式员工的薪酬管理

1.核心薪酬管理

非全日制员工的核心薪酬低于全日制员工。例如，美国1995年非全日制员工的平均小时工资是7.17美元，其中白领员工9.05美元，蓝领员工是7.06美元；全日制员工是13.71美元，其中白领员工是16.49美元，蓝领员工是11.74美元。两者的薪酬差异所引发的问题是：

第一，公平付薪问题。在一般情况下，非全日制员工的工作效率高，因为工作效率是随着时间延长而递减的。在全日制员工中是否公平付薪是一个易引起争端的问题，在非全日制员工中虽然也存在，但因为工作时间不固定，所以相关的法律鞭长莫及，往往引不起重视。

第二，超时劳动的支付问题。由于一些非正式员工的工作时间很难准确计算，因此，一些非正式员工的超时劳动及其支付比较困难，往往使一些员工的利益受损。

2.福利薪酬管理

一般情况下,企业不提供非全日制员工一些非法定的企业福利,但在各企业中差别非常大。在一些公共部门和大中型私营企业中,会根据情况提供非全日制员工诸如带薪休假、医疗保险、退休福利等待遇,但在小型的和不规范的私人企业中,这些福利待遇往往被忽视。

造成非正式员工薪酬福利问题的原因主要在于其特殊的雇佣关系,特别是在中介公司承担与企业签订承包雇佣合同的情况下,中介公司就成为员工法定的雇主,由公司发放员工的薪资与福利。在监督机制不完善或者员工没有自己的组织加以保护的情况下,其利益很难保障。

3.薪酬激励问题

一个更为重要的问题是,企业在对非正式员工的薪酬管理中,很难发挥现代薪酬的激励作用。企业与员工的关系具有较强的功利性,员工对企业的忠诚度也会相应弱化。

第五节 弹性工作的薪酬管理

一、弹性工作制度及其管理特征

目前,许多公司为员工提供弹性工作制度,以帮助员工处理工作与家庭需求之间的矛盾。弹性工作更适合于长期、全日制的员工,主要包括弹性工时制、压缩性工作制和通讯联系三种形式。

1.弹性工时制

所谓弹性工时制是允许员工根据自己的情况,修改特定的工作时间安排,即员工自行安排其工作和休息时间,但是在一般情况下,不允许减少工作时间。例如,员工可以安排在上午10:00至下午6:00期间工作,或者上午9:00至下午5:00期间工作,或者上午8:00至下午4:00期间工作。

弹性工时的安排一般要按企业规定的核心小时制度（Core Hours），即根据公司和部门的需要安排员工的工作时间，并在必要时进行调整。弹性工作制的优点主要有：

第一，减少缺勤率，有利于员工与外部进行联系；

第二，提高工作效率，员工可以根据需要安排工作和休息时间；

第三，减少加班成本，缩小国际间和地区间的时间差。

2.压缩工作制

压缩工作制与弹性工时制不同，前者一般是在周工作时间不变的情况下，改变工作日的工作时间分布，例如一周工作少于 5 天，每天工作 10 小时至 12 小时，甚至 24 小时；而弹性工时制是日工作时间长度不变，采用不规则的工作时间。

企业采取压缩工作制度主要是为了适合工作需要，它适用于一些需要超过日 8 小时连续的工作，例如航空、客运等。在企业中，不是单纯从工作出发，而是从员工的个人需要出发，也可以采取减少工作天数，延长工作日时间的方式，以利于缓解员工的工作与家庭生活安排之间的矛盾，同时，也可以为兼职人员和进修人员提供更多的时间和机会。

3.通讯联系

通讯联系（Telecommuting）是一种新的工作制度，它是指员工在家工作，不必每天到办公地点坐班，也可以在家和在办公室交叉工作。员工与企业及上司的工作交流主要通过一些通讯手段，如电话、传真、互联网和电子邮件等。

这种方式比较适合于不需要经常进行面对面接触和直接监督的工作。例如，会计、系统分析员、销售员、维修技师、设计人员等。这些员工可以通过一些现代通讯手段与上级和单位取得联系。

通讯联系式的工作方式具有很多优点，如企业可以减少管理费、办公室费和场地费等经常性开支；员工也可以减少交通费用、上下班时间以及缓解工作和家庭之间的矛盾等。其缺陷是不利于企业与成员之间、员工与员工之间的交流，有时工作易被一些私事干扰等。

二、弹性工作的报酬管理

弹性工作的报酬管理问题主要集中在以下几点：

1. 超时工作的薪酬支付

超时工作薪酬支付的前提是确定员工的最高工时，这在现实中很难把握，因此，在弹性工作中，必须在较长的时间单位内（一周或者几周内）计算员工的超时工作，并且相应地计算其加班报酬。

2. 弹性工作的福利管理

弹性工作的福利管理与常规工作的不同之处在于：

（1）带薪休假，包括病假、节日假和年休假问题。因为工作地点和工作时间的改变，一些常规的休假福利很难适用于弹性工作制员工。

（2）与工作条件相关的企业补充福利问题。伴随着弹性工作制和办公自动化的推行，有可能引发所谓的"与工作条件相关的福利待遇"（Working Condition Fringe Benefits）问题。这是因为弹性工作的员工需要在家中办公，企业应该提供一些必备的办公设施，例如计算机、复印机、打印机等。而雇员使用这些设备应该被认为是与工作条件相关的企业补充福利，当雇员购买这些设备的时候，税收部门也应该视其为办公设备支出处理。

参考资料

1. 刘雄、赵延：《现代工资管理学》，北京经济学院出版社，1997年。
2. 孙剑平：《薪酬管理——经济学与管理学视觉的耦合分析》，吉林人民出版社，2000年。
3. 王守志：《现代劳动经济学》，北京经济学院出版社，1997年。
4. 李新建主编：《企业雇员薪酬福利》，经济管理出版社，1999年。
5. Joseph J. Martocchio："Strategic Compensation: A Human Resource Management Approach", Prentice Hall, 1998.

思考题

1. 工作津贴和补贴的管理要点是什么？
2. 你认为协议工资制适合于哪些企业和员工群体？
3. 你是如何看待保密工资制度的？
4. 非正式员工有哪些形式？其薪酬管理的特点是什么？
5. 简述弹性工作制对企业薪酬管理的影响。

第十章

奖金与成就工资管理

本章学习要点

- 了解奖励薪酬的基本特征与主要类别。
- 了解奖金的特点,掌握奖金制度的主要内容、运作原理。
- 了解成就工资与奖金的联系与区别,成就工资与绩效评价之间的有效配合,掌握两种基本的成就工资的管理方法。

短期激励薪酬包括传统的奖金和成就工资制度,也包括近年来比较流行的绩效工资制度,以及各种形式的短期报酬激励项目。奖励薪酬或短期激励薪酬是构成浮动薪酬的主体,也是激励薪酬的基本管理形式。在管理上,具有三个基本特征:其一,按照员工对企业的实际贡献支付薪酬;其二,薪酬支付量随员工绩效变动;其三,区别于一些长期激励薪酬,短期激励薪酬一般采取直接支付现金的形式。

第一节 奖金制度及其管理

一、传统的奖励薪酬形式:奖金

奖金制度是按照员工超额劳动或者超常绩效的数量和质量支付报酬的一种薪酬管理制度。员工在创造了超过正常工作定额以外的成果之后,企业以物质形式给予补偿,其中,以货币形式给予的补偿就是奖金。与其他薪酬制度相比,奖金制度有以下特点:

1. 灵活性

奖金的发放有较大的弹性,它可以根据工作需要,灵活决定其标准、范围和奖励周期等,有针对性地激励某项工作的进行;也可以抑制某些方面的问题,有效地调节企业在生产经营中对工作数量和质量的需求。

奖金在经营管理上的一个独特作用是可以适应企业绩效周期的变化,企业在经营不十分景气时,可以通过奖金,而不是通过裁员来调节企业资源配置,降低人工成本,并可以把企业需要的人员保留下来。因此,奖金在解决企业经营中的一些紧急、难度较大的问题上,具有比基本工资更大的灵活性。

2. 激励性

任何工资形式和工资制度都具有优点,但也都存在缺陷。例如,计时工资主要是根据实际工作时间和员工的努力程度来确定劳动报酬,但难以准确反映员工超额贡献的变化;计件工资主要是从数量上反映工作成果,但难以反映员工在工作质量、原材料节约和安全生产等方面的超额贡献。这些均可以通过奖金弥补。

一般情况下,决定奖金变动的因素有两个,一是企业的经济效益;二是个人对企业效益的贡献。前者是间接的,后者是直接的。当企业经营效益好的时候,员工的总体奖金水平提高,但个人奖金不一定与总水平同步提高,因为每个人的贡献是有差异的;反之,企业经营效益不变,总体收入水平下降,但贡献大的员工的奖金收入不一定随之下降,甚至会脱离总体奖金水平而提高。因此,奖金的激励机制在于,它与员工对企业的贡献直接相联:贡献大,奖励的数额高;贡献小,奖励的数额低;没有贡献,即没有奖励。正因为奖金制度不具有基本薪酬所提供的保障功能,因此对员工的激励性强,造成的危机感和压力也大。

3.及时性

奖金虽然是对员工以往绩效的奖励,但它是一种短期激励形式,及时性或即时性是其一大特征,具有比较强的奖勤罚懒、奖优罚劣的功能。但是,即时性的缺陷是容易诱发员工绩效的短期性,有可能驱使员工为了增加个人报酬而努力工作,或者只发生与奖励相关的工作行为,不关注奖励之外的行为。在某些方面,还可能导致同事之间的恶性竞争,对企业、同事、团队造成不良影响。因此,企业不便单独实施奖金制度,只能作为基本薪酬制度的一种补充。

二、奖金管理制度

奖金管理制度是指比较固定和规范的奖金分配和运作方式,由奖金的发放种类、发放标准、发放对象、受奖范围、奖励周期等多项内容构成。

1.奖金的类别

(1)单项奖与综合奖。单项奖的设置是为了奖励员工在某一方面对企业的贡献,例如出勤奖、质量奖等。单项奖具有灵活、易管理、针对性强等特点;缺点是容易引导员工片面追求单项目标,影响企业生产和经营的全面发展。

综合奖是为了生产和工作的全面需要,将反映各种超额贡献的具体奖励指标有机地结合在一起,成为一个综合性的奖励指标体系,对员工全面考核计奖。质量、产量、劳动生产率、人工及物料消耗等指标在综合奖励体系中均被作为分指标,按相应的条件考核之后,衡量出一个综合的奖励水平。

综合奖的特点是评价全面,统一支付奖酬;缺点是计奖指标过多,容易导致重点不突出,差距偏小,刺激作用小等问题。在一般情况下,应以综合奖励为主;在特殊情况下,要发挥单项奖励的作用,并注重两者的协调与配合。

(2) 个人奖与团队奖。个人奖是根据个人的绩效颁发的奖励,团队奖是根据集体绩效颁发的奖励。传统的奖励方式比较注重个人奖励,认为有利于调动员工个人的积极性。但是现代薪资理论认为,集体绩效的提高比个人绩效对企业战略的实施意义更大,而且薪酬管理的重要性需要集体绩效的提高来反映,所以主张关注团队奖励的作用。

设计和实施一个好的奖励计划,将个人奖和团队奖的激励作用有效结合起来,是奖金管理的关键。在许多情况下,可以采取两步走的方式,第一步按照团队绩效以集体形式进行奖励,目的是提高团队成员的合作精神和集体意识;第二步,在团队内按照个人贡献奖励,以达到个人奖励与集体奖励的双重效果。

(3) 一次性奖励和定期奖励。一次性奖励是对于完成特定工作目标的个人或团队的奖励,这种奖励计划一般有两种形式,一种是预先设置工作目标,对完成或超额完成指标者进行奖励;另一种是个人或员工对企业作出了特殊的贡献,为了表彰超常绩效而设置的奖励。

定期奖励是企业为了对员工或者团队绩效进行连续激励而设置的奖励,只要完成了特定标准就可以得到。定期奖励一般采取与基础工资相对应的浮动工资形式,虽然支付数量随绩效波动,但奖项是固定和常设的。员工或团队完成了基本工作标准以上的超额部分,就可以奖励薪酬的方式获得报酬。我国许多企业设置的月奖、季奖和年度奖,都是定期奖励的形式。

2.奖励条件

奖励条件,即奖金发放的标准,一般是指特定奖项所要求的超额贡献的数量和质量标准,奖励条件的确立原则为:

(1)要与员工的超额贡献紧密结合,实行多超多奖、少超少奖、不超不奖的奖励原则。

(2)对不同性质的超额贡献采用不同的评价指标和奖励方式,准确反映各类员工所创造的超额贡献的价值。

(3)将奖励的重点放在与企业效益有关的生产环节和工作岗位,以实现提高企业生产经营效益、降低生产成本的最终目的。

(4)奖励条件做到公平合理、明确具体、便于计量。科学化、数量化和规范化的工作评估体系是奖励工作的基础。表10-1是我国企业中常用的奖励指标和奖励条件。

表10-1 奖励指标与奖励条件

部门	奖励指标	奖励条件
生产部门	产量或工作量	超出目标量部分,按比例计奖
	产品质量	合格率、优良率或不良率,超标计奖
	产品投入产出	产出量与投入量之比值,超标计奖
	原材料消耗	单位产品物耗、允许损耗,从节约值中计奖
	利润	超出生产利润指标,从超值中计奖
	劳动纪律	按违纪项目、次数扣奖
	操作规程	按违规项目、次数扣奖
	客户投诉	按投诉次数、性质、程度扣奖
	交办事项	完成时效、质量,可加奖额
	其他	工作环境、出勤率、服务满意程度等
销售部门	销售或订货	单位时间完成销售量或订货量
	贷款回收	在限期内贷款的回收率
	毛利率	产品定价与成本比率
	其他	出勤、劳动纪律等
服务部门	所属部门效率	按所属部门平均奖金一定比例计奖
	部门特定指标	如盘库误差率、维修及时率、故障率、保养费支出等
	其他	出勤、用户投诉等

资料来源:刘雄、赵延,《现代工资管理学》,北京经济学院出版社,1997年,第174页。

3.奖励项目

根据上述奖励条件可以划分以下奖励项目：

(1)刺激员工超额贡献的奖励项目,这些项目体现多超多获奖的原则,例如通过测评产品数量、产品质量、销售、利润等指标决定奖励薪酬分配。

(2)约束员工节约成本、减少消耗的奖励项目。这些项目体现为企业增收节支就可获奖,例如根据原材料消耗、劳动纪律、操作规程、客户投诉等指标决定奖励薪酬分配。

(3)体现部门性质的奖励条件和奖励指标,例如生产部门,主要以产量和质量以及原材料消耗等作为奖励条件;销售部门主要以销售量和销售收入作为奖励重点;服务部门主要以上岗情况和服务质量作为奖励依据。

这些项目独立评价,可以作为单项奖参考指标;全面考察,就是综合奖的评价指标,企业可以根据需要进行选择和组合。

4.奖励周期

计奖周期是指奖金核算、支付的时间单位。计奖周期的确定应视奖励指标的性质和工作需要选择：

(1)为持续的、有规律的生产和工作设置的产量奖、质量奖等,可采取月、季等时间单位。

(2)与经济效益和社会效益有关的奖励,可采取年终奖的形式。

(3)对紧急、临时性的贡献,则采取一次性的奖励方式。

5.奖励对象和单位

奖励对象和单位是指按不同工作特点划分的独立考核并计发奖金的部门和组织,有三种主要类型：

第一种类型:独立计奖单位。它是指计奖指标与计奖条件明确,可以进行独立工作评价的单位,例如生产车间、班组、营销单位等。

第二种类型:参照计奖单位。它是指企业中服务性、辅助性的工作部门,例如企业的后勤和维修部门等。这些单位的超额贡献难以独立计量,需要以被服务对象的绩效为基础,一般用被服务部门的加权平均奖水平作为计奖依据。

第三种类型：平均计奖单位。它是指劳动成果不能准确计量的部门，例如办公室、行政管理部门等，一般取企业的平均奖。

三、奖励基金的提取和分配

1. 奖励基金

奖励基金是指将多少收入作为企业全体员工奖金的分配基金，需要确定几种比例关系，例如与企业利润的关系，与企业各种收益的关系，与人工成本的关系，以及与员工总收入的关系等。目前，国内外较为常见的有以下几种：①

（1）按照企业利润的一定百分比提取奖金，公式为：

$$奖金总额 = 报告期利润额 \times 计奖比例$$

奖金总额应随企业利润水平和奖金发放比例波动，其中计奖比例是一个可调整的因素。

（2）按照产量、销售量计发的奖金总额，又可分为两种方式：

第一，按企业实际经营效果和实际支付的人工成本决定奖金的支付。在这种奖励方式中，将节约的人工成本以奖金的方式，支付给员工。公式为：

$$奖金总额 = 生产（或销售）总量 \times 标准人工成本费用 - 实际支付工资总额$$

第二，按企业年度产量（销售量）的超额程度计提奖金。在这种方式中，奖金随对目标产量（销售量）的超额程度等比例提取，或按累计比例提取。公式为：

$$年度奖金总额 = （年度实现销售额 - 年度目标销售额）\times 计奖比例$$

（3）按照成本节约量的一定比例提取奖金总额，主要目的是奖励员工在企业生产和经营成本节约中的贡献。公式为：

$$奖金总额 = 成本节约额 \times 规定奖金比例$$

除去上述方式，企业奖金的来源还有以下渠道：

---

① 刘雄、赵延主编：《现代工资管理学》，北京经济学院出版社，1997年，第176～177页。

第一,工资总额与经济效益挂钩的企业,可以从规定增加的效益工资总额中拨出一定比例的奖励基金。

第二,奖金与经济效益挂钩的企业,可以从企业利润中拨出一定比例的奖励基金。

第三,对某些特定的指标奖金,如原材料、燃料节约等,可以从节约成本中按比例提取,列入奖励基金。

2.奖金比例

制定奖金比例的作用有两个,一是规定奖金提取的额度;二是规定奖金分配的各种比例关系。在奖金比例的确定中,有几组比例关系需要注意:[①]

(1)奖金与标准工资的比例。基本工资和奖励工资是员工工资的两大组成部分,二者的比例一定要适当。按照一般的工资结构和工资职能原理,基本工资的比重应超过奖励工资,这种比例关系是由两者的不同性质和作用决定的:

第一,奖金是超额贡献的报酬,工资是定额劳动的报酬。在劳动定额合理的情况下,员工超额劳动只相当于定额劳动的一定比例,不会超过定额劳动。按照我国以往的经验,在制造业和生产型企业,奖金不超过薪酬总额的 30%～40% 为常见比例。如果比例过高,说明劳动定额太低,员工很容易完成工作量,造成人力资源闲置;如果比例太低,则不能发挥奖金的激励作用。

第二,与基本工资相比,奖金具有单一性的特点,因此也应考虑其在总报酬中所占的比例。基本工资是对员工劳动成果诸因素,如劳动技能、劳动熟练和繁重程度、责任程度及劳动态度的全面反映,奖金只反映员工的超额劳动情况。因此,奖金的综合特征不如基本工资。

第三,基本工资不仅反映同一企业和同一岗位的工作差别,还可以反映不同行业、企业和部门间的工作差别。如果个别企业奖金比重过大,不利于协调各企业之间的工资关系,也不利于国家对企业工资的宏观调控。

---

① 刘雄、赵延主编:《现代工资管理学》,北京经济学院出版社,1997年,第176～177页。

但就目前的企业实践而言,奖金的比例有明显上升趋势,在一些鼓励产量和劳动成果的单位,奖金比例可以超过基本工资,甚至数额是基本工资的数倍。造成这种现象的原因很多,难以用统一的标准评价是非。

(2)奖金占超额贡献的比重。奖金是员工部分但不是全部超额贡献的报酬,应考虑适当的比例。一般而言,奖金在超额贡献报酬中所占的比重,应高于基本工资所占的比重。

各企业劳动生产率不同,超额贡献的标准也会不同。劳动生产率高的,标准也高,劳动生产率低的,标准则低。为了克服企业间的差异,应以同行业平均劳动生产率和劳动定额为标准,制定一定的奖金提取系数。其具体公式为:

$$提奖系数=\frac{企业现有超额劳动水平}{同行业平均超额劳动水平}$$

这种奖金提取方式虽然可以克服不同企业间高低悬殊的情况,但在实施中难度很大。我国目前许多企业还是在本企业范围内,以纵向比较的方式提取奖金。例如,在一些工效挂钩的企业,以上年度经营情况为基准,制定本年度计划,超额部分按一定的比例提取奖励基金;再根据个人超额贡献情况,发放奖金。

(3)各类人员奖金标准比例。这主要指是一些共同创造的超额劳动成果,在集体成员中的报酬分割。从某种意义上讲,奖金相对比例比绝对额分配更影响员工的劳动情绪,而现实中,又很难制定一个准确的差额比例。在一般情况下,根据指标完成情况和工作责任两个因素确定内部奖金分配比例,即主要职务(工种)高于辅助职务(工种),繁重劳动高于轻便劳动,复杂劳动高于简单劳动。例如,第一层次的奖金是主要经营者和管理者;第二层次的奖金是主要生产者;第三层次的奖金是一般生产者和辅助人员。

3.奖金分配

当企业奖金总额和分配原则确定之后,要选择一定的方式分配到每个企业员工。对较为固定的生产奖,一般采取计分法和系数法进行分配,不固定的临时性奖项,则根据情况采取不同的分配方法。

(1)计分法。计分法是将各项奖励条件规定最高分数,有定额的员工按照超额完成情况评分;无定额人员按照任务完成情况评分;最后按照奖金总分求出每位员工奖金的分值。其计算公式为:

$$个人奖金额 = \frac{企业奖金总额}{\Sigma(个人考核得分)} \times 个人考核得分$$

简单地说,计分法就是先计算出每个超额分的单位奖金值,然后确定每个员工的分数,单位分值乘以分数即为奖金数额。

(2)系数法。系数法是在按岗位进行劳动评价的基础上,根据岗位贡献大小确定岗位得奖系数;然后根据个人完成任务情况,按系数进行分配。其计算公式为:

$$个人奖金额 = \frac{企业奖金总额}{\Sigma(岗位人数 \times 岗位系数)} \times 个人岗位计奖系数$$

例如,假设一个企业有 7 个等级的岗位,可以将中间位置岗位的奖金系数作为基准奖金系数 1,中间位置以上的岗位按照由低到高的顺序系数依次上升;中间位置以下的岗位按照由高到低的顺序系数依次下降。例如,某月该企业按照岗位奖金等级预计发放 2 万元的奖金,结果见表 10-2 所示。

表 10-2　系数奖金分配法　　　　　单位:人/元

岗位等级	人数	奖金系数	单位奖金额	岗位奖金总额
1	1	1.3	485.9	486
2	3	1.2	448.6	1346
3	8	1.1	411.2	3290
4	10	1.0	373.8	3738
5	12	0.9	336.4	4037
6	15	0.8	299.0	4485
7	10	0.7	261.7	2617

相对而言,计分法适用于业务人员和生产操作人员,系数法适用于管理人员。有的企业也将两种方法结合起来,月奖采取系数法,季度奖和年度奖金采取计分法。但是,无论哪种方法,确定客观的评价指标,避免人为因素的干扰是关键。在无考核的情况下,进行所谓的"自评"

和主管单方评定,容易出现分配不公和平均分配现象,应当避免。此外,还应注意奖金是与基本工资性质不同的劳动报酬,要充分发挥它的激励作用,就要避免奖金分配中的平均主义倾向,在分配方式和分配比例上,一定要体现三个倾斜:其一,向绩效倾斜;其二,向核心员工倾斜;其三,向企业短线和关键岗位倾斜。

第二节 成就工资制度

一、成就工资的性质与特征

成就工资也称功劳工资,属于奖励薪酬,但是与传统的奖金制度不同,它是当员工的工作非常有成效,为企业作出了突出贡献以后,企业以增加基本工资的形式付给员工物质报酬的一种薪酬管理制度。

认识成就工资的性质与作用,需要区别成就工资与奖金的特点。两者的相同之处在于它们都是一种贡献和成就工资,与员工的努力和成就紧密相联;不同之处在于,成就工资是对员工以往较长一段时间内所取得的成就的一种"追认",而奖金是与员工现实的表现联在一起的。因此成就工资表现为增加基本工资,一旦增加部分纳入基本工资之中,就具有了固定和永久的性质,在一般情况下,只要员工不离开企业,就不会消失。而奖金的支付是一次性的,直接随着员工的绩效、企业的短期经营效益而波动的。就短期激励效应而言,奖金大于成就工资,但就长期激励而言,成就工资又大于奖金。因此成就工资有两个特点,一是对员工以往较长时间获得成就的"追认";二是这种"追认"以增加基本工资的方式体现,是永久性的。

二、成就工资的作用

成就工资是绩效工资的早期形式,它的主要作用是确定一种员工薪酬增长的机制,根据员工以往的绩效来决定是否增加工资,增加多大

幅度。与传统的普遍增资的做法相比,成就工资具有以下特点:

1.对员工有长期的激励作用,同时不会给员工和企业带来风险。

2.具有稳定绩效优秀员工的作用,促进员工对企业的忠诚度。

3.对绩效不突出或不佳者,有一定的"自我筛选"作用。

三、成就工资的管理

成就工资在实施中应注意两个方面,一是绩效等级必须与企业的绩效考核制度相结合;二是采取有差异的增资机制,根据员工的绩效等级确定成就工资增长幅度。下面介绍两种将绩效和成就工资结合起来的方法。

1.直接基准法

直接基准法如表10-3所示。

表10-3 运用绩效基准法确定成就工资

绩效(评分)等级	成就工资增长(%)
5	8~10
4	5~7
3	2~4
2	不增
1	不增

经过绩效考评之后,企业评出了1~5个绩效等级,对不同绩效等级的员工,分别施以不同的薪资增长政策。其中,1级和2级薪资不增加,因为没有被企业认可的突出成就或者"功劳";3级~5级,按照绩效"论功行赏",体现了"大功大奖、小功小奖"的原则。

2.绩效奖励方格图法

绩效奖励方格图是考虑了不同薪资层级员工的绩效与增资之间的比例关系,对薪资水平越低的员工,实施激励力度越大的管理机制。如表10-4所示。

表 10-4 绩效奖励方格图

薪酬等级		绩效等级				
		1等	2等	3等	4等	5等
月工资	$Q_1 \begin{cases} 6000 \\ 5500 \\ 5000 \end{cases}$	7%	5%	3%	0%	0%
	$Q_2 \begin{cases} 4500 \\ 4000 \\ 3500 \end{cases}$	9%	7%	6%	2%	0%
	$Q_3 \begin{cases} 3000 \\ 2500 \\ 2000 \end{cases}$	12%	10%	8%	4%	0%

根据表 10-4,可将员工的薪资分为三个等级层次,即 Q_1、Q_2、Q_3,第一个等级的薪资水平低,相应地,不同绩效等级的增资幅度高于其他两个薪资等级。这种方法的主要优点是缩小与市场工资率的距离,提高企业薪酬的外部竞争力。

四、成就工资制度的缺陷与转化

1.成就工资制度的缺陷

成就工资制度有一些较为明显的缺陷,在实施中需要注意防范:

(1)一些绩效考核制度如果给予考核者过高的操纵性,就会导致绩效评价的不客观,会有失公平,打击员工的积极性。

(2)如果绩效等级与成就工资增长比例确定的不科学或不公平,也会降低员工的努力程度。

(3)如果薪资增加的幅度和比例过小,不足以激励员工的绩效。

(4)成就工资的变动一般需要 1~2 年左右的时间,从而导致员工的绩效与增资的间隔时间过长,有可能导致激励效益随时间延长而递减。

(5)随着成就工资的使用,基本工资累计的增加,工资成本越来越大。

(6)成就工资更多导致的是竞争行为,而不是合作行为,在需要合作的岗位上,注意成就工资的负面作用。

2.成就工资制度的转化

正因为成就工资有上述弊端,从20世纪80年代初开始,一些企业开始对传统的成就工资实行变革。其变革的途径有两条:一条是将成就工资转为成就奖金(Merit Pay to Merit Bonus);另一条是推行绩效工资制度。前者是对绩效优秀者的奖励形式短期化,后者是改变基本薪酬的支付基础。将成就工资转变为短期激励项目对雇主的最大好处是节约了人工成本。如表10-5所示。

表10-5 成就工资与奖金的成本比较

单位:美元

	增长比例 %	工资成本增加值		工资总成本		
		成就工资	奖金	成就工资	奖金	差额
1992	3	1050	1050	36050	36050	—
1993	5	2853	1750	37853	36750	1103
1994	4	4367	1400	39367	36400	2967
1995	7	7122	2450	42122	37450	4672
1996	6	9649	2100	44649	37100	7549
1997	5	11881	1750	46881	36750	10131
1998	3	13287	1050	48287	36050	12237
1999	6	16185	2100	51185	37100	14085
2000	8	20279	2800	55279	37800	17479
2001	7	24248	2450	59148	37450	21698
累计		110821	18900	460821	368900	91921

资料来源:Joseph J. Martocchio, "Strategic Compensation: A Human Resource Management Approach", Prentice Hall, 1998, P106.

从表10-5的数据可以看出,在同样的增长比例下,如果实行成就工资,10年间一个员工的工资成本的增加值为110820美元;而如果实行奖金制度的话,工资成本的增量部分仅为18900美元,差额为91921美元;对员工而言,10年累计工资数额相差19.95%。显然,工资成本的降低是推动企业将成就工资转为短期报酬激励项目的最大动力。

参考资料

1. 刘雄、赵延:《现代工资管理学》,北京经济学院出版社,1997年。
2. Joseph J. Martocchio, "Strategic Compensation: A Human Resource Management Approach", Prentice Hall, 1998。
3. 吴志华:《现代人力资源管理》,中国纺织出版社,1996年。
4. 康士勇、林玳玳:《工资理论与管理实务》,中国经济出版社,1998年。
5. 罗锐韧、曾繁正:《人力资源管理》,红旗出版社,1998年。
6. 李新建主编:《企业雇员薪酬福利》,经济管理出版社,1999年。

思考题

1. 奖金制度有哪些主要特点?
2. 如何按照计分法和系数法计算奖金数额?
3. 成就工资的主要特点和缺陷是什么?

第十一章

绩效薪酬与激励薪酬管理

本章学习要点

- 了解绩效薪酬的产生背景与运作机理。
- 了解团队激励薪酬设计原理,比较斯坎伦计划和鲁克计划的特点。
- 掌握激励薪酬管理方案的设计要点:个体与团队报酬激励方案的选择、激励薪酬在总薪酬中的比重、绩效考核指标与激励薪酬方案的协调等。

第一节 绩效薪酬

一、绩效薪酬概述

1.绩效薪酬的演变

绩效薪酬是近年来西方比较流行的一种员工薪酬管理计划,被称为"与绩效相关的收入",或简称"绩效报酬"、"绩效工资方案"(Pay-For-Performance,PFP方案)等。PFP方案是企业激励计划(Incentive Plans)的一个组成部分。从性质上讲,绩效薪酬方案既是企业的一项薪酬管理制度,也是企业设计的薪酬激励项目。

科学管理理论与激励理论是绩效薪酬的两大理论基础。素有"企业管理之父"之称的泰勒,已经提出金钱是对员工的主要刺激因素。他认为员工作为一个追求个人利益最大化的"经济人",会为收入最大化而竞争和挑战。为了经营和产出的最大化,他主张从组织的角度建立一种报酬体系,使员工的收入随个人产出的不同而有所差异。因此,他建议通过组织和文化氛围,利用收入机制激励员工为企业多做贡献。这些思想是早期绩效报酬管理的理论基础。

而后,随着行为科学引入企业薪酬管理实践,激励理论引起关注。企业人力资源管理进入科学化、系统化、目标化的发展阶段,特别是受人本主义思想的影响,强调员工对企业的贡献,员工与雇主的协同合作,对员工的行为管理和内在激励等新的管理思想成为企业人力资源管理的主线。

短期激励薪酬制度是一个发展演进的过程,最初始的形式是计件工资,而后是奖金和成就工资等,它们都是绩效薪酬的前身。但是一些观察和研究表明,个体激励薪酬形式,例如计件工资,虽然对个体绩效有一定的刺激作用,但难以进行质量和责任方面的监督,与以团队为基础的管理也不太吻合,故计件工资目前对一些企业来讲,已逐渐过时。

奖金在性质上虽然非常灵活,但难以纳入系统的管理,与组织的战略和绩效的关联度小,有时甚至会破坏团队业绩,助长成员间的恶性竞争。成就工资的弊端也是比较明显的,它不仅加大企业成本,对员工预期绩效的激励效应也小,因此,在上述短期激励薪酬的基础上,近年来推出了绩效薪酬方案。

与其他激励薪酬相比,绩效薪酬的不同之处在于,它不是简单地将收入与产品的数量挂钩,而是通过一整套管理制度,将员工的绩效管理与薪酬管理有机地结合起来。绩效薪酬设计不仅仅是为了降低生产成本,获取收益最大化,而是把员工作为企业的合作者,依据员工为企业作出的贡献大小和绩效状况而支付报酬。

绩效薪酬方案是一套有机的管理体系。首先,绩效是一个综合的指标,它不仅包括员工生产的产品数量和质量,还包括员工的其他贡献。换言之,绩效指标是可以根据企业对员工的绩效期望而设立的绩效指标体系。其次,企业根据员工的贡献也可设计多种绩效回报形式,例如基本薪酬的增长、浮动薪酬、货币薪酬、非货币薪酬、短期激励、长期激励等,都可以包括在绩效薪酬计划之中。最后,绩效方案的设计一定要与企业的需要,特别是企业战略和薪资政策保持一致,有组织、有目的进行统筹计划和实施。

二、绩效薪酬类型

在实施中,基于不同的激励对象和激励目标,主要有以下几种绩效薪酬类型:

1.个体激励型(Individual Incentive Pay)。基于不同的群体可分为员工激励、技术人员激励和经营者激励等不同类别,主要是基于个人对企业的特殊贡献而采取的不同激励形式,例如发放红利、奖金或者赠予股票期权等。

2.团队激励型(Team Incentive Pay)。它是基于团队对企业的特殊贡献发放奖金和其他奖励形式,主要采取的方式是收益分享(Gain Sharing)。

3.员工对企业的特殊贡献,例如员工对企业经营而提出的合理化建议,重大的技术和管理创新贡献等,为此而采取的一次性嘉奖。

从形式上看,这些奖励项目似乎与企业奖金形式没有太大区别,但是如果把它们作为一项管理计划和项目实施,就有了与一般奖金所不同的内涵。

PFP方案比较适合于各项成本支出单独计算,员工的工作绩效与工作数量之间有直接的联系,工作程序标准,运行有规律,很少出现窝工现象,容易控制工作质量,以及能够准确计算劳动消耗的工作。

绩效薪酬制度的实施需要一些外部条件,例如一个良好的企业文化氛围,较为和谐的劳资关系,企业政策的支持以及员工的积极参与等。在计划实施过程中,一定要让员工了解计划的目标、意义和评定标准,尽可能得到员工的理解和支持,并注意将计划的重点放在对员工超额绩效的激励上,而不是通过扣减员工的基本薪酬,来达到降低生产成本的目的。总之,唤起员工的参与、竞争和自我管理意识是PFP计划的宗旨。

三、绩效薪酬方案设计

绩效薪酬的确定取决于两个基本因素:一是绩效评定等级,体现高绩效高薪酬,低绩效低薪酬;二是个人在工资浮动范围中的位置,即个人的实际工资与市场工资之间的比率。

下面介绍一种将员工的绩效与报酬激励结合起来的简单易行的管理方式:计分卡制度。其基本做法是:

1.确定绩效等级

在绩效等级的确定过程中,一般需要以下步骤:

(1)企业制定一个绩效激励计划,根据企业的经营目标设定员工激励目标和激励重点;

(2)将绩效激励目标分解为不同的绩效评定项目和评定指标,指标的选择重在精而不是多,即选择核心绩效指标(KPI, Key Performance Index);

(3)确定每个评选项目和指标的权重和分值;

(4)由评定者对员工绩效进行评价;

(5)将各指标分值加总、比较,得出每个员工的相应评定等级;

(6)根据项目目标,修正评定结果,建立企业绩效等级分布结构。

2.绩效薪酬确定方法

在绩效薪酬的设计中,一般需以下步骤:

(1)以原有工资为基础;

(2)确定报酬机会板,将绩效等级或分值转换为绩效奖励薪酬比例;

(3)将实际的绩效奖金比例乘以原有工资数额,确定实际的奖酬金额。

3.计分板方式

计分板方式是一种简便易行的绩效薪酬管理方式。其操作步骤以美国某银行对某一特定员工的绩效薪酬评定为例,如表11-1所示。

(1)确定5个核心绩效考核指标。

表11-1 核心绩效指标评价表

核心绩效指标	权重%	最差		预算计划			目标			优秀	得分
		50	60	70	80	90	100	110	120	130	140	
客户满意度	10						√					10
家庭服务次数	15				√							12
存款额增长率	15								√			18
工作效率	30							√				33
初始投入回报	30									√		39
总计												112

资料来源:〔美〕托马斯·B.威尔逊著,刘红斌等译,《薪酬框架:美国39家第一流企业的薪酬驱动战略和秘密武器》,华夏出版社,2001年,第71页。

在表 11-1 中,有几个关键项目:首先,区分评分标准和相应的绩效标准,50 分以下为最差,70 分达到预算计划,100 分为达标绩效,优秀为 140 分;其次,对该社区银行的业务人员来说,表中的 5 个指标为关键指标;最后,每个指标配置相应的权数以及得分。

(2)建立报酬奖励机会板,按照绩效评价的分值确定报酬增长的机会,如表 11-2 所示。

表 11-2　报酬奖励机会板

分数	奖励机会(%)
0～69	0
70～79	2
80～89	3
90～99	4
100～109	5
110～119	6
120～129	7
130～139	9
140＋	12
总计	100

资料来源:同表 11-1。

(3)根据绩效得分,找出对应的增资机会率或确定新的绩效薪酬。案例中该名员工的总分数为 112 分,对照报酬机会板,其当期的绩效工资或奖金的增长幅度是 6%。

四、绩效薪酬管理要点

绩效薪酬的实质是通过调节绩优与绩劣员工的收入,对员工的心理——行为进行相互调控,以刺激员工行为,从而达到发挥其潜力的目的。由于影响绩效薪酬的因素很多,因而在使用过程中特别是在"技术面"上有许多操作困难:

1.绩效薪酬可能对雇员产生负面影响。有时候,绩效薪酬的使用会影响"暂时性"绩劣员工的情绪,甚至会将其淘汰,而这种淘汰会引发企业管理成本的大幅上扬。

2.绩效薪酬的效果受外界诸多因素制约。这些因素难以事先预料,却易给员工绩效带来不良的影响。

3.绩效薪酬的评判标准往往很难达到双方的认可。绩效评估和绩效薪酬的指标必须共同认可,但现实中并非容易。假如未被员工认可,绩效薪酬就不能起到奖优惩劣的作用。

4.出现刺激高绩效员工与实际收入背离现象。事实上,目前真正能达到"重赏勇夫"的具体方案实在太少;如果不能达到效果,则打击绩优者;而实施激励机制,又会孤立绩优者。

5.社会及竞争对手的影响。当一家企业辛辛苦苦构筑起企业内部绩效薪酬时,很有可能一夜间就被竞争对手的"反击竞争策略"所击垮,比如在对手更优惠的条件前,企业为留住员工只能作出让步。

因此,有关专家提出,完善绩效薪酬必须做到以下几点:

第一,有精确测量业绩的方法和手段;

第二,有充足的理由,证明所采取的绩效薪酬方案将对员工产生举足轻重的影响;

第三,所用方法可以清晰地表述绩效与薪酬之间的函数关系;

第四,对绩优员工能够提供其他改善和晋升的机会。

第二节 短期个体报酬激励项目管理

短期报酬激励管理主要是针对企业的普通员工和市场人员而设计的激励项目。它通常有三种激励计划:对操作性员工的激励计划、对专业技术人员的激励计划以及对管理人员的激励计划。

一、对操作人员的报酬激励

对实行计件工资的操作性员工的激励方式是,在工作评估的基础上,将工作分为两部分,一部分为基本定额和满足基本收入部分;另一部分为超额和奖励收入部分,两部分的工资率不同,前者低于后者。例如,每个产品支付的报酬是 0.4 元,工人生产 100 个以上的产品,可获得 40 元的收入,生产 200 个产品以后,工资率为 0.8 元,就可以再获得 80 元的收入,两者的工资率差距为 1:2。

对实行计时工资的操作员工来说,主要激励措施是付给工人基本小时工资,然后随工作时间超额的比例支付超额收入。具体方法是通过工作评估计算出每标准小时的产品数量,将超出部分折算成相应时间,累计支付超出时间的收入。

对一些需要集体完成的工作,制定集体激励计划。计划的特点是要以集体的形式进行工作评估,但是以每个成员为基础设计激励计划。该计划的实施难度是一些工作很难辨别个人在其中的贡献,难以确定准确的个人奖励标准。处理中有不同的原则,例如,有的企业强调集体意识,树立不突出嘉奖个体的意识,但有的企业则主张尽可能体现有差别的奖励。

二、对专业技术人员的报酬激励

专业技术人员包括在企业工作的工程师、律师、医生、研究人员和专业咨询人员等,他们的收入涉及许多特殊的因素。按照通常的观点,似乎这些人不需要特殊的工作激励,因为他们不太看中金钱的作用,更重视工作的技术价值以及被同行的认可,而且其收入水平在企业也属于中高水平,所以为这些人员设立专项短期激励似乎意义不大。但是事实说明,物质性收入对知识员工也具有很高的价值,只不过意义更加多样化了。因此,许多企业也非常重视对专业技术人员的报酬刺激。根据 1985 年对美国高技术企业的一项调查显示,有 83% 的企业对特殊贡献者实施现金奖励计划,奖励幅度从 5 000 美元到 30 000 美元不等,最高达到 50 000 美元;26% 的企业实行非货币奖励计划,包括奖励汽车、旅游、研究基金、休假等;还有将近一半的企业实施股票期权计划。[①]

多数的观点认为,纯粹性的现金短期激励对专业技术人员的效率是有

---

① Gray Dessler:"Human Resource Management",Prentice Hall International Inc., 1997,P471。

限的,从企业薪酬管理的趋势看,主要报酬激励手段还是以长期、非货币形式和综合激励模式为好。因为对技术性人才而言,他们的贡献往往需要较长时间才能体现出来,而且其忠诚度直接影响工作的努力程度。企业应该以吸引和留住他们为主要目的,而不只看中一时的行为刺激。

三、对管理人员的报酬激励

由于企业管理者,特别是高层经理人对企业的特殊作用,对他们应设计特殊的激励措施。据美国一项调查显示,90%的大公司实行管理人员和总经理奖励制度。另一项调查显示,70%的小企业也有类似的计划。其中有50%的美国公司对经营者实行长期奖励(赠股权)。[①] 在对经营者的激励计划中,短期的激励形式是年度奖金(Annual Bonus),主要是为了刺激现有资产的有效利用,奖励条件主要是企业的总体效益指标。从发展趋势看,尽管年度奖金的数量占各层次管理人员收入的比例不等,一般占年薪的30%~50%左右,但在对经营者的报酬激励中,最具有代表性的是长期激励手段,如股票期权(金手铐)、离职风险保障金(金降落伞)等。

第三节 增益分享与短期团队报酬激励方案

一、增益分享方案

增益分享,也称收益分享(Gain Sharing),是企业与雇员、团队分享生产率收益的一种手段。其基本含义是企业与一个生产经营部门,或者员工群体事先设定一个目标,如果一个团队节约了生产成本或者人工成本,就将节约的部分按照事先规定的额度在团队中进行分配;如

---

① Gray Dessler:"Human Resource Management", Prentice Hall International Inc.,1997, P474。

果超过既定的赢利目标,就将部分收益归团体所有。

增益分享方案有两个突出的优点:一是有利于增强员工的团队意识和集体意识;二是在一定程度上抑制了员工之间的恶性竞争。增益分享的主要缺点是无法有效避免团队中的搭便车行为,有可能造成有价值员工的流失。因为一些能力强、努力度高的员工不能容忍能力弱和努力度低的员工的行为,特别是在内部报酬分配不公的情况下。

增益分享一般以奖励薪酬方案的形式实施,比较适合在班组、小团体,以及从事间接服务的团队中推行,在这些组织形式中,员工的个人绩效不容易单独观察,只能考察集体绩效。

增益分享方案是一个整体的、有计划的管理过程,它的有效实施必须有企业经营者和员工素质、企业文化等各方面的支持。增益分享方案更适合于具备以下条件的企业:

1. 规模小的部门和单位,以小团队(Small Team)的形式比较好;
2. 企业的财务状况良好,企业中没有大的资本投资计划;
3. 企业产品的市场需求旺盛,企业的产品具有稳定性;
4. 企业生产的季节性波动不强;
5. 员工能够控制产品的生产成本;
6. 企业中不盛行加班加点;
7. 生产部门的管理人员能力强,可以有效实施收益分享计划;
8. 员工在本企业的工龄较长,绩效标准可以根据以往情况估计,技术水平较高;
9. 员工的参与意识较强,企业有一种开放和高度信任的气氛;
10. 可以得到高层领导的支持,管理者能够信任员工并与之有效沟通。

二、斯坎伦计划

提及增益分享方案,都会追溯到20世纪初的斯坎伦计划。

1.起源与思路

增益分享计划最初由约瑟夫·斯坎伦(Joseph Scanlon)设计。斯坎伦是美国俄亥俄州帝国钢铁厂的工会主席。20世纪30年代他提出了一个劳资合作计划,其要点是如果能够使大萧条时期倒闭的工厂重新开工,工会就同意与公司一起组成生产委员会,努力降低生产成本。最初的斯坎伦计划没有包括薪酬因素,后来演变为专项激励薪酬方案。

作为最初的团队薪酬激励方案,斯坎伦计划实施的意义在于强调参与式的管理模式,将员工和企业之间的关系建立在合作的基础上,同时为现代企业的奖金分配和增益分享制度奠定了理论基础和运作思路。具体为:

(1)强调通过团队工作降低人工成本,提倡员工配合企业的生产管理。

(2)组成有员工参与的两个委员会:一个是生产委员会,由管理人员和员工代表参加,任务是鼓励员工提合理化建议,如果建议被实施,就给予奖励;另一个是审查委员会,任务是加强管理者和员工之间的沟通,监督公司的绩效等。

(3)提出了一个增益分享公式,即斯坎伦比:

$$斯坎伦比 = \frac{人工成本}{产品销售价值(销售收益和盘存货品的价值之和)}$$

例如,某公司每年劳动力的成本是4400万美元,同期,产品销售是8300万美元(其中,销售收益650万美元,盘存价值180万美元),则斯坎伦比为0.53。

实际上,斯坎伦比提供的是一个增益分配基线,如果员工经过努力,使劳动力成本与销售产品价值之比低于这个比例,就会分享增益。

2.运作步骤

一个典型的斯坎伦计划,需要6个实施步骤:

第一步:确定收益增加的来源,劳动成本的节约表示生产率的提高,次品率的降低表示产品质量的提高和生产材料成本的节约等;

第二步:将各种收益增加额相加得到增益总额;

第三步:收益提留或弥补上期亏空,提留比例一般是现期增益的1/4左右;

第四步:确定员工利润分享的比重,根据比重计算员工增益分享总额;

第五步:计算分享收益系数,为员工分配的增益总额与员工当期工资总额之比;

第六步:用分享收益系数乘以各员工的工资,所得结果为该员工分享收益数额。

表 11-3 是根据斯坎伦原则制定的收益分享方案。其基本指标是,如果工厂的劳动力成本占产品的销售额的比率低于某一特定的标准,员工(或小组)将获得货币奖励。

表 11-3 斯坎伦计划应用示例

单位:美元

1	销售额	1100000
2	减:销售退回、补贴、折扣	-25000
3	净销售额	1075000
4	加:库存增加(根据成本价或销售价)	+125000
5	产品价值	1200000
6	允许的工资成本(产品价值的 20%)	240000
7	实际工资成本	210000
8	奖金总额	30000
9	公司分享份额(按 50% 分享)	15000
10	成本节约	15000
11	为赤字月份留存(比例为 1/4)	3750
12	雇员分享	11250

资料来源:Joseph J. Martocchio, "Strategic Compensation: A Human Resource Management Approach", Prentice Hall, 1998, Pp118~119.

根据表 11-3 所示,按照劳资双方的契约规定,如果工资成本占产品销售额的比率低于某一特定标准,员工将获得货币奖励。本案例中,标准工资成本为 24 万美元,实际工资成本是 21 万美元,节约 3 万美元。增益分享计划的分配比例为,企业和员工团体各获得 50% 的增加收益,扣除留存后,实际员工获得 3/4 的增加收益,即 11250 美元。

三、鲁克计划(Rucker Plan)

鲁克计划是 20 世纪年 30 年代在斯坎伦计划的基础上修订而成

的,该计划与斯坎伦计划性质相同,也强调通过物质报酬激励员工参与企业的生产和管理,但与斯坎伦计划的主要区别在于它不是激励员工节约成本,而是激励生产率的提高。

在鲁克计划中使用了一个附加值公式(Value-added Formula)测量生产率,该公式也被称作鲁克比。鲁克比的特点是考虑了产品的附加值,可以一个简单的从谷物生产到面包销售的例子说明:

一个农民种了谷物卖给了磨房主;磨房主从农民处买了谷物,又把它卖给了面包师;面包师制作成面包又通过零售商将面包卖给了消费者,在转手的每一个阶段产品都得到了附加价值,这样就构成了一个价值增值的链。

$$鲁克比 = \frac{销售额-(原材料成本+供应成本+服务成本等)}{预计全员人工成本(工资、薪水、收入税、福利支出等)}$$

假设一个制造厂前一经营期的销售额是750万元,减去材料成本320万元,杂项支付25万元,税收等其他费用22.5万元,则附加值为382.5万元。

$$382.5万 = 750万 - (25万 + 25万 + 22.5万)$$

式中,总人工成本为240万元,包括临时雇佣工人工资、固定工人工资以及收入税等。

以前一期的经营状况计算的鲁克比为标准比,即作为当期增益分享的标准是:

$$标准鲁克比:1.59 = 382万/240万$$

当期,以月为核算单位,则实际附加值为67万元,人工成本62.5万元,则实际鲁克比为1.07。因此,按照标准鲁克比为1.59计算,当期只有在高于这个比例的前提下方可得到利益分享,即应超过106.53万。

$$106.53万 = 1.59 \times 67万$$

对比两个鲁克比,可以计算出实际收益与目标收益之间的差距:

$$34.84万 = 106.53万 - (67万 \times 1.07)$$

显然,当期该团队的实际收益额与预先确定的标准相差 34.84 万元,不能获得增益分享。

四、其他形式的团队激励薪酬

目前在企业管理中,对团队建设和成员激励问题日益受到关注,相应地,团队薪酬设计与管理也是现代企业薪酬管理中一个十分热门的领域。团队根据组织形式和任务目标,一般有三种形式:平行团队、流程团队和项目团队。每种团队都具有一定的特点,也需要采取与之匹配的薪酬方案。

1.平行团队的薪酬支付

平行团队通常是为解决某一特殊的问题或承担一项特定的任务而组建的。这种团队可以是暂时性的,也可以是长期的,但成员基本上是"兼职"的。这些兼职人员除了特殊需要之外,往往会将大部分时间、精力投入常规的、正式的工作中,而不是临时团队中。对平行团队,一般不主张实行标准的、长期的激励薪酬形式,可实行一次性认可的货币奖励或者一些非货币性奖励。

2.流程团队的薪酬支付

流程团队是通过其成员的共同合作来承担某项工作或某个工作流程,一般具有"全职性"和"长期性"的特点。流程团队成员接受过正规训练,工作能力相当或技能互补,工作目标明确。对流程团队的薪酬支付有别于平行团队,应该先支付基本工资,但支付的等级不应过细,标准不应差距过大,可以兼顾市场工资率和工作评价结果;同时,适当的增薪、认可的绩效奖励薪酬等形式都是绝对必要的。

3.项目团队的薪酬支付

项目团队是为了开发一种新的产品或服务而组成的一个工作团队。项目团队成员来源不同,等级、能力、专长有所不同,在项目期内,要求"全职"工作。根据这些特点,在支付项目团队成员的报酬时,可以考虑根据任务、职责和能力区分不同的基本薪酬等级和增薪幅度。支付绩效薪酬时可采用两种办法:如果为了强化合作意识,奖励薪酬参照基本薪酬的等级按比例支付;如果为了强化竞争意识,按照成员个人的贡献大小支付。但后者管理的难度相对前者要大。

此外,对项目团队的薪酬支付还要考虑项目期的特点。例如,在初创期,慎用具有过于刺激性的报酬,以免影响合作;震荡期,可适当加大激励力度,以稳定中坚力量;稳定期,可采用规范的、标准的薪酬方案。

第四节 激励薪酬方案设计讨论

一、激励薪酬设计中的主要问题及其考虑因素

在现实的企业薪酬管理中,薪酬设计者和管理者在策划一个激励薪酬方案时,经常面临着多种选择,在决策时,至少应该考虑5个因素:

1. 激励计划是以个体的形式进行,还是以集体的形式进行。
2. 员工可能承受的风险程度和水平有多高。
3. 激励薪酬是否可以完全取代传统的薪酬制度,亦或只是对其进行补充和完善。
4. 绩效薪酬如何与绩效考核及绩效管理有机地结合起来。
5. 针对不同的企业或者群体,是应用长期激励薪酬,还是短期激励薪酬,亦或两者的结合。

上述5个问题可以归结为3个方面:团队报酬激励方案与个体报酬激励方案的选择、浮动薪酬在总薪酬中的比例确定和报酬激励方案与绩效评估的协调。

二、团队报酬激励方案与个体报酬激励方案的选择

各种管理方案的设计都应该适合于组织的结构特征,团队报酬激励方案适合于一些相互依赖性较强,而个人的贡献又很难单独测量的工作,在这种情况下,组织最需要的是合作,而不是竞争。公司应该借助薪酬机制激励团队行为,以实现部门或者单位目标,并且有效地约束一些偏离集体目标的行为。相应地,个体激励项目适合于一些相互独

立,而不是相互依赖的工作,方案的重点是一些个体行为目标的激励,例如成本控制、产量或销售额的增长等。

任何团队激励项目最终都要落实在个体绩效行为的激励上,但是因为直接激励的对象和目标不同,管理方式也应有所区别。在团队激励项目中,应该注意将个体目标置于集体目标的管理和控制之下,例如,一些产品的销售工作可以有效地测量销售者的个人贡献;而一些诸如计算机软件和网络的开发,则适合以团队而不是个体的形式进行市场开发,因为它需要整体专业技术力量的支持。

三、激励薪酬在总薪酬中的比例

在报酬激励方案的设计中,应该考虑员工可能承受的风险程度,具体为激励薪酬是否可以完全、部分或者在一定的比例上取代基本和固定的薪酬。显然,风险程度是随着激励薪酬在总薪酬中所占比例的增大而上升;浮动薪酬在总薪酬中的比例不断上升也是一个总体趋势。但是应该综合考虑本企业的状况和员工可承受的报酬风险程度两个因素。

第一,因企业绩效水平而异。如果企业绩效水平较高,激励比例相对低一些;如果绩效水平不高,就应该高一些。

第二,因企业性质而异。一般而言,一些外部环境、生产经营状况相对稳定,对特殊人才没有强烈需求的企业,也需要员工的相对稳定,因此,加大固定薪酬的比例,缩小内部薪酬水平的差异有利于促进稳定,减少波动;一个成长迅速,对高层次人才需求强烈的企业,加大浮动薪酬的比例,制造内部和外部薪酬水平的差异,有利于对员工绩效的激励。

第三,因企业总体薪酬水平而异。风险指标不能太高,也不要太低,高了实现不了,低了目标很容易实现,也失去了应有的意义。如果企业薪酬的总体水平较高,风险薪酬可适当高些;如果水平较低,则比例不易过高。否则,员工就会产生不安全感,对完成指标失去信心。

第四,因岗位和工作性质而异。一些需要激励个体绩效的工作,浮动薪酬的比例应该高一些;一些需要激励合作的工作,浮动比例可低一些。例如，内部经理应该比销售经理风险薪酬的比例小；高层管理者可以比一般管理人员比例高，以此激励这些人员承担更大的风险。

第五，因员工层次而异。在企业的薪酬结构中，风险薪酬的比重应该随层级的升高而上升，例如，薪酬水平高的员工，风险薪酬比例可以比薪酬水平低的员工要高一些。

四、绩效考核指标与激励薪酬方案的协调

激励薪酬的设计必须与绩效考核管理密切配合。从人力资源管理流程来说，激励薪酬是绩效考核的下游管理环节，没有一个公正、科学的绩效考核系统，激励薪酬方案也不可能得到有效的实施。

与报酬相关的绩效考核系统在设计与实施中应该关注以下问题：

1.关键绩效指标的确定。为了突出评估效率，降低评估成本，不必将所有的岗位职责和工作标准都作为考核内容，可以确定一些关键绩效指标或有代表性的指标。在确定关键绩效指标时，可以采取通用的图表选择法或比较选择法。首先，将可以描述某类人员绩效特征的指标排列出来；然后，区分为非评估不可、非常需要评估、需要评估、需要评估程度很低、几乎不需要评估等几个类别，加以分析研究；最后，确定一些主要的、关键的评估指标。

例如，对推销员的绩效行为评估可以列出：出勤率、销售额、销售额增长率、遵守秩序、采取可行的工作推进方式、销售额及其增长率、销售费用、不良债权比例、对客户及顾客是否礼貌、能否从公司全局出发等10个指标，根据指标的效度比较，认定后5个指标是关键绩效指标。这5个指标的评价结果就可以作为激励薪酬的确定标准。

2.不同层次绩效指标的选择。激励薪酬在设计时必须与绩效考核指标相联，应该考虑3个层次的绩效指标：企业、团队和个人，根据指标考核结果决定员工薪酬要素的实现程度。

企业指标的考核涉及企业利润的核定、员工利润分享基金的提取比例、经营者绩效的考核等，相关的考核指标主要有：企业利润、销售收益以及其他与企业战略相关的指标。例如，顾客满意度、质量、市场份额等。

团队指标的考核涉及以团队形式发放的薪酬、奖金、佣金,以及增益分享方案的实施等,相关的考核指标主要有:以团队为基础计算的成本节约、产量和营业额的增长等。

与个人绩效相关的指标较多,主要包括两大部分,一是与个人工作成果相关的指标,这些指标可以直接量化,独立于员工所在的群体绩效,如产量、销售量、产品质量、顾客满意度、成本节约指标等;二是与个人工作表现相关的指标,这些指标大多不可量化,难以独立于员工所在的群体绩效,很大程度上是员工与特定群体中的相对绩效,如绩效等级、工作态度、管理目标达成结果等。

在员工的薪酬结构设计中,应该考虑三类指标的适度搭配,搭配的比例与员工对薪酬风险承受度有关,企业是倾向于高风险薪酬,还是低风险薪酬。如果设计一个高风险薪酬,三者的比例依次为 10%(企业)、35%(团队)、55%(个体);如果设计一个低风险薪酬,比例则要调整,将个体考核指标的比例缩小,将团队指标和企业指标的比例加大。

参考资料

1. 刘雄、赵延:《现代工资管理学》,北京经济学院出版社,1997年。
2. Joseph J. Martocchio, "Strategic Compensation: A Human Resource Management Approach", Prentice Hall, 1998.
3. Lawrence S. Kleiman, "Human Resource Management: A Tool for Competitive Advantage"(英文版),机械工业出版社,1998年。
4. 〔美〕托马斯·B.威尔逊著,刘红斌等译:《薪酬框架:美国39家第一流企业的薪酬驱动战略和秘密武器》,华夏出版社,2001年。
5. 刘园、李志群主编:《公司薪酬制度概论》,中国财政经济出版社,2001年。

思考题

1. 什么是绩效薪酬？它在企业薪酬管理中的作用是什么？它适用于什么类型的企业和员工？
2. 简述个体绩效薪酬的主要形式及演变过程。
3. 增益分享计划的理论基础和管理思路是什么？
4. 简述斯坎伦计划和鲁克计划的联系与区别。
5. 简述工作团队的类型及其薪酬设计。
6. 如何设计一个科学有效的员工报酬激励方案？

第十二章

员工长期激励薪酬管理

本章学习要点

- 了解利润分享的目标与意义,比较传统分红制与现代利润分享制度的区别与联系。
- 了解现代企业员工持股计划的实施意义,掌握运作机理和基本方式。
- 了解企业员工持股的不同模式,理解我国员工持股方案的实施背景和实施意义。

第一节 分红制与利润分享

分红制、利润分享制、员工持股计划等,都属于公司层面的报酬激励制度。三者的关系为:分红制是利润分享制的早期形式;利润分享制是公司层面的,将多种报酬形式融合在一起的长期激励制度;而员工持股是现代利润分享制度的主要形式。

一、分红制与利润分享方案的由来

分红制又称"利润分红"或"利润分享"(Profit Sharing),是利润分享的传统形式,是员工与企业分享企业经营收益的一种分配制度。一般的做法是,企业每年年终时,首先按比例提取一部分企业总利润构成"分红基金",然后根据员工的业绩或贡献状况确定分配数额,最后以红利形式发放给员工。传统的分红制是年终企业给员工分发现金,现代利润分享制度以员工持股计划等延期支付的形式为代表。

二、分红制的理论与实践依据

分红制是企业内部税后利润的再分配,是工资和奖金的一种补充形式。它建立的理论和实践依据是:

1.在现代企业中,企业是独立的商品生产者,员工的收入不仅取决于个人的劳动成果,还取决于企业总的经济效益,即集体劳动的成果。

2.企业在一个年度中所取得的利润,是各种资本形式的回报,包括物质资本、技术资本和人力资本等多种资本,员工作为人力资本的主要投资者,有权以分红的形式分享企业利润。

3.工资一般是按短期形式支付,例如,月工资、日工资等,难以反映全年的企业经营成果;分红制采取年终结算的形式,是企业与员工之间的再分配,有助于补充其他分配形式的不足,协调企业与员工之间的分配关系。

三、分红制的特点

与其他工资制度相比,分红制有以下特点:

1.分红是对企业年终净利润的分配,属于企业内部的再分配,一般不进入工资成本;而工资和奖金是预支的人工成本,属于生产费用,在企业初次分配中进行。

2.分红是对企业剩余劳动成果的分配,分红的数量和规模受企业扩大再生产投资的影响,二者是此消彼涨的关系。而工资和奖金是定额和超额劳动的报酬,受劳动力日常供求状况和劳动力价格的影响。

3.分红一般不与员工的劳动成果直接挂钩,而与个人工资收入基数有关,它对劳动者的激励作用不同于基本工资和奖金。

四、提取比例与分配方式

1.红利总额的提取

红利总额及其比例一般由企业最高决策层作出,工会等员工组织参与决定。它通常分为"首期比例"和"续期比例","首期比例"是指企业初次建立分红制度的年度。所确定的分红比例,用公式表示为:

$$S = H \cdot \frac{G}{L}$$

式中,S:首期劳动分红比例;

H:劳动分红总额占工资总额的百分比;

G:年度工资总额;

L:年度可分配利润总额。

"续期比例"是指在建立劳动分红制度之后的年份中,劳动分红比例可以按照不变、累进或浮动三种方式确定。不变是指首期比例确定之后,以后年度的劳动分红占利润总额不变;累进是指劳动分红比例逐年按一定比例上调;浮动是指劳动分红比例不固定,随企业利润而变化。

分红额度是按照一定的比例从企业利润中提成,比较常用的形式是浮动分红比例,计算方法是在企业获得的利润达到预先规定的"投资回报率"之后,剩余部分即为红利。

2.分配方式

分红总额确定之后,在员工之间的分配方式为:

(1)按基本工资的固定百分比分配。该种方式以工资为基础,把分红作为员工报酬的补充形式。

(2)按基本工资的累进百分比分配。在这种方式中,工资等级越高,所获红利越高,累进分配方式主要起着拉大薪资档次,刺激员工多做贡献的作用。

(3)按"分红系数"分配。根据工作岗位的性质和特点,制定不同岗位的"分红系数",用年度红利总额除以系数总额,求出标准红利,再乘以个人所承担工作的红利分配系数。其计算公式为:

$$A = \frac{Y}{X_1 - n} \cdot Xn$$

式中,Y:年度分红总额;

$X_1 - n$:系数总额;

Xn:个人红利分配系数。

这种方法是通过分红体现工作岗位和员工个人对企业利润贡献的双重差异,与其他比例法相比,更具合理性。

在国内外的许多企业中,分红是一种比较普遍的分配形式,但各企业的实施方式有很大差别。一些企业采取由主管根据下属工作表现,确定红利分配数额的方式。这种方法具有主观性强和非民主的特征,在现代企业制度中不予提倡。现代分红制度是员工参与企业利润分配权利的体现,其管理规则应通过集体协商制确定,并在集体合同和劳动合同中予以明确。具体实施过程可与绩效评估相结合,体现有差异的分配原则。

分红制已经体现了员工报酬与企业经营之间的关系,但是,在分红制下,薪酬只有劳动报酬的基本性质,仍然没有摆脱传统劳动关系的基本格局:员工是企业的被雇佣者,薪资是雇主支付给员工的劳动报酬;员工对经营收益只有被赐予权,没有参与和决策权。这显然不能反映现代人力资源管理的本质,也难以发挥薪资管理在企业管理中的作用。因此,伴随着现代企业制度的发展,红利分配和分红制进一步演变成为员工持股和股票期权制度。

第二节 利润分享方案

一、利润分享的理论前提

按照经典的经济学理论,市场经济是以物力资本为中心的生产和交换过程,利润只归物力资本的所有者。企业是按照资本所有者的意志从事生产和经营活动的,劳动者是以付给工资为代价被雇佣的,工资是劳动者付出劳动的报酬,是生产经营的成本。企业的最终目标是产出总价值减去成本之后的利润,利润是资本所有者经营的报酬。因此,在正统经济学理论中,企业财务核算都是紧紧围绕着资本和资本的回报——利润而进行的。马克思的科学的劳动价值论为利润分享理论奠定了政治经济学的理论基础。按照劳动价值论,在市场经济条件下,资本和劳动是两种基本的生产要素,资本如果没有劳动与之相结合,本身不会产生任何增值,利润是劳动者通过雇佣劳动为资本所有者创造的。

传统的公司制度实行的是股东至上的原则。股东的权利体现在三个方面:投票权、对剩余或净收益的权利以及对现有资产的负债净值的权利。前两者被称为成员权,后者被称为净资产权。在传统公司制下,这三种权利均为财产权,附属于股份,并且具有自由让渡性和市场价值。而员工是被资本所有者雇佣的劳动者,不能分享剩余索取权和控制权,仅能得到劳动收入——工资。

现代人本主义的兴起,促使人们重新反省劳动者在企业中的地位和作用,试图寻找新的劳资合作方式,采取一种对雇佣者和被雇佣者双方都有利的"双赢策略"。其中,分享经济理论是比较有代表性的相关理论之一。分享经济理论体现了一种新的企业劳动关系和薪酬机制:例如,它可以使员工从物质报酬中分享到企业的各种效益,无论是劳动效益、资产效益、技术和管理创新效益,以及政府的政策倾斜效益等,这些与员工劳动贡献没有直接的关系,但是却体现了传统劳资关系所不能体现的、新型的企业与员工之间的合作关系。国内外一些企业近年来实施的许多企业薪酬管理改革,例如,工资与企业效益之间建立正常的浮动关系;企业通过吸纳人力资源和技术资源入股的方式建立股份制,以本企业股份支付或预支员工与经营者收入和福利的做法等,在某种意义上,都是这一理论的运用。

二、利润分享制的形成及其作用

1. 利润分享制的形成

所谓利润分享是企业在向员工支付了劳动工资之后,再拿出一部分利润或超额利润向员工进行分配的制度。利润分享虽然不具有劳动报酬的性质,因为它与劳动者的劳动数量和质量没有直接的关系,只与企业经营收益有关,是劳动者以资本所有者的身份参与的分配,但它也进入员工收入,属于员工总薪酬的一个组成部分。

最早的利润分享计划诞生于18世纪末的美国,19世纪初时,法国和英国一些企业也开始仿效。但是利润分享方案在整个19世纪没有很大进展,其原因一是政府不予理睬,二是企业不愿意拿出多余的钱分配给员工。20世纪初美国国会财经委员会开始肯定和支持利润分享计划,美国国会通过法案,对采取延期支付形式的利润分享计划实施税收减免政策。

美国政府的税收政策刺激了延期支付利润分享计划的传播。因为与现金现付式相比,延期支付的最大的好处是,未支付给员工的利润分享基金可视为成本,企业可以享受政府的经营收入所得税方面的优惠;员工可以享受个人收入所得税优惠。同时,企业还可以将推迟支付的利润保留在企业中,作为生产经营补充资金,扩大再生产或者弥补企业薪酬资金短缺的困难。利润分享计划对增加员工储蓄,改变支出无计划的状况,以及帮助员工克服暂时的家庭生活困难等方面,也起到了很大的作用。所以,自20世纪中叶之后,利润分享薪酬方案在西方国家迅速推广,并得到企业和员工的普遍认可。

2. 利润分享制的演变

当今企业的实践赋予了利润分享制以新的内涵。其主要作用为:

（1）有助于把员工的报酬与企业的效益更紧密地联系起来。利润分享制的实质是将员工收入最大化的目标与企业利润最大化的目标结合在一起，这样就可以引入员工的自我约束机制，调动员工的积极性，为解决"搭便车"这样一个最大的管理难题寻找新的解决途径。

（2）有助于改善企业的劳资关系。在分享制下，员工也成为企业经营的参与者和决策者，从制度上转变了管理者与员工之间的对立关系。

（3）有助于降低企业成本，增加就业机会。分享制度把企业的人工成本与企业的产品价格直接挂钩，促使企业自发生成一种降低产品成本和商品价格的微观机制，有利于扩大企业的外部竞争力。

三、利润分享制的形式与特征

利润分享薪酬的形式多样，从支付特点看，主要有两种：

1.现金支付方案（Current Profits Sharing）

所谓现金利润分享方案是指将当年的一部分利润直接在期末以现金方式向员工支付。这种方式比较简单明了，员工当年就可以拿到这部分收入。现金利润分享的计算分为两个步骤：

（1）从公司总利润中提取利润分享基金（Profit Sharing Pool），基金按照三种方法提取：

第一种方法：企业按一个固定的比例提取利润分享金额，例如按7%的提取比例；

第二种方法：分成不同的利润提取阶段，例如，达到利润目标部分先提取8%，超目标部分再支取6%；

第三种方法：只有在达到了一定的标准后，方可提取利润，否则没有利润分享。

（2）将利润分享基金在员工之间进行分配，也可按照两种方法：

方法一：按照员工年收入的比例分配，或者按照薪酬等级的比例分配，等级越高，提取的比例越大；

方法二：按照员工在实际分配期内的贡献进行分配，贡献越大，提取的比例越高。

与方法一相比，方法二更体现公平，但是实施起来难度较大，因为一般员工的工作与企业利润之间的联系比较远,无法进行精确衡量。

2.延期支付方案(Deferred Profit Sharing)

该方案不以现金的方式支付当年的利润收益,而是保留在员工个人名下,待若干年后或在员工离开企业之时再一次性或分几次地支付给员工。

延期方式是一种比较流行的利润分享形式,具体做法是企业推迟发放员工的分红或者其他现金收入。例如,将员工的现收入的10%作为延期薪金,预计5年后支付。员工如果达到企业的要求之后,就可以在5年以后得到相当于半年的工资和增值部分。这种办法可以较长时间地留住员工,如果员工在规定时间内离开企业,就会失去延期薪金。股票期权是典型的延期支付形式,这种方法可以挽留住对企业有价值的员工,使他们对预期收入报有希望。

因为延期薪金是一种预期收入,管理起来有一定的难度,员工必须对此有充分的信任度才可能发挥效益。所以,西方企业都由专门的管理机构或者员工参与管理这笔基金,并把它投资在收益大、风险小的项目上。利润分成是将企业所得到的利润分给员工一部分,作为他们收入的一个组成部分。在企业不赢利的时期内,该计划的优点就显示不出。因此,对于预期不佳的企业,慎用利润分成方案。

此外,利润分享制度的另一个缺陷也应该注意到,即它与员工之间的利益纽带比较长,支付期限长,激励效益低,而且对普通员工的激励效益更差,往往在蓝领工人的努力程度与公司效益之间几乎找不到必然联系,普通员工与高层管理者之间从企业分享的利润差距也会很大。

第三节 员工持股计划

员工持股计划(ESOPs,Employee Stock Ownership Planning)是长期激励薪酬的一个主要手段,另一个手段是养老金计划、住房计划、进修计划等一些福利项目。基本做法是企业内部员工出资认购本公司部分股份,并委托公司持股会进行集中管理。

一、员工持股计划的由来与发展

员工持股的思想源远流长,法国的空想主义者圣西门和傅立叶等就已经提出了员工持股的设想。美国是企业员工集体持股计划最为流行,也是实施最早的国家。19世纪初,一些企业已经开始实施员工购买本公司股票计划,即由公司宣布实施方案,然后在每个工资支付期内(2周或一个月)折价向员工出售本公司的股票。19世纪60年代,美国的律师凯尔索进一步提升了员工持股计划的理论与实践意义。他的基本观点是:只有让员工成为企业的主人或所有者,才能真正协调劳资关系,提高劳动生产率,使经济持续平稳地发展。19世纪70年代美国企业界和政府都在寻找可以使转移出来的消费基金转化为生产基金的路子,而员工持股制正好适应了这个要求。[①] 而后,员工手中的股票与日增加,一些企业建立了员工个人股票账户制度。但是在20世纪二三十年代的经济大危机时期,企业股票大幅度贬值,员工持股计划受到沉重打击。

20世纪50年代以后,随着经营者年薪制的兴起,员工持股计划复苏,但性质和形式,与前期相比,有很大的不同。二战之后,一些企业实施的员工持股计划主要是为了激励企业高层经营者,向管理层和高级员工提供多样化的股票奖励。而后,计划实施范围又逐步放宽,开始向普通员工发放本公司股份。在通常情况下,计划由公司或其他金融机构的信托部门掌握,经理阶层以股票的形式得到相应的奖励。20世纪70年代中期,员工持股方案得到了美国国会的通过,80年代中期,美国政府开始对员工持股计划的参与者给予税收方面的优惠。

当今在欧美国家,员工持股计划已经非常普遍。据20世纪90年代初的统计,美国80%的企业仅为管理人员,尤其是高层管理人员提供股票期权,对大部分员工不推行股票期权计划。近些年呈发展趋势,美国一些调查显示大约有50%以上的企业都在推行各种形式的员工持股计划,企业数量上万家,员工总数在1000万人以上,占员工总数的10%以

[①] 张昕海、于东科等:《股权激励》,机械工业出版社,2000年8月,第2页。

上。在法国工业部门,员工持股率达50%以上,金融企业有的达90%以上;日本上市公司中的绝大多数实行了员工持股制;英国90%以上的非国有公司有员工持股。除此之外,在世界各地,还有50多个国家也推行员工持股制度。① 推行认股计划后,企业的成长速度加快了40%～46%。德国更是员工持股发展比较好的国家。许多著名的跨国公司百事公司、沃尔马、宝洁、科用等,都已经将股票期权由高层管理者推广到全体员工。

从发展历程看,欧美等国尽管是推行员工持股计划的开创者,但员工持股计划的推行还是阻力重重。这主要是由于雇主不愿意与员工分享利润,员工比较注重近期利益,以及外部竞争的激烈化程度不断加剧等原因。这些原因使一些企业只是在以下情况下才实行员工持股计划:

- 雇主鉴于各种情况,愿意出卖股份,由职工贷款收购;
- 公司原有的出资者中,不愿继续经营,自愿将股份出售;
- 总公司将下属子公司出售给员工;
- 为了防止恶意收购,公司将部分股权出售给员工;
- 公司濒临倒闭,由员工收购;
- 家族企业无继承人继续经营,将股权出售给员工。

直到近二三十年以来,劳资合作、推崇利润分享原则等新的管理理念才开始被美国大多数企业所接受,员工持股计划也因此作为主要报酬激励手段,成为一种现代薪酬管理模式。根据美国一些企业的调查显示,目前大约85%的员工认为股票所有权对员工是一种非常有效的激励手段。股票所有权计划以往比较流行于大的上市公司,目前在一些小型企业中也比较流行,特别是一些科技含量较高的企业和投资风险较大的企业,雇主更愿意将股权分给员工。

二、员工持股计划的作用

概括而言,员工持股计划对于企业发展有以下作用:

---

① 辛向阳:《薪资革命:股权制激励操作手册》,企业管理出版社,2001年,第59～60页;尹智雄:《企业员工持股运作实务》,经济科学出版社,1997年,第6页。

1. 奠定企业民主管理的基础

现代企业管理理论认为,留住员工最好的办法是让员工成为企业的所有者,而给予员工一定的股票所有权就是一种"把员工变成股东"的常用方法。员工持股计划在改善传统的企业劳资关系上具有独特的功效,它的最大优点是使员工与企业和雇主之间的雇佣关系转为经营合作关系,有助于员工将自己看成企业的一员。

2. 扩大企业资金投入,增加员工收入

前文指出,员工持股是一种"双赢战略":对企业来讲,可以募集资金用于扩大再生产,当外部市场发生意外变动,对企业股票产生威胁时,员工股票还可以发挥"减震器"的作用;对员工来讲,可以从企业赢利中获得收益,当企业经营有方,效益看涨时,员工更可以从股票中获得更大的收益。

3. 留住人才,为员工提供安全保障

员工持股之后,就会对企业产生一种依附感和认同感,特别是对不安心工作的员工,持股可以起到稳定作用。同时,企业也可以将持股作为奖励绩效优秀员工的一种手段。例如,美国加州圣迭戈科学应用国际公司的总裁圣斯特所做的一项调查显示,"在科用公司工作至少3年的职工中,那些从未购买公司股票的职工流动率为12%,而那些购买了股票——不管其数目何等之小——的人流动率为5%"。[①]

4.调整企业收益权,转变企业约束机制

员工持股计划可以通过多种途径参加企业的利润分配,例如,按照入股额参加利润分配,收入与企业税后利润挂钩,经营者收入与企业的剩余收益挂钩等。这些形式扩大了企业收益权益调整的范围和余地,也可以使员工和经营者的利益真正与企业效益结合在一起。

持股制被引进以后,企业建立了多层次的监督和约束机制,例如,员工代表可以股东代表的身份进入监事会,对企业及其各种经营行为进行有效监督,员工从关心自身利益出发,也会对自己的行为进行内在

---

① 孙健敏等:《中国人民大学工商管理(MBA)案例:人力资源开发与管理卷》,中国人民大学出版社,1999年,第361页。

约束,促进员工自身的目标与企业的目标的一致等。

不仅如此,员工持股对股东和政府也是利大于弊的,因为它可以有效防止企业被恶意收购,而且可以扩大公众对资本的占有,缩小贫富差距,有利于降低失业率和保持社会稳定。因此,政府一般对员工持股给予肯定和支持的态度。

三、员工持股计划的运作

最先的员工持股计划比较简单,主要是依靠低息的银行贷款和政府的减免税措施,员工就可以集体形式获得所在企业的部分股权。这时,员工不单纯是企业的员工,还是资本的所有者;他们在获得工资之外,还获得资本收益;当年老失去工作或者丧失劳动能力之后,也可以通过所持有的股份获得"资本工资"。而后,随着企业制度和金融市场的发展,员工持股方式日益多样化,管理也更加完善。其主要内容包括:

1.公司股票转让的途径

实行员工持股计划的一个最大的障碍是员工没有足够的钱去购买股票,因此必须通过一些途径将股票转到员工手中。通行的做法有三种:

(1)股票奖励计划,即采取非借贷型转让,即将部分报酬以股权的形式转给员工。通行的做法是,公司组建员工持股计划委员会,企业按报酬比例分配股权,委员会将股票数额计入员工持股账户,员工按照账户记载从公司中分得股票红利,到规定日期后,员工可出售股票。

(2)信贷持股计划,采取借贷型转让,即采用信贷的方式将企业股票转让到员工账下。常用的做法是,公司组建员工持股基金会,由基金会向银行申请贷款,基金会用银行贷款购买公司股票,按照员工个人条件分配股票并计入个人账户,基金会用利润分红等归还贷款,到规定期后,股票归员工所有。

(3)员工出资购买股票。我国许多企业采用了这种方法,因为员工购买的是内部原始股票,价格比较便宜,一般可以从股票运营中得到收益。例如,1997年,《深圳市国有企业内部员工持股暂行规定》中规定,内部职工集体持股原则上通过增资扩股方式设立,由员工个人出资认购股份,可采取三种方式:其一,个人以现金出资购买;其二,由公司非员工股东担保,向银行或资产经营公司贷(借)款购股;其三,将公司公益金划分为专项资金借给员工购股。

在欧美国家,员工一般不以现金的方式购进股票。如果是将股票期权作为一种薪资的延期支付形式,公司会用股票期权代替现金支付;如果是将股票期权作为一种福利,将会以优惠的价格出售给员工,并相应建立专项基金会,帮助员工获得购买股票的资金来源;如果企业是为了与员工分享利润,则通过赠股的方式给员工配发股票。同时,员工也不直接经手股票,由统一的托管机构管理和经营。股票是一种社会资本形式,其价值在于增值;持股者获得股票即拥有了对企业经营的参与权利。但是员工作为公司的小股东,其个人地位是微弱的,只能依靠其代表形式参与企业经营活动。

2.员工所持股票的类别

员工所持的股票从性质上讲,主要有两种:

(1)企业赢利股票。企业赢利股票是指企业在经营现状比较好,或者未来看好的情况下向员工发放的股票。一般是根据当期的结算,由企业管理者和员工代表共同审定后发放。为了保证员工可以获得收益,股票的数额随企业效益波动,效益好时,多发;效益不太好时,少发;效益差时,不向员工发放股票。

(2)员工股票。与赢利股票相对应,员工股票一般不受企业经营效益的限制,也不保证员工可以获得股票收益。但是,员工可以通过股票按期从企业中获得固定的股息。这种股票只要企业运行顺利,员工还是可以从中获得收益。例如,奔驰公司的股票价值在20年内涨了3倍,"如果谁在一开始就履行了认股权利的话,那么他在投资1.5万马克的情况下,1997年就可以自豪地得到价值4.5万马克的巨额股份(还不包括股息在内)"。[①]

3.员工持股计划的设计

企业员工的持股制度和持股计划一般包括以下内容:

---

① 孙健敏等:《中国人民大学工商管理(MBA)案例:人力资源开发与管理卷》,中国人民大学出版社,1999年,第358页。

(1)收益人的范围与数量,主要是确定持股员工的资格。例如,美国企业规定,工作 1 年以上或者年龄在 21 岁以上的员工有资格参加企业的持股计划。

(2)员工持股的总量控制和员工股票的分配。员工持股的数量决定于当期企业股票期权的总量。这与几个因素相关:首先,企业整体股票期权计划所涉及的证券总数的份额,一般的上限为该公司证券总量的 10%;其次,股票期权与企业业绩及股票价格之间的比例关系,企业通常采取目标法、价值推算法和思科尔斯(未来收益价值评估法)等方法确定;最后,一般员工的持股计划如果与经营者的股票期权有所区别的话,应该适当划分其分配比例。

员工的股票分配一般依据工资、岗位、工龄和业绩等因素,按薪酬比例分配股票数量的做法比较简单。许多企业是按照职位和职务等级确定股票期权的数量,职位越高,股票期权的数量越多。例如,美国惠普公司董事局主席持有的激励性股票期权为 10 万股,首席执行官为 7.5 万股,普通工程师为 1 万股,工人为 2000 股。[①] 另一种惯用的股票期权分配方法为,员工、管理者和经营者统一按照为企业的服务期分配分值:例如员工每年 1 分,部门经理每年 4 分,副总经理每年 11.5 分,总经理每年 15 分。将总分值加总后,按照分配总数额确定每个分值的股票期权量,最后确定每人所应获得的股票期权数。此外,一些国家的法律一般规定,任何一名参与者个人所拥有的股票期权不得超过该计划所涉及的证券总数的一定比例,例如 25%。

(3)员工股票的托管。企业选择自己内部的组织机构或者外部机构管理员工持有的股票。其运作程序是,拟实行员工持股的企业首先由雇主和员工达成协议,雇主自愿将部分股权转让给员工,员工把承诺减少工资或提高经济效益作为回报。其次,由公司出面向银行贷款后交给托管机构,或经公司担保由托管机构向银行贷款。最后,用贷款购买公司股票,并按规定的数额存入员工账户。托管机构的职能包括:参加股东大会,代员工行使表决权;按时将员工的持股数和股票市价等情

---

① 辛向阳:《薪资革命:股权制激励操作手册》,企业管理出版社,2001 年,第 83 页。

况通知每一个员工;按公司规定办理员工的股票登记、收购、转让和红利发放等日常管理;按期向税务管理部门报告经营情况等。

(4)员工股票的出售。员工所持有的股票不能随意出售,公司需要附加一定的时间、价格和其他出售条件,只有在满足这些条件的情况下,员工才有权利出售自己的股票。例如,美国的一些企业规定,员工持股开始的7年内,个人不得提取和转让自己拥有的股份,如果7年内离职,视同自动放弃本人所拥有的股份。

股票的出售涉及股票期权价格的确定。一般而言,激励性股票期权的执行价格必须大于或等于股票期权赠与日的公平市场价。

四、政府的优惠政策

各国政府一般以优惠政策支持企业实施员工持股计划。以美国的法律为例:[①]

1.对持股员工的优惠。员工参加持股计划,获得的股本和红利可在提取使用前,免交个人所得税,出售股份收入转入退休基金也可免交个人所得税。

2.对售股给员工的股东的税收优惠。对于员工持股额超过公司股本总额30%以上的公司,股东出售股票的收益如果投入到其他美国企业中去,这部分收益则免交27%的所得税。如果企业主要股东去世前安排把公司股权卖给员工,则与在遗嘱中把公司留给家人相比能获得税收优惠。公司每向员工发放1美元的股票,则公司能获得1个附加的1‰的税收信贷。

3.员工持股公司的税收优惠。公司以现金付给员工的红利可以免税,公司在归还员工持股贷款本息期间可免交公司所得税。公司可设立一个代表员工持有股份的信托机构,这个机构可以借钱买更多的公司股票,但公司应保证从贷款从事经营性活动的利润中偿还贷款。贷款偿还和股息都可以在计算公司所得税时从收入中扣除。

4.对贷款给员工持股的金融机构的税收优惠。金融机构向员工持

[①] 尹智雄:《企业员工持股运作实务》,经济科学出版社,1997年,第2页。

股占公司股份 30% 以上的公司贷款,其利息收入减半征收公司所得税,这促使金融机构主动降低利率向实行员工持股计划的公司贷款。

五、法律对员工持股计划的规范

各国法律对持股计划都有严格的规范。例如在美国,员工持股计划主要通过法律机制贯彻三个原则:长期性、规范性和公平性原则。具体表现为,持股计划必须成立信托基金托管机构,其宗旨是为全体计划参与人谋取长期利益。持股计划的非歧视原则,规定员工持股计划必须遵守广泛参与的原则,非高薪阶层在参与比例和收益上不得少于两个 70%,即至少有 70% 的非高薪员工参与计划,非高薪员工从计划中得到的收益不少于高薪阶层收益的 70%。有条件的股票获得原则,即员工要获得其在持股计划中的股票收益份额,一定要服务到一定期限,一般为 5 年。此外,法律还就按期归还贷款、获得限制、股票回购、公司价值评估等进行了具体而严格的规范。

参考资料

1. 张昕海、于东科等编著:《股权激励》,机械工业出版社,2000 年。
2. 辛向阳:《薪资革命:股权制激励操作手册》,企业管理出版社,2001 年。
3. 尹智雄:《企业员工持股运作实务》,经济科学出版社,1997 年。
4. Joseph J. Martocchio:"Strategic Compensation: A Human Resource Management Approach", Prentice Hall, 1998.

思考题

1. 为什么说分红制是利润分享制的初级形式?
2. 利润分享制的实质是什么?
3. 员工持股计划的设计实施应遵守哪些原则和规范?

第十三章

企业经营者年薪制

本章学习要点

- 经营者是企业中的一个特殊群体，了解经营者年薪制的性质、特点与应用对象。
- 了解经营者年薪制的构成类型，各薪酬要素的功能与作用特点，掌握经营者年薪制的设计原则与设计技巧。
- 讨论经营者年薪制的有关理论解释，通过各国年薪制的比较，认识年薪制运行的外部环境与内在机制。
- 了解我国经营者年薪制的产生背景，分析其发展特征，展望其未来发展的趋势。

近一二十年来,在一些发达国家,高层管理人员收入的增长速度相当惊人,在一些国际顶级企业中的总经理、首席执行官(CEO)的年薪在几千万美元以上,甚至上亿已不是天方夜谭。据美国《财富》杂志2000年5月公布的一项调查结果显示,1999年最高首席执行官的年收入已经超过6亿美元。另一些调查也表明,美国高层管理人员与一般员工的收入差距已经达到600:1。

企业高级管理层的收入已经成为薪酬管理的一个非常重要而又独特的问题:为什么高层管理人员有如此高的个人收入?它的形成原因和支付机制何在?其发展趋势和影响又会怎样?这些都是中外企业在进行经营者年薪制设计和实施中所要回答和解决的问题。

进入20世纪90年代之后,我国的企业高层经营者年薪制度经历了快速发展的时期:1993年十四届三中全会提出了建立企业经营者激励机制问题。1994年我国颁布了企业经营者实行年薪制的规定。2000年9月国务院办公厅转发的国家经贸委《国有大中型企业建立现代企业制度和加强管理的基本规范(试行)》中指出:"对经营管理者可以试行年薪制、持有股权、股票期权等分配形式。"经营者年薪制、股票期权等一系列西方企业才有的经营者报酬形式,近年来风靡我国的各类企业,这一新的经济管理现象,已经成为众多理论研究者、企业管理实践者竞相瞩目的新课题。

第一节 经营者年薪制的对象与成因

一、年薪制的对象

年薪制的发放对象是企业家、企业经营者和高层经理人等,统称企业经营者。企业家一词来自法文,带有冒险家的涵义,后被专指承担风险的工商企业的经营者和管理者。

我国对经营者没有统一的界定标准,借鉴美国国内税收管理机构

(Internal Revenue Service,IRS)对经营者(Executives)的定义和分类。在美国具有经营者地位或称号的员工包括两类:一类是企业核心员工,另一类是企业高薪员工。

1.核心员工

按照美国 IRS 的定义,[①]核心员工的标准是指在当期或前 4 年内:

(1)拥有企业最大资产份额的前 10 位员工;

(2)个人拥有企业 5%以上资产的员工;

(3)个人的年收益在 15 万美元和拥有企业 1%以上资产的员工;

(4)年薪在 45 000 美元以下的管理者不包括在核心员工之列。

2.高薪员工

按照美国 IRS 的定义,高薪员工的标准是:

(1)至少拥有企业 5%以上业务量的员工;

(2)当年或前一日历年的年薪在 75 000 美元以上的员工;

(3)去年或当年薪资收入在 5 万美元以上,其薪资水平属于公司薪资收入前 20%之列的员工;

(4)去年或当年收入超过限制性贡献计划(Defind Contribution Plan)所规定年度金额 150%的员工,该计划应该包括至少 1 名至 50 名管理者。[②]

企业经营者是一个群体的概念。如果比照企业的职务等级界定企业的经营者,一般包括董事会的主要成员、企业的总经理、副总经理,以及一些核心部门的主管等,如图 13-1 所示。

总之,企业的经营者是一个群体,包括企业主要的决策者和高层的管理者。

二、年薪制的成因

企业之所以对经营者实施与一般员工不同的年薪制度,主要基于

---

① Joseph J. Martocchic:"Strategic Compensation:A Human Resource Management Approach",Prentice Hall,1998,P343.

② Defind Contribution Plan 为美国企业的一种退休金计划。具体内容请参考注①第 280~281 页。

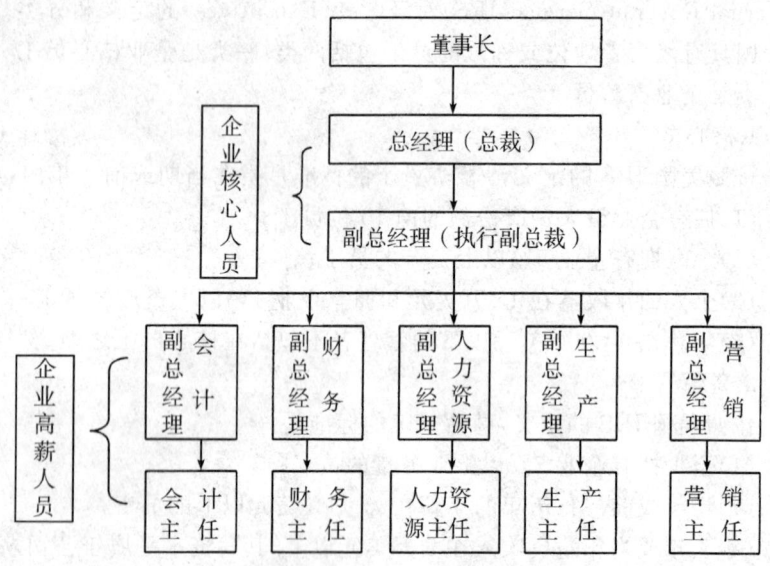

图 13-1　企业经营者群体

以下原因：

1. 满足现代企业制度的客观要求

在现代企业制度，即法人治理制度下，企业的所有者和经营者两权分离，公司经理作为企业的经营者是企业的最高被雇佣者，所付出的管理工作，也需要得到相应的报酬。从形式上讲，高层经理报酬由董事会决定，两者之间是一种建立在法律基础上的委托代理关系，年薪是这种关系成立和行使的一个条件。但从深层意义上讲，高层经理的价值所代表的是企业的价值，高层经理的劳动成果是企业的经营业绩，他们的身价和报酬是企业无形资产的一种表现形式。

2. 对企业家剩余索取权的价值承认

企业家与一般员工的最大区别是他们拥有一种价值高昂的人力资本，企业家是稀缺的、难以替代的人力资源，它可以为企业创造出高于其自身价值的价值。企业家的人力资本是附着在企业家的头脑和身体之中的。企业家的人力资本只有产权化了，其作用才能发挥出来。享有剩余索取权是企业家人力资本产权的具体体现。

正是高层管理工作在企业中的特殊地位和高层管理者的自身价值,决定了他们的报酬形式和数额的特殊性。因此,企业经营者的薪酬制度是与现代企业制度相配合的一种报酬制度,是企业家剩余所有权的表现形式。

3.补偿经营者的特殊劳动支出

企业高层经理人员所从事的劳动是一种高层次的、带有资产经营性质的劳动,他们的劳动性质与一般员工不同,其劳动报酬不能等同于员工,也不能简单地取决于劳动力市场的工资率。在激烈的市场竞争中,高层管理者的劳动是智慧、技能、胆识、风险、远见等素质的集成,是一种高付出的劳动,自然也应该以高收入补偿。经理人员的工作能力和积极性与企业的经营成败息息相关。从企业的发展看,高层经理人员的积极性,不仅取决于当前收入,而且取决于未来的收入;也只有高收入才能对管理人员努力工作,争取提拔创造机会和产生激励。

当然,年薪是一种非常有效但不是激励经营者的惟一手段。同时,为了抑制货币激励的局限性,年薪制是一种长期而不是短期的激励手段。因为风险收入一般是以分红和股金的方式支付的,这些报酬形式有两个突出的特点:其一,风险收入的内在价值随企业经营效益变动,经营效益又与经营者的绩效挂钩;其二,股金等风险收入在经营期内不能兑现,只有在任职期满之后,才能归经营者个人使用。因此,年薪制是通过利益机制把经营者与资产所有者"捆绑"在一起,经营者只有在追求企业效益的同时,才能实现个人利益。

4.激励经营者承担风险的责任

一个高级企业管理者,对企业整体经营负有重要责任,也承担极大风险,他们的决策和经营行为如果出现失误,就会给企业造成不可想像的损失。对此,他们回避风险的心理会高于一般员工。在这种心理趋使下,经理们对一些投资周期长、风险大的项目会失去信心和热情,有强烈的短期行为倾向,而这些都不利于企业的长期发展。为了避免这一问题的发生,必须制造一种激励机制,使经理们敢于承担风险,也能避免在项目失败时个人不至于承担过多的责任。采用传统的月薪或其他短期付薪形式,无法检验经营者的实际贡献,采用年薪制管理,则可以较好的解决这一问题。

5.吸引和留住稀缺管理人才

优秀的管理人才是企业最稀缺的资源,他们就像艺术家、音乐和体育人才一样,具有高度的稀缺性。同时,由于劳动力市场上存在着信息不对称的现象,因此,能够发现一个优秀的企业管理人才,无疑会给企业带来极大的利益。为了发掘和利用这些稀缺的人才,企业间就要进行激烈的竞争。这种竞争会导致两种结果:其一,将越来越多的资本和财富交给具有管理才能的人,并集中在少数企业中;其二,为了得到这些稀缺人才,企业就要竞相出高价,导致高级管理人员收入的不断增加。

对于企业经营者而言,年薪制是一种物质激励,但在某些情况下它也是一种精神激励。例如,当20世纪80年代克莱斯勒公司挖掘原福特汽车公司的亚柯卡时,就是因为承诺他在薪酬方面的要求,而使亚柯卡感到了作为企业家的价值所在,同时激励他为克莱斯勒公司创造了更大的价值。

现代经营者年薪制,与早期相比,其内涵已经发生很大的变化,虽然年薪制还是由基本薪酬和风险薪资组成,但是很多企业对经营者年薪的支付,已不主要采取现金或企业福利的形式,而是更多地采取股票期权等形式。据《财富》杂志的调查,1999年进入800家收入排行榜的各大公司经理,薪水和奖金只占他们总收入的23%,其他大多数都来自股市收益。而在5年以前,股市收益占60%左右。因此,不仅风险收益占年薪的比例越来越大,而且风险收益支付的手段也越来越具风险性。经营者为了能够获得更多的经营回报,就要更加注重企业的长期发展和市场竞争力。

第二节 经营者年薪制的构成及其管理

年薪制的特点主要通过其薪酬结构和要素组合予以体现。

一、年薪制的构成

年薪制是由多种薪酬要素构成的，比较常见的构成方法有：

1.两分法，将年薪划分为基本薪酬和风险收入两部分，前者为基本收入部分，后者是激励收入和福利部分。

2.三分法，把年薪分为基本收入、激励收入和经营者福利三个部分。

3.四分法，将年薪划分为核心薪酬、延期支付薪酬、保障性薪酬和特殊福利四个部分。

二、年薪制的要素

按照通用的四分法，年薪制的构成要素分别为：

1.核心现金薪酬（Current Core Compensation），主要包括基本薪酬、年度红利、短期激励报酬等。

（1）基本薪酬（Base Salary），简称基薪、月薪，即经营者的基本和固定收入，等同于员工的基本工资。基薪在经营者报酬中是固定的现金收入，其主要职能是为经营者提供一个稳定的收入来源，使经营者不必为个人及家庭的基本生活费用承担过多的风险。

与普通员工相比，在经营者年薪中基础薪酬部分的比重小于普通员工的薪酬构成，一般在50％以下。经营者的基薪只起基础和生活保障作用，不起主导作用。

核心雇员、高薪雇员一般按照企业规定的薪酬结构支付基本薪酬。鉴于高层雇员一般具有资历长、经验丰富、有特殊的技能，以及晋升机会少等特点，基薪等级和数额比较高。而CEO的基薪支付一般不包括在企业正规的薪酬结构中，主要因为在企业重大事务的处理上，他们的工作是决策性质的，工作性质复杂，不确定性强，不可能用特定的职责和任务加以限定。此外，建立一个具有外部竞争性的CEO薪酬水平也比较难。

（2）年度红利（Bonus）。红利是对经营者短期经营业绩（1～2年）的奖励，也是经营者薪酬的一个组成部分。红利也用于普通员工，但在经理收入中更为常用。红利是非固定性收入，它也分为特殊奖励和较为固定的奖励,正常奖金一般与基本工资成正比变动,基本工资高,红利也高,通常占总收入的 25％左右;特殊性奖励不定。

各企业决定红利分配的具体标准不同。例如,美国铝业公司(Aluminum Co. of America)以公司给股东分红的数额来决定经理的分红,艾西兰石油(Ashland Oil)以公司的税后净收益为指标,波音公司(Boeing Co.)以税前净收益为指标,杜邦公司(Bu pont)和国际电报电话公司 (ITT Corp)以税后净收益加上股票价值为指标决定经理人员的分红。[①] 但是红利的分配一般随企业经营状况而变动,与企业经营效益挂钩。一般有四种类型:

一次性红利(Discretionary Bonus),决定一次性(非固定性)薪酬的发放根据四个要素指标:公司利润、公司的财政状况、商业状况、未来前景等。

绩效红利(Performance－contingent Bonus),根据一些事先规定指标,例如利润增长、市场份额扩大等,发给经营者的带有特殊嘉奖性质的红利。

预先配给红利(Predetermined Allocation Bonus),按照一个固定的公式分配的红利,提前给定,不随企业绩效变动。

目标计划红利(Target Plan Bonus),与企业目标绩效相关的红利,红利随公司绩效和市场份额而变动。当公司利润和市场份额达到一定限度时,方可得到奖励;而指标下降到一个规定的限度时,经营者不能接受奖励。

(3)短期激励报酬。为了奖励经营者与企业战略目标相关的特殊业绩,企业也设置一些短期激励报酬,即奖金。经营者的奖金形式包括参与公司的利润分享、收益分享计划等。

经营者的利润分享计划与其基本薪酬、生活费补贴等薪酬形式相独立,是一般员工利润分享计划的一个组成部分。国外较为广泛的应用形式有两种:其一,现金收益分享计划,对绩效优秀的经营者以季度或年度为期给予现金形式的奖励;其二,延期支付收益分享计划,一般是以信用的形式作为经营者退休收入的部分。现金收益分享计划如与

[①] 王一江、孔繁敏:《现代企业中的人力资源管理》,上海人民出版社,1998年,第269页。

定期的核心薪酬组合在一起，则要支付个人收入所得税；如采取延期支付的形式，可免税直至退休之前。

与一般的管理者和员工不同，经营者的短期激励报酬比较适合以团体的形式进行，这样有利于对合作性绩效的考核，在分配时可以考虑高层管理者个人贡献的不同，在奖励数额上拉开差距。

2.延期支付薪酬，主要形式为股票期权(Stock Option)。

延期支付薪酬是经营者薪酬制的标志。它的基本内涵是经营者与公司之间签订了一份契约，以协议的形式承诺公司将员工的报酬推至未来支付。延期支付通常以股票期权的形式支付。近年来，国外企业多采取股票期权的方式支付大部分经理人员的收入，最高者达十倍或数十倍以上。股票期权是指企业经营者在某一约定期限内以预先确定的价格购买本企业一定数量股票的权利。期权的特点，一是有偿性，经营者须花钱购买，收益则来自购买价与市场价的差额；二是一般有选择性，经营者可以买也可以不买，它是一种权利而非义务。

以股票期权为代表的经营者延期支付薪酬的优点为：

(1)有助于树立新的管理理念。在公司与经营者之间，建立一种长期的合作与利益分享关系，特别是树立经营者作为公司所有者的理念。

(2)得到税收方面的便利。发达国家对工资、股票收益、福利以及退休金等收入要素之间的税收政策不一样。通过股票等其他形式支付报酬，可以得到税收上的优惠。

(3)享受股票升值的好处。随着公司股票的增值，经营者分享到的公司财产也相应增值。股票可以为经理们提供长期收入的保证，一方面，股票的价格虽然在短期内会受很多因素的影响，但是长期收益最终取决于企业经营的好坏。因此，经理们如果持有本公司的股票，其收入就与企业短期风险的联系不紧密，而与企业长期效益相联。另一方面，如果企业经营失败，被其他企业收购或者合并，只要持有企业股票，就等于还有一定的收入保障。因此，许多企业高级经理人员，并不看中年薪中的基薪部分，而是公司的股票，它们有可能带来无法估量的巨额收益。

(4)激励经营者承担经营风险。与基薪相比，股票期权对经营者承担风险的激励作用更大。经理们如果持有本公司的股票，其收入就与企业短期风险的联系不紧密,而与长期效益相联。经营者持股可以激励他们为促使企业效益长期增长而努力,抑制其短期行为。

3.福利和津贴,包括强化保障性项目或"经理优待"。

经营者的福利不同于一般员工的福利,它既包括一般员工所能享受到的,如医疗保险、带薪休假等福利待遇;还包括能享受企业所提供的特殊福利,即"经理优待"(Perquisite)。

强化保障性项目主要是为经营者专门设计保险项目,例如为经营者本人及家庭成员购买补充性人寿保险,其收益远大于一般性保险;提供补充性退休保险;为了享受税收优惠,公司将经营者的一些收入以延期的形式支付等,这些都可以躲避高昂的税收。

经理优待主要是为经营者提供更为优越的工作和生活条件,以及满足其精神和地位上的需求。表13-1是《华尔街报》1994年4月3日披露的美国公司向高级经理人员提供的各种类型的特殊福利及其比重。

表13-1 高级经理人员的特殊福利

序号	福利类型	提供该福利的公司占调查%
1	定期身体检查	85
2	财务咨询	70
3	使用公车	63
4	俱乐部费	62
5	头等舱旅行	57
6	使用公司飞机	53
7	个人责任保险	47
8	移动电话	45
9	司机服务	35
10	空中旅行贵宾待遇	30
11	专用停车位	29
12	家庭警报系统	26
13	经理餐厅	20
14	家庭计算机	9
15	公司贷款	6

资料来源:王一江、孔繁敏:《现代企业中的人力资源管理》,上海人民出版社,1998年,第271页。

这些福利项目的提供目的主要有三个：一是保证企业的最高经营者能够有舒适的个人和家庭生活环境，集中精力从事管理工作；二是为了更好地激励；三是在市场竞争中，代表企业的良好形象。

4.离职补偿，主要形式为"金降落伞"计划。

经理人员除了在职可以享受到特殊福利之外，因为其他原因，例如企业被其他公司收购或者合并，使得本公司高级管理人员离职，也可以得到补偿。这就是"金降落伞"计划。

"金降落伞"的特殊福利自20世纪80年代以来在欧美非常流行。计划内容是在经营者与企业签订的协议中包括离职和退休，以及特殊情况下，例如企业被其他公司收购、合并，不得不离开企业时，所享受的特殊待遇内容，这就是所谓的"金降落伞"计划。金降落伞计划实施的原因有两个，一是承担经营者一些预料不到的风险；二是为了吸引更优秀的经营者，解除他们的后顾之忧。

金降落伞计划的实施也会带来一些负面影响。例如，根据美国20世纪80年代的统计，收购公司支付的金降落伞费用已经远远超过经营者的年收入。例如，那比斯特被收购之后，总经理的离职费为5300万美元，其他高级管理者也都在千万美元以上。这样就会对经营者产生一种负激励，一是经营失败之后个人仍可获利；二是因为高层人员的离职补偿数额太大，被收购公司在付完"金降落伞"费用之后，其价值大大降低，使得一些公司被收购的可能性变小。①

三、年薪制的实施条件

作为一种特殊的企业薪酬制度，经营者年薪制的实施需要良好的实施条件和运行环境。

1.现代企业制度

现代企业制度是经营者年薪制的制度保证。它的主要特点包括：企业所有权与经营权的分离，以保证经营者有独立的经营决策权；公开

---

① 王一江、孔繁敏：《现代企业中的人力资源管理》，上海人民出版社，1998年，第272页。

招聘、优胜劣汰制度,保证经营者的高素质;以契约形式确立经营者的责权利,通过一套科学、严密、完善的监督体系和内部管理机制制衡和规范经营者行为。

2.科学的评估机制

只有对企业资产和经营状况进行准确的评估才能决定经营者的基薪和风险收入,这取决于两个条件:一是全面反映企业经营状况的指标体系。对企业经营状况的考核必须全面反映企业资产的增值保值情况、企业赢利、偿还债务和企业成长的能力,以及技术改造的投入、新产品研究开发投入以及人力资源状况。二是社会评估机构的介入。社会评估单位必须有强大的评估力量,能够公正、客观地评价企业经营状况和经营者的工作绩效。

经营者的业绩评估是年薪制实施的基础,也是一个较为复杂的问题。传统的工作评估方式,例如上级或下级打分法、指标量化法和效益比较法等,在对管理者业绩评估时有很大的局限性,但因为没有更好的办法替代,许多企业在评估中还是采用这些方法。国外一些企业在选择评估要素时做了一些改进,特别注重经营管理者处理和解决问题的能力,如创造性、应变性、克服困难、承担风险,以及工作的开创性等方面。还有的企业针对经营者对企业效益和企业发展的贡献制定一些硬性的业绩衡量指标,但都见仁见智,没有固定的模式。

3.良好的企业运行环境

年薪制所需要的企业运行环境包括需要理顺经营者与出资者的关系,经营者与企业其他雇员的关系;完善的企业家市场,促进经营者职业化、市场化的运行机制;宽松的宏观经济环境和公平竞争的市场,使企业业绩能够与经营者的劳动付出和经营水平紧密联系在一起,等等。

四、经营者薪酬的设计原则与实施程序

经营者的薪酬需要精心设计和运作,主要的设计者和参与者包括:

1. 薪酬顾问

薪酬顾问的职责是为薪酬提供咨询和建议。这些薪酬顾问通常受雇于大的咨询公司,为企业的薪酬设计和管理提供咨询。例如,著名的国际四大薪酬咨询公司为:海氏公司(Hay Associates),韦氏公司(Hewitt Associates), Towers Perrin, William M. Mercer 公司等。其主要的咨询业务包括基于战略的经营者薪酬体系设计,外部市场因素分析,包括产业利润、竞争者信息、长期增长预测;内部因素分析主要是企业的财政状况分析和预测等。这些因素都最终决定企业经营者的薪酬支付数额和支付形式。

2. 薪酬委员会

经营者薪酬委员会由公司内部成员和公司外部成员组成,为了体现最小利益相关化原则,薪酬委员会的外部成员构成主要部分。薪酬委员会有三个职责:

(1)审核薪酬顾问的关于经营者薪酬体系的建议;

(2)评估建议的可行性,例如,对税法、法律程序和税收程序进行相关咨询;

(3)为经营者薪酬主任委员会提供相关的咨询建议。

3. 主任委员会

主任委员会一般由 15 个左右的成员组成,包括内部成员和外部成员,一些成功公司的高层管理者在主任委员会任职。成员中还包括著名的心理专家、法律顾问等。主任委员会的职责是对薪酬顾问的建议给予最终批准。

五、股票期权计划的缺陷与风险

股权期权计划有时也会为经营者带来风险,或者给企业带来不良影响。例如:

1. 股票期权不能全部兑现,特别是在企业效益不好或者外部环境不好的情况下。

2. 泛股票期权现象。股票如果过多地发放给本企业人员,就会出现泛股票期权现象,即所谓的股票稀释现象,对企业的成长没有好处。

3. 高层经理人利用不正当手段通过股票期权获得暴利,例如,虚增了公司利润,许多股票期权方案没有在公司财务上扣除;企业借推行股权计划回购股票,增加借款,增大公司债务,助长股市泡沫;企业高层经理人不长期持有本公司股票,到期即抛,赚取利润等。

4.股票价格失真问题。这是股票期权计划中一个难以解决的问题。因为在股市繁荣时期,即使一个非常平庸的经营者,也可以得到巨大的回报,此时,管理业绩与股票价格之间没有什么相关性。这样不仅会使"股价"作为衡量公司绩效的标准失真,而且对管理者也没有什么激励。反之,在股市萧条时期,经理人再好的努力,也无法挽回大势所趋的股市下跌,在这种情况下,也难以衡量经理人业绩和对经理人产生激励。对此,公司也可能会采取一些措施,比如通过一些措施留住和激励经理人,但这也很难解决股票市场价格的失真问题。

第三节 经营者薪酬的理论解释与国际比较

一、理论解释

企业为什么对经营者实施与一般员工不同的年薪制度,经理人员之所以能够拿到高于普通员工数十倍、乃至数百倍的收入,主要有三种理论解释:

1.代理理论(Agency Theory)

在现代企业制度,即法人治理制度下,资本所有权和管理权分离,企业的所有者和控制权分离,企业家职能分解为风险承担、决策控制和决策管理权,即所有者企业家和经营者企业家。职业企业家是企业的最高被雇佣者,从事管理工作,得到劳动报酬。

在现代企业制度中,经营者与资本所有者之间建立了一种委托——代理关系。高层经理报酬由董事会决定,两者之间是一种建立在法律基础上的委托代理关系,年薪是这种关系成立和行使的一个条件。企业要依靠报酬机制来激励和约束经营者的行为。一方面,激励经理们敢于担风险;另一方面,又要约束经理们回避风险的倾向。

2.锦标赛理论(Tournament Theory)

该理论解释两个问题:一是经理人员工作的积极性不仅取决于当前收入,而且取决于未来收入。锦标赛的目的是为了通过竞争、选拔和淘汰运动员,运动员本局的成绩决定着下一轮的成绩和奖励。二是越接近上层,所余下的机会越少,而且收益越少,那么人们努力的积极性也就越小。如何在机会减少的同时,不降低"剩余收入"和增加激励,办法就是对高层次人员给予高报酬。

3.明星效应说

1995年,芝加哥大学的卢卡斯认为,优秀的管理人才,如同最优秀的音乐和体育人才一样,是一种非常稀少的资源。同时,劳动力市场上存在着信息不对称的问题,使具有优秀管理才能的人才,不易发现。这种人才一旦被发现,就是明星。这样就会出现竞争:都愿意将自己的企业交给明星管理,企业越来越大;为了争取到明星,抬高明星的价格;同时规模越大的企业,越需要明星管理,因为能管理这样的企业的人才更为缺乏,这样,明星的价格就越高。

二、对经营者薪酬快速增长的质疑

经营者薪酬比普通员工要高得多,美国尤其高。1995年,美国员工的年平均工资是24908美元,CEO的平均现金收入是165万美元,延期支付的收入总计209万美元,两项总计为474万美元左右。美国前十名CEO的薪酬为1702.6万美元。[①] 进入2000年以后,CEO的收入继续增加,最高者的薪酬已经超过6亿美元。由此产生的疑问是:

1.经营者的薪酬与企业效益的增长直接相关吗?美国一些机构就这个问题进行了调查,主要通过两个指标衡量两个对应关系,一个是经营者的短期收入与企业利润之间的关系,分析结果呈现正相关关系;另一个是经营者的长期收入与企业利润之间的关系,结果是无显著相关。

2.经营者的薪酬合理吗?是否经营者的报酬越高,或者与一般员工之间的报酬差距越大越能激励经营者的贡献,对此争议很大。许多

---

① Joseph J. Martocchic:"Strategic Compensation:A Human Resource Management Approach",Prentice Hall,1998,P345.

国内外的经验表明,一些国家高层管理者的收入增长与普通工薪阶层之间的差距越来越大,尤其在美国,1995年CEO的平均工资与幼儿园员工收入之间的差距是176倍,目前远远超过这个差距。在1990年~1995年期间,CEO薪资增长了18%,而普通员工收入仅增加2.6%。

3.与企业裁员之间的关系。目前许多企业在企业裁员、CEO收入和公司利润之间出现了耐人寻味的变动关系:裁员与公司绩效成反比,与CEO薪酬成正比。例如,美国的统计显示,在1990年~1995年期间,随着成百万员工的裁员,公司的合成利润(Corporate Profit)平均增长了75%,CEO的薪酬增长了92%。CEO薪酬增长的效益不如企业减员的效果明显,这种事实使人产生一种不公平感。正如一些分析所指出的,公司是将效益下降的责任推给了普通员工,而不是企业的决策者,这显然是与经营者薪酬设计原则相悖的。

三、CEO薪酬的国际比较

在当今世界各国,美国的经营者,尤其是企业的最高执行总裁的薪酬首当其冲。根据1994年的统计,美国CEO的薪酬比其他国家的要高出10倍以上,其他国家CEO的货币薪酬总额(基薪和奖金)最高不过50万美元,而美国平均达到428万美元。表13-2是1994年几个国家之间CEO的薪酬及其构成的比较。

表13-2 CEO薪酬的国际比较

国家	总薪酬（万美元）	薪酬构成(%)		
		货币薪酬（基薪＋红利）	延期支付	福利
日本	48	31.2	17	18
法国	47.5	27.55	16	26
意大利	42.5	27.63	3	30
德国	41	32.39	9	12
英国	39.5	22.52	13	30
西班牙	——	27.65	7	14
泰国	——	11.68	——	——

续表

国家	总薪酬（万美元）	薪酬构成:(%)		
		货币薪酬（基薪+红利）	延期支付	福利
新加坡	——	11.37	——	——
印尼	——	9.63	——	——
澳大利亚	——	8.71	——	——
菲律宾	——	7.29	——	——

资料来源：根据 Joseph J. Martocchio,"Strategic Compensation: A Human Resource Management Approach", Prentice Hall, 1998, P363 加工整理。

CEO的薪酬之所以在国家间有如此大的差距，除了社会经济发展水平上的差异之外，主要是源于不同的企业制度和管理模式。在对待经营者业绩激励和年薪问题上，目前国际上区分为三个模式：①

1. 日本模式

虽然日本经理人员的收入远低于美国，但流失率却相当低，这与日本企业高层管理者的管理机制有关。一般认为，日本企业在企业高层人员管理上有三个有效机制：

(1) 稳定就业机制。企业对高级管理者实施稳定就业政策可以收到两种效应：培养经营者对企业的忠诚度，可以较长时间地考察他们的能力和绩效。

(2) 企业风险控制机制。日本企业多以银行和企业间参股、家族企业制度等多种形式来避免经营风险，从企业制度上保证经营者的经营风险最小化。

(3) 允许经理人失误机制。日本企业的管理系统和管理制度上也有比较完善的回避风险机制，保障经营者不会因为一两个项目的失误而导致企业和个人的破产。

2. 欧洲模式

欧洲大企业高层经理人员的收入虽高于日本，但也远低于美国，而

---

① 王一江、孔繁敏：《现代企业中的人力资本管理》，上海人民出版社，1998年。

且经理人的流失率低,较为稳定。该模式的形成主要有两个原因:

(1)欧洲一些国家的传统家族企业比较多,在经理人员的选拔和使用上有独特的机制,不像美国比较崇尚经营者的明星效应。

(2)国家参股,使企业承担风险的能力加大。

3.美国模式

美国的经营者的年薪是世界最高的,但流动率也是最高的。其原因在于美国的企业制度和外部经济环境。美国企业制度的特点为:

(1)企业对明星管理者的依赖性大,他们之间的竞争性也非常强。

(2)企业经理流动性大,一个项目成功,经理人就成名,很可能被其他公司用高薪挖走;反之,一个项目失败,就被解雇。

(3)银行和政府不给企业提供可靠的制度保证,有利可图银行则贷款给企业;无利则不贷。银行对企业内部情况不了解,只能依靠当前状况作出判断,企业经营只能依靠其在市场上的竞争能力。

(4)美国的股票市场也异常活跃,企业经营不善,股票价格马上下跌,有人及时收购。

也许正是这些因素,加剧了美国高级管理人才的稀缺性和高价值,他们的流失会造成企业经营的失败。为了将经理人员的个人利益与企业利益更紧密地捆在一起,只有依赖年薪制来吸引和留住顶尖人才。这就是为什么美国企业首席执行官的年薪远高于欧洲和日本等一些世界级企业的主要原因所在。

第四节　我国企业的年薪制与经营者报酬激励

一、问题的提出

改革开放后,我国的一些非国有企业开始引进经营者年薪制度,但国有企业经营者年薪制的实施比较艰难。1986年底为配合国有企业改革,推行厂长(经理)负责制,国务院颁发的《关于深化企业改革增强企业活力的若干规定》中规定,"凡全面完成任职期内年度责任目标的,经营者的个人收入可以高于职工平均收入的1~3倍。做出突出贡献的,还可以再高一点。完不成年度责任目标的,应扣减厂长的个人收入"。这一文件被认为是我国实行经营者年薪制的开端。从1992年起,在一些省市的近万家国有企业中也开始试行企业经营者年薪制,但由于企业内外部环境及执行中还存在很多问题,实施效果不理想。鉴于此,1998年1月劳动部宣布在国有企业中暂停实施年薪制。但这不表明,企业经营者年薪制作为一种现代企业的工资制度,在我国没有生存和发展的前景,只是我国需要进一步完善年薪制有效实施的内部条件和外部环境。

关于我国的企业家报酬激励与年薪制问题,最初的理论探讨可以追溯到20世纪80年代中期,主要涉及国有企业的改革和经营活力问题,经济学家在提出企业制度改革的同时,也开始反思当前我国国有企业经营者的报酬激励问题。事实上,我国的企业家在企业中的作用与其所得报酬之间存在着极大的反差。但是,这个过于尖锐而又敏感的问题却被缠绕在理论的争议中,迟迟未能付诸实践。终于,在20世纪最后10年之内,连续发生了数起巨大的国有企业老总侵吞国家财产、损害国家利益的恶性事件,将企业家报酬激励的争议推向峰颠。

事件1:武汉长江动力集团的老总于治安携巨款出逃事件。一个曾因为使原有濒临倒闭的国有企业汽轮发电机厂起死回生而出名,被先后被授予全国劳动模范、全国优秀企业家、国务院有突出贡献的专家、湖北省人大代表、武汉市政协、全国工商联执委会常委等一系列耀眼光环的企业家,却在1995年4月"突然失踪",出逃到菲律宾。而其所在集团所属的200余家企业绝大多数是亏损企业,负债总额达8000万元。于治安本人在1992年,已经私自动用企业的50万美元,以个人的名义在菲律宾注册了一家私人公司,并在政府查办前,及时将股份转手变卖,改为由菲律宾人控股的企业。

事件2:1998年,红塔集团老总——"烟草大王"储时健从事业的顶峰跌落,其原因是在即将退休之时,私分了300万美元。储时健从一个小厂的管理员到名列亚洲第一、世界第五的红塔集团的董事长,奋斗了数十年,仅在厂长的位置上就干了18年。把一个在1978年时只有几千万的烟草厂发展到1996年仅年利税就200个亿,其红塔山品牌无形资产就达到332个亿的著名企业。储时健在位期间,为国家创造了800个亿的利税,而他个人17年的合法收入,不及当时一个影星拍一个广告的收入,其年收入不及一个歌星走一次穴的收入。

不仅如此,中国的企业家其政治和社会声誉寿命之短也是举世闻名的。《中国企业家》杂志曾作过一个统计,10年前评选出来的首届20名"全国优秀企业家"中,1人病逝、1人叛逃、3人高升、5人离退、6人辞职、免职、停职……仍在原企业任职的仅剩4人![1]

实践的推动力远大于理论的推敲作用。从20世纪90年代中期开始,武汉、重庆、深圳、绵阳等市开始了年薪制的试点,并拉开了我国国有企业经营者职业化、市场化的序幕。

随着股份制的发展,上市公司的经营者普遍实行了年薪制,根据中国证监会的要求,上市公司在1998年年度报告中首次批露公司管理层的年薪收入情况。至此,我国年薪制的讨论不仅是一个国有企业的激励与管理手段问题,而且成为资本市场的运作与监督机制问题。

众所周知,完整的企业家报酬包括基薪、风险薪酬、长期激励报酬和福利薪酬等部分。早期关于企业家的报酬争议焦点仅限于经营者的报酬是否可以区别于传统的月薪制,由货币工资改为以经营收入为基础的年薪制。一旦进入资本市场的运营之中,经营者的收入成分则会发生性质上的变化,年薪制的主体就不是所谓的月基薪和年风险金了,而是以股权为主体成分的长期激励薪酬问题。显然,我国的众多企业对年薪制的认知,尚未进入这一阶段。

二、我国企业经营者年薪制的基本内容

从2000年开始,国有企业的企业经营者年薪制试点工作重新启动,试点人员为企业董事长和总经理。从北京和上海一些企业的试行情况看,经营者年薪制的主要内容有:

---

[1] 张文贤:《管理人股:人力资本定价》,立信会计出版社,2001年,第20~25页。

1.年薪仍分为基薪和风险薪酬两部分,其中风险薪酬必须与企业经营效益捆绑在一起。

2.年薪制、风险抵押经营、经营者持股经营、期股期权激励和按要素分配等五种经营者收入分配方式一并成为新的经营者收入分配制度。

3.鉴于中国目前市场机制的独特性,股票期权采取期股的形式。企业与经营者签订期股协议,经营者付一定比例的现金,其余部分由企业贷给经营者。如果企业经营有方,利润增长,经营者用分得的红利来偿还这部分资本信贷,所有借贷还清后就可以真正拥有这部分股份。反之,如果企业经营不善出现亏损,那么就要在经营者已经买下的股份中作相应的扣除。

中国期股制的重要特点在于延期兑现。当经营者偿清所有资本信贷成为资本所有者,这些股份并不能马上兑现,而是在经营者离任、升迁、转职离开该企业一段时间后,经过严格的财务审计发现没有潜亏等问题再逐步兑现划给经营者。这样就可以有效地避免国企中内部人控制和经营者短期行为,把经营者的收入与企业的长期发展挂起钩来。

三、我国企业经营者年薪制展望

应该说,经营者股票期权作为一种金融衍生工具,在激励和监督经营者方面,确实能够发挥重要作用。在市场经济条件下,由于所有者和经营者存在着信息不对称,而且所有者关心的是资产的保值增值,经营者关心的是自己的收入和奖励,目标差异导致假如激励制度不到位,就可能会出现经营者滥用职权、在其位不谋其政、风险经营造成亏损等损害所有者利益的现象。因此,为了使经营者与企业的利益更紧密地结合在一起,通过经营者股票期权这个"金手铐"留住人才,同时有利于降低企业的代理成本。与国外企业相比,中国的企业,尤其是国有企业,特点突出,不仅表现在委托代理关系中存在的一些共性问题,而且具有许多特性。尽管现在许多企业的经营者的工资收入水平比较低,但是庞大的"在职消费",致使中国的企业经营者被认为是世界上待遇最高的,企业的代理成本也是十分昂贵的。因此,我国在国有企业中引入经营者股票期权制度,在一定程度上有助于解决经营者和企业所有者之间的利益平衡问题,降低企业的代理成本。

不能期望一种激励约束制度能够完全解决中国企业目前存在的问题。在中国,经历了承包制、租赁制、抵押资产、绩效薪酬、员工持股等多种薪酬改革的制度后,经营者年薪制又被引进,尽管目前在我国年薪制正处于迅速发展阶段,但已经出现了许多不可回避的问题,诸如:制度保障与法律约束问题,激励对象的明确问题,融资渠道问题,股票的上市流通问题,以及产权界定、合理的激励度确定和经营者绩效考评等。这些问题不解决,经营者股票期权有可能成为"变相福利"分配,失去应有的作用。

参考资料

1. Joseph J. Martocchio:"Strategic Compensation: A Human Resource Management Approach", Prentice Hall, 1998.
2. 张文贤:《管理入股:人力资本定价》,立信会计出版社,2001年。
3. 王一江、孔繁敏:《现代企业中的人力资源管理》,上海人民出版社,1998年。

思考题

1. 为什么对企业的经营者要实施特殊的报酬激励?
2. 经营者年薪制主要的构成要素和管理特征是什么?
3. 为什么发达国家的经营者年薪制具有不同的特征?它们各自的优点和缺陷是什么?
4. 评论我国经营者年薪制的实施环境和运作特点。

第十四章

员工福利管理

本章学习要点

- 了解员工福利的类别、特征、作用,构建符合现代管理模式的员工福利管理系统。
- 了解法定福利的基本内容,熟悉养老保险、医疗保险、失业保险等社会保险制度的管理规则和运作程序。
- 了解员工福利项目的设计与实施原则,寻求福利管理创新的新途径。

企业薪酬管理是建立在总薪酬基础之上的,当代企业人力资源管理理论把员工福利称为福利性报酬、柔性津贴、隐含收入等,因此,员工福利管理是薪酬管理的一个不可或缺的部分。

第一节 员工福利的一般概念

一、员工福利的构成

对企业员工而言,福利包括两个层次:一部分是政府通过立法形式,要求企业必须提供给员工的福利和待遇,称之为法定福利;另外一部分是企业提供给本企业员工的福利,称之为企业福利。企业福利还可分为两种形式,一种是由企业兴办的各种集体福利;另一种是企业为员工及其家庭所提供的实物和服务等福利待遇。

狭义的员工福利又称职业福利或劳动福利,它是企业为满足劳动者的生活需要,在工资收入之外,向员工本人及其家属提供的货币、实物及一些服务形式。企业薪酬的性质和管理模式决定了员工福利的性质与构成。

二、员工福利的特点

按照传统的员工福利管理模式,补偿性、均等性和集体性是员工福利的三个主要特点:

1. 补偿性

员工福利是对劳动者为企业提供劳动的一种物质补偿,也是员工薪资收入的补充分配形式。一些劳动报酬,不以货币的形式支付,可以非货币的形式支付;不宜以个体的形式支付,可以集体的形式支付。

2. 均等性

员工福利的均等性特征是指,履行了劳动义务的本企业员工,均有享受各种企业福利的平等权利。由于劳动能力、个人贡献及家庭人口等因素的不同,造成了员工之间在薪资收入上的差距,差距过大会对员工的积极性和企业的凝聚力产生不利的影响。员工福利的均等性特征,在一定程度上起着平衡劳动者收入差距的作用。均等性是就企业一般性福利而言的,但是对一些高层次福利,许多企业也采取了有差别对待的方式。例如,对企业高级经理和有突出贡献员工,企业提供住宅、专车、旅游、度假等高档福利待遇,以此作为一种激励手段。

3. 集体性

兴办集体福利事业,员工集体消费或共同使用公共物品等是员工福利的主体形式,因此集体性是员工福利的另一个重要特征。集体性消费除了可以满足员工的某些物质性需求之外,还有一个重要特点是可以强化员工的团队意识和对企业的归属感。例如,集体旅游、娱乐和健康项目的实施等,都可以起到这种作用。因此,许多企业文化都是以企业福利项目为载体的。

三、类别与内容

企业员工福利分为集体福利和个人福利两种基本形式,内容有所不同。

1. 集体福利

集体福利是企业举办或者通过社会服务机构举办的,供员工集体享用的福利性设施和服务,这是员工的主要福利形式,如住宅、集体生活设施和服务、带薪休假、免费旅游等。

2. 个人福利

员工个人福利是指由员工福利基金开支的,主要以货币形式直接支付给员工个人的福利补贴,它是员工福利的非主要形式。其内容包括:两地分居的员工享受探亲假期、工资补贴和旅费补贴待遇;上下班交通费补贴;冬季生活取暖补贴;生活困难补助;生活消费品价格补贴、婚丧假和年休假工资等。

集体福利和个人福利的内容丰富,各企业规定不尽统一。一般来讲,大型和效益较好的企业比较重视员工的福利待遇,费用支出比例高;小型企业或者效益欠佳企业,员工福利待遇相对差。

第二节 社会保障体系与社会保险及其管理

员工的社会保障体系和社会保险项目是政府通过立法形式,要求企业必须提供给员工的福利和待遇,被称为员工的法定福利。

一、社会保障体系

1.主要内容

社会保障(Social Security)概念起源于20世纪30年代。1935年美国最先建立了社会保障制度,颁布了第一部《社会保障法》。早期的社会保障与社会保险在概念和内涵上区分不很严谨,通常用社会保险(Social Insurance)代替社会保障,这是源于最初的社会保障具有社会救济的性质,救济对象主要是一些贫困者和失业者。随着社会保险制度的发展,社会保障与社会保险近乎同义。而后,西方一些福利国家实行多方位的社会福利政策,社会保障体系日益庞大,福利色彩浓厚。国家社会保险的范围和水平与国家经济实力和政府福利政策密切相关,从发展趋势看,尽管发达国家的社会保障水平上都明显高于发展中国家,但是淡化高福利色彩,减轻政府开支,强化企业和个人保险意识是各国社会保障系统共同的改革目标和发展方向。

国际劳工局1989年对社会保障的定义为:社会通过一系列公共措施向其成员提供的用以抵御因疾病、生育、工伤、失业、伤残、年老、死亡而丧失收入或收入锐减引起的经济和社会灾难的保护、医疗保险的保护以及有子女家庭的补贴。[①] 各国对社会保障的定义与国际劳工组织的定义大体相同,一般都认为社会保障是一种公共福利事业和社会救助体系,其目的是保障社会成员在遇到风险和灾难之时,可以通过国家和社会的力量为其提供基本的物质保证。

---

① 吴志华:《现代人力资源管理》,中国纺织大学出版社,1996年,第181页。

社会保险是社会保障制度的核心,目的是使劳动者在因为年老、患病、生育、伤残、死亡等原因暂时或者永久丧失劳动能力时,或因失去工作岗位而中断劳动时,能够从社会获得物质帮助和福利保护。它的运作方式是国家通过立法形式,采取强制手段,对国民收入进行分配和再分配,形成专门的消费基金,在劳动者遇到风险时,提供基本生活保障。两者的主要区别是社会保险不包括社会救济和社会优抚,一些社会保障项目则带有福利和救济的性质。

2.体系结构

企业员工作为社会劳动者的主要构成部分,是社会主要的保障对象,也是社会保险的主体,享受社会保险待遇是企业员工的基本权利。目前各国的社会保障体系不同,我国现行的社会保障系统如图14-1。

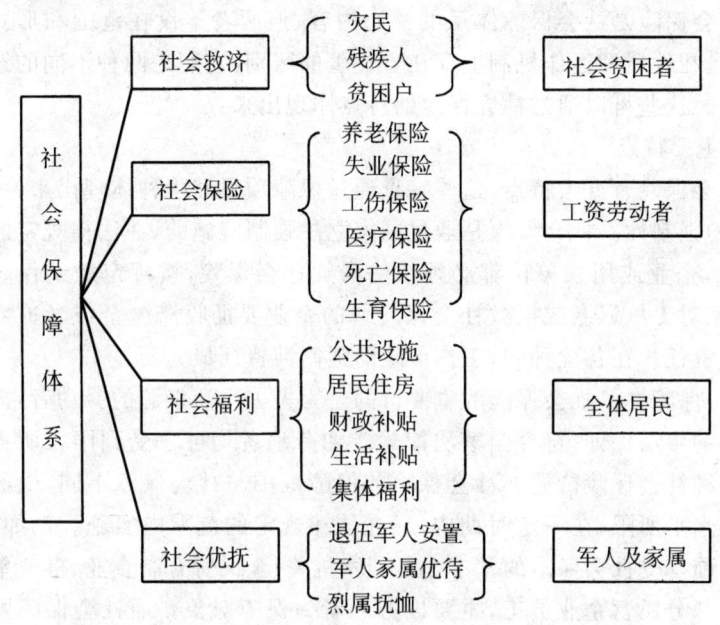

图 14-1　我国现行的社会保障体系

根据图14-1,社会保障体系包括社会救济、社会保险、社会福利和社会优抚等社会保障系统,各系统又包括不同的保障项目。其中社会保险是社会保障的核心,社会保险本身又是一个由功能各异的险种或项目结合而成的保险体系。

我国的社会保障制度在建国以后逐步形成,并对社会保障的各个方面进行了统一规定和制度化管理,主要建成了社会福利、社会救济、优抚工作和员工保险等几大系统,并统一于社会保障概念之中。20世纪80年代中期,我国开始了社会保险制度的改革,养老保险、失业保险、医疗保险等相继改革,新的适应市场经济需要的社会保险体系逐步建立。在此基础上,以社会保险为主体,与社会福利、社会救济和社会优抚有机结合的社会保障体系,也日臻完善。

二、社会保险项目

社会保险是社会保障体系的核心内容,但两者不仅在范围和形式上,而且在性质和运作机制上存在着显著的区别,它们是两种不同的经济行为。这些可以通过社会保险的特点体现出来:

1.主要特点

社会保险有五大特点,这些特点通过保障项目和险种体现出来:

(1)强制性。社会保险是通过国家立法强制实施的,在法律规定的范围内,企业或用人单位都必须依法参加社会保险,按规定缴纳保险费;国家对无故迟缴或拒缴社会保险费的企业要征收滞缴金或者追究其法律责任。在各险种中,工伤保险的强制性特征最为明显。

(2)保障性。社会保险的主要目的是为失去生活来源的劳动者,提供基本的生活保证,符合国家法律规定的劳动者均可享受到国家所提供的各种社会保险待遇。社会保险的保障范围与社会保障不同,受经济发展水平所限,在一定时期内,只在法律规定的范围内实施。例如,我国目前享受社会保险的基本上是国家机关、全民所有制企业、事业单位及一部分民营企业员工,主要以劳动者为保障对象。而社会保障则是在全社会范围内实施的,经济发展水平只决定保障水平,不影响保障范围。

(3)互济性。社会保险是政府运用统筹调剂的办法,集中筹集和使用资金,以防范或解决不同层次、行业、职业劳动者由于各种劳动风险造成的生活困难。互济性与社会保险的社会性有密切的关系,是运用社会力量进行风险分摊和损失补偿。由于各种劳动风险涉及的劳动群体不同,也由于受国家统筹能力的限制,所以在一定时期内,只能对一些劳动风险进行一定程度和水平的防范和补偿。换言之,社会保险的互济性和社会性具有相对意义,它主要是补偿劳动风险对劳动者造成的直接收入损失,是维持劳动力再生产的特定手段。例如,工伤、失业、医疗和养老保险等险种社会统筹的范围较大,互济性也较强,而生育保险相对较弱。这一特点与社会保障有所区别,社会保障不仅要承担所有国民可能遇到的一切风险,而且还承担社会发展方面的责任,例如义务教育、公共卫生和社会安全等。

(4)差别性。社会保险具有一定的福利性,但在享受保险待遇上也体现一定的差别性。当劳动者同样遇到年老、患病、死亡、失业、生育等风险时,由于个人的工龄、工资和缴纳的保险费用不同,其享受的保险待遇也会有差别。例如,一些国家企业员工的养老保险待遇,与企业和个人保险金缴纳数额有直接的关系,甚至为了保证员工年老时的生活水平和生活质量,大力发展多层次的社会养老保险制度,即鼓励企业兴办补偿养老保险和个人储蓄养老保险,作为社会养老保险制度的补充。

(5)防范性。由政府征集,企业和个人缴纳的各种社会保险基金是为防范风险所用,是为了在劳动者在遇到劳动风险时,有足够的物质基础来提供资助,防范性是社会保险的一个基本特征。总体而言,各种社会保险基金都有防范风险的作用,但是一些险种,例如工伤保险、生育保险,其风险概率基本稳定,采取"以支定收,收支平衡"的原则。但是对于一些风险周期长,风险概率不稳定,或者风险群体变化较大的险种,也会选择"积累式"等保险基金的筹集方式,以加大社会防范风险的能力。社会保险的防范性是与投保人的权利、义务相联系的,投保人的给付水平与投保金额直接相关,只是在一定条件下根据保障对象的情况进行统筹。而社会保障分配一般不强调权利与义务的对应关系,多数情况下是国家、社会对保障者的单方援助,以保障其基本生活需要为目的。

2. 主要内容

社会保险是企业员工主要的社会保障待遇,员工因为面临的劳动风险不同,所以享受到的保险待遇也有所不同。鉴于各国的发展水平和社会保险制度的完善程度不同,所提供的承保项目不完全一致。我国目前已经提供或者正在建立的企业员工社会保险项目包括:

(1)养老保险。年老丧失劳动能力是每一个企业员工面临的风险,养老保险是我国目前覆盖面最宽、社会化程度最高的社会保险形式。

(2)失业保险。由于社会、企业或者个人问题,员工也会面临着失业、短期失去工作机会的风险,企业必须为员工支付失业保险费,以备失业后生活必需和接受再就业训练之用。

(3)工伤保险。员工因工受伤和死亡是企业难以避免之事,员工享受工伤保险待遇是基本的权利,国家强制性筹集和发放工伤保险制度。

(4)医疗和死亡保险。医疗保险制度是解决员工非因工生病之后的治疗和生活保障;死亡保险是解决企业员工死亡之后,遗属的生活保障问题。

(5)生育保险。生育保险是为企业女员工设置的专门保险项目,以解决妇女生育期间的生活保障,体现妇女和儿童的特殊权益。

3.社会保险基金

社会保险基金是国家强制征收的用于抵御劳动风险的一项基金。筹集对象包括政府、集体和个人;基金来源包括企业和投保人依法缴纳的社会保险费和社会滞纳金,社会保险基金的增值性收入,政府投入资金以及各种捐赠收入等。

(1)统筹范围。社会保险基金采取统筹方式。所谓统筹,就是在社会范围内对社会保险基金的来源和用途做出统一的规定、计划和安排,以发挥社会保险的功能,促进保险基金保值和增值的一种基金管理制度或基金管理方式。统筹范围表明社会保险的社会化程度和保障水平,它可以从四个角度衡量:

第一,企业或用人单位。是全部企业,还是部分企业纳入统筹范围,我国传统的社会保险主要是国有和城镇集体企业,目前逐步扩大到所有企业。

第二,劳动者范围。是全部劳动者,还是部分劳动者纳入统筹范围,与投保企业相对应,我国纳入社会统筹范围的劳动者也逐步扩大,由原来的国有和城镇集体企业扩大到所有工资收入者。

第三,保险种类和保险项目。一般而言,养老、失业、工伤、医疗和生育保险是社会保险的基本险种,也是现代企业员工基本的福利待遇,特别是养老和医疗保险,各国都强制性地实行社会统筹。社会保险项目视国家经济发展水平和企业缴费能力有所不同。经济实力强的国家和企业,保险种类和保险项目相对宽泛,保障水平相对高;反之,则只能保障员工的基本需要。

第四,地域范围,即在哪一级的行政区域内统筹。例如,养老保险和医疗保险,目前在我国已经开始实行省一级的社会统筹。

按照统筹的原则,社会保险费用由不同的主体承担。例如,在我国目前,由财政拨款的单位,养老、失业、医疗保险费用由国家负担大部分,个人承担小部分,工伤和生育保险由国家承担;非财政拨款的企业,养老、失业和医疗保险费用由企业和劳动者共同承担,一般企业承担大部分,工伤和生育由企业全部承担;实行差额财政拨款的企业,企业部分承担社会保险费用,具体比例由地区政府规定。

(2)统筹方式。社会保险的统筹方式有三种:

第一,现收现付式,又称统筹分摊式或年度评估式。它是指先对近期(1年或几年)社会保险基金需求量进行预测,按照以收定支的原则,将基金按比例分摊给企业和劳动者。按照这种方式,所筹集的基金与同期的保险金支出基本平衡。

第二,半积累式,又称部分基金式或混合式。它是指在现收现付式的基础上,按收大于支,略有节余的原则,按比例征收企业的投保费用。其收大于支的部分基金用于转投经营,用于保值和增值。这是目前采用较多的一种筹资方式。

第三,完全积累式,又称全基金式。它是指对被保险群体的生命过程和劳动风险及其影响因素进行远期预测,在此基础上计算出被保险人在保险期内所需保险金开支的总和,然后按一定比率分摊到就业期的每个年度,投保人按比率逐月缴纳保险费,同时将积累的保险基金有计划地转投经营,使其增值保值。

三、员工的社会福利

1. 内涵界定

国外把社会福利定义为一种社会事业,主要是指政府机构通过与社会服务间的联系,以协调个人和团体在社会生活、公共健康及人际关系等方面的需求,增进社会福祉。在我国,社会福利被定义为一种公共政策,或旨在为促进全体公民生活水平提高和社会稳定而提供的一种社会保障制度。例如,国家为全体公民提供的公共设施、公共服务、社会保险和社会救济等。

2. 基本特征

社会福利有如下基本特征:

(1) 普遍性。社会福利的实施目的是为了促进国民整体生活水平和生活质量的提高,而不是为了部分群体和公民的利益。

(2) 无偿性。社会福利是对全体合法公民提供的一种不付报酬的社会帮助,每个公民都有平等享受社会福利的权利。

(3) 以国家为主体。国家是社会福利的实施主体,提供社会福利是国家的职责,此外一些非功利的社会组织也有兴办社会福利的权利和义务。

3. 主要内容

狭义的社会福利主要是指社会津贴和社会服务两种形式。社会津贴是指国家为了保证某项政策和发展计划的实施,对法定范围内的公民提供一定数量的收入补助,目的在于协调不同社会群体的利益关系,均衡劳动者之间收入的差距。社会服务是指国家通过社会组织兴办的各种社会福利事业和福利项目,为全体公民提供的一种普遍性和公平性的服务。具体而言,社会福利包括如下内容:

(1) 公共设施的建设,主要是公共设施和医疗卫生事业的建设。

(2) 居民住房计划与住房建设。

(3) 用于发展公共事业而提供的财政补贴。

(4) 为保证居民生活水平而提供的生活补贴和津贴。

(5) 各种公共服务等。

虽然社会福利的服务对象是全社会成员,但企业员工作为社会成员的组成部分,是社会福利事业的主要受益者。

4.员工福利与社会福利

企业员工是社会福利的享受主体,但是员工福利与社会福利具有不同的特点。它们的主要区别在于:

(1)提供的主体不同,员工福利是企业或用人单位提供的;社会福利是国家和各级政府提供的。

(2)享受的主体不同,员工福利的享受主体是指本企业员工;社会福利的享受主体是全社会成员。

(3)承办的性质不同,员工福利具有一定的集体性质;社会福利具有一定的社会性质。

第三节 员工福利项目的设计与管理

一、员工福利项目实施目的

目前一些现代大企业越来越重视企业福利在激励员工方面所起到的重要作用。在当今的人才市场竞争中,提供高质量的企业福利是必不可少的"秘密武器"。企业为什么除了货币工资之外,还要为员工提供各种形式的福利待遇,根据一些企业的经验,可以概括以下几点:

1. 规避政府监督

一些发达国家的企业,例如欧美和日本等,都经历过战争和经济衰退时期,政府为了维持国家经济的运转,对工资和物价实行了严格的控制。同时,战争年代因为扩军的需要,造成劳动力短缺。企业为了争夺稀缺的劳动力,纷纷向职工提供优厚的福利待遇,作为规避对工资和物价冻结的一种手段。因为对福利成本的监督难于对工资成本的监督,所以政府在福利问题上不得不采取较为宽容的态度。例如美国,在朝鲜战争期间,企业福利开支大幅度增长,由战争前几乎不提供福利到战争后,各企业的福利开支占到劳动力成本开支的17％。目前,许多国家为了缓和劳资冲突,改善劳动者的生活质量,仍然对员工福利采取减免税收、提供优惠服务等待遇。

2. 工会的认同

工会工资谈判的力量取决于两大因素,一是工会力量是否强大;二是劳动力市场的供求状况。在劳动力短缺情况下,工会集体谈判的力量就会加大,雇主在薪资水平的确定上就会做出一些让步。但是近些年来,各国工会组织的力量都趋于减弱,一些工会考虑政府工资政策调节的影响和协调与雇主关系,也同意企业以提高福利待遇的方式提高工人的劳动报酬。

3. 企业利益需要

在薪酬支付形式上,以更多的福利形式替代货币薪资,对企业有如下益处:

(1) 减少员工中对货币工资的攀比。

(2) 使企业具有更大的灵活性。

(3) 使员工体感到企业的关怀。

(4) 使员工的身体和身心健康受益。

这些益处产生的原因在于,随着工业化和劳动复杂程度的提高,不仅使工人遭受工伤事故的风险加大,而且也加大了工人脑力劳动量,因此,对福利设施的需求加强。同时,现代化的生产经营使得员工工作监督的成本也在加大,单纯依靠外部控制的手段逐渐失效,更多的是需要依靠内部的激励来提高员工的工作积极性。这些因素也促使雇主希望通过提高企业福利来缓解员工的工作压力和生活困难,增强员工和企业的凝聚力。

4. 规模效益与降低成本

福利的支出也有一个规模效益问题,一些福利如果由员工单独购买,成本会高,服务质量难以保证;如果由企业集体购买,就会降低成本,提高管理质量。不仅如此,在许多国家,福利是不纳税的,所以不直接进入员工的工资收入。因此,由企业代替员工管理福利,又是一种

"双赢"战略。

5. 政府的鼓励

企业福利是社会福利的一个重要的组成部分。许多应该政府做的事情,由企业协助做了,这是政府何乐而不为之事,因为企业为职工提供各方面的福利最终都有助于保证员工的家庭和个人的生活质量,因此,政府没有理由不采取支持的态度。所以,政府在税收方面给企业福利提供优惠。这样做的好处有两点,一是约束雇主对劳动力过度使用,不积极保护的行为;二是约束某些雇员家庭生活不合理的安排、计划,或者对家庭和子女不负责的行为。这些行为最终都不利于社会的稳定,都是社会问题发生的隐患。因此,政府支持企业在员工健康和家庭生活方面提供各种有益的措施和服务,是提高社会保障水平,促进社会福祉的重要途径。

战后发达国家的企业员工福利进入了快速增长时期,福利项目不断增多,福利质量也不断提高,企业福利目前已经成为企业薪酬的一个重要组成部分。美国企业员工1995年福利收入的比重已经占到员工总收入的41%,而在1961年,该比例只有25.5%。每个员工的平均福利收入制造业为15839美元;非制造业为14476美元,每小时折合为7美元。其中,带薪休假和病假占10%以上;医疗及相关的福利占11%;社会保险占9%。此外还有企业兴办的各种养老、住房和教育计划等。我国的许多企业也越来越重视福利项目的开发,福利已经成为企业吸引和激励员工的一个重要手段。

二、员工福利项目的内容与类别

企业自行规定和提供的福利和服务在许多企业中统称为福利性薪酬(Benefits),包括带薪休假、人寿保险、教育计划、医疗保险和服务、儿童福利以及员工的一些生活娱乐服务等。这些福利待遇具有间接性收入的性质,因此是货币薪酬的一种补充形式。企业员工的福利项目日益呈现多样化的趋势,主要有以下几种类型:

1. 健康保险计划

企业之所以致力于制定健康保险计划,主要基于三个原因:

(1)伴随着企业健康福利成本的不断上升,需要寻找新的途径控制医疗成本,统筹员工的医疗费开支。促成福利健康保障成本上升的原因主要有三个,一是项目不断增加,一些发达国家,健康保护除了日常的疾病治疗以外,还包括健康护理、牙科及视力保健等众多项目,促使医疗费用上升;二是管理体制造成浪费低效,如医疗部门收费标准不断提高,员工过度消费是发达国家企业面临的共同问题;三是随着人口的老化,企业劳动力也在逐步老化。这些因素都促使企业医疗保健费用呈上升趋势。

(2)企业对人力资本投入的增加。健康投资也属于人力资源投资。伴随着竞争的加剧,企业逐步认识到员工身体和心理健康是人力资源开发管理的一个重要方面。以往企业健康保健的重点是在员工的生理疾病治疗上,不注重心理和精神健康方面的保健。随着人们对心理健康的重视,企业的投入也在增加。此外近年来,酗酒、吸毒、艾滋病等成为发达国家的严重社会问题,也极大地影响了企业的效率和企业形象,迫使企业对有这些不良行为的员工进行生理和心理方面的治疗。

(3)员工对健康需求的增加。随着生活水平和教育水平的提高,员工的健康保险意识越来越强烈,对保健的需求日益增大。企业为了迎合这些需求,加大了对健康保险的投入。

健康保险项目的实施方式多样,一般来讲,为了提高健康保健项目的实施效益,都采取企业和员工共同投资、共同受益的管理方式。但是在投入比例分担上,效益好、福利待遇高的企业可能投入得多一些;反之,员工投入多一些。但是,也不排除一些企业将健康福利计划作为吸引人才的一种手段和对员工的一种承诺。在兴办保健福利项目的同时,通过一些措施严格控制保健福利开支,如兴办员工合作医疗,弥补健康保险的不足;通过其他的福利计划诱导员工降低对健康保险的兴趣;通过增大企业对门诊治疗费用的支付比重,降低员工的住院比例等。

2.年金计划

年金计划即为企业养老金计划。传统的年金计划只是为那些在企业服务多年后退休的老员工设立的,以便在他们工作到一定的年限退休之后,可以按月从企业得到养老金。目前,企业的年金计划主要分为三个层次,一是国家法定的养老金;二是企业为员工制定的养老金计划,也称企业补充养老保险计划;三是员工个人参加的商业性养老保险项目。在三层次的年金计划中,企业都有管理和协助管理的职责,而且还可以将三者结合在一起,起到功能互补的作用,成为企业留住和激励员工的有效手段。

与企业关系密切的是企业补充性养老保险计划。它的基本特点是将各种养老保障方式有机组合在一起,相互补充,以实现国家总体老年经济保障目标。这是一种在发达国家产生和发展的较高层次的养老保险制度。企业补充养老保险之所以称之为补充性保险,是就三层次保险制度之间的关系而言的。社会基本养老保险是以收入再分配为特征的养老保险制度,是多层次养老保险的基础。它最能体现社会保险中的公平和救济原则,为那些无法通过自我积累(企业和个人)实现养老保险目标的低收入劳动者提供最低收入保障,覆盖面宽,但收入保障水平低。企业补充养老保险因为强调它与就业相关联,并且能够提供补充退休收入保障,因此是社会基本养老保险制度的重要补充。

企业补充养老保险是由企业主办的一种商业保险形式。其主要标志是它采取基金制的管理,而保险基金的管理和运作则走向市场化和社会化,进入资本市场,这是与基本保险的主要区别之一。企业补充养老保险采取基金管理的方式,由企业委托专门的经营机构从事基金运营,使其以投资形式进入资本市场。因此,它可以有效避免行政管理的种种弊端,减少管理成本,为投保人带来较丰厚的利润。

补充养老金的来源有的是雇主一方缴纳,有的是雇主和雇员双方缴纳,但企业是主要的出资人。保险金的运营与企业的效益直接相关。从性质上讲,补充养老金是职工未来收入的一部分,但是企业能否为职工提供未来养老保险,取决于企业当前的经营效益和未来的预期效益。

企业补充养老保险分为两种基本形式:其一,纳费型。纳费型补充养老保险形式是通过企业建立养老保险账户的方式,由企业和职工(多指企业)定期按一定比例缴纳保险费,职工退休时的补充养老保险金水平取决于资金积累规模及其投资收益。其二,给付型,也称待遇型补充养老保险形式。这种形式带有企业福利和奖励的性质,通常是企业按照职工的经验、资历和其他条件,为职工交付的养老金。它侧重于职工退休时能够领取的保险金给付水平,一般决定于职工特定的收入水平和劳动就业年限两个基本因素,例如退休前收入水平的某一百分比与劳动年限之积,构成补充退休金的给付水准。

3.住房计划

住房计划是许多企业激励和留住员工,解决员工特别是青年和新迁入员工的重要手段。许多企业制定和实施了住房计划。例如,目前我国的大部分外资和合资企业都实施了员工住房计划,82%的企业建立了住房公积金,其他解决员工住房的途径依次为:企业把住房货币化,在工资中包含;企业自建或购买商品房,按房管部门的成本价售给员工,员工享有部分产权;企业按期发放一定数额的住房补贴,不解决住房;企业自建或购买商品房产权属于企业,无偿或低租分配给员工居住,员工离开时要求退还等。[①]

4.教育培训计划

近些年来,随着企业对人才培养和使用的重视,企业纷纷加大对员工培训费用的投入。许多企业为员工设计了与员工职业开发相对应的培训计划,并采取多种手段激励员工进行知识和技能的更新。员工教育培训计划具有多重性质,福利性虽然不是主流,但是它可以在两个方面发挥独特的作用:一是改变企业福利单纯提供生活服务的功能,很好地将企业福利与企业人力资源开发战略结合起来;二是可以迎合员工个人对自我高层次开发的需求,很好地将企业开发与员工自我开发结合起来。许多著名大型企业,如摩托罗拉在实施员工教育计划方面很有成效。我国的许多企业也开始重视员工教育计划的实施,如目前我国有75%的外企每年的培训费占销售收入的比例在5%左右,其中企业内培训预算每人每年平均为1636元,时间为8.2天/年;企业外培训预算为3384元/年,时间为5.5天/年。各被调查企业的培训费每年都

---

① 北京西三角人事技术研究所:《北京外商投资企业薪酬调查》,1999年,北京外资企业服务有限公司。

在上升,高科技企业在人均培训费和时间付出上均排名第一。①

此外,带薪休假计划、为子女和家庭提供各种服务的福利计划和方案等项目仍然在许多企业中实施,方式更加多样化。近年来,许多企业推行一种灵活的福利计划,俗称"自助餐"式的福利计划。该项计划的提出,主要是针对传统的企业福利计划是考虑一些员工的家庭有其他成员,例如配偶、孩子或者老人,为了满足员工家庭生活的需要,提供统一的生活服务和物质支持,如养老计划、保健计划、带薪休假、子女照料等。但是随着国外家庭模式的多样化,一些单身或者单亲家庭增多,企业面临不同需求。例如,单身员工没有照顾家庭和子女的需要;单身母亲更需要提供抚养孩子方面的支持,而不是带薪休假;无子女的员工认为养老计划对他们更重要。因此"自助餐"式福利计划的提倡者认为该计划的实施能协调这些矛盾,满足员工多样化的需求,同时有助于克服传统福利计划中利益享受不均的弊端。

三、员工福利项目的设计与实施原则

企业向员工提供什么形式的福利计划,是由多种因素决定的。只有充分考虑这些因素,才能提高福利计划实施的效力,即内部激励效力、外部竞争效力和福利政策的连贯性。

1.就增强内部激励效益而言,企业应该决策以哪些员工作为福利的主要受益对象,是全体员工,还是部分员工?如果是部分员工,哪些员工的需要应该优先得到满足?如何满足?目前许多企业提供的福利,不单纯具有普遍福利的性质,而更多的是作为一种激励手段,所以能否起到内部激励作用,是福利计划制定的一个先决条件。

2.就增强企业外部竞争力而言,还需要了解其他企业都为员工提供了什么形式的福利项目,通过什么形式提供的,效果如何?本企业准备向员工提供什么样的福利,提供多少?选择什么样的提供方式?提高福利的外部竞争力问题是企业福利制定又一个重要原则。

---

① 北京西三角人事技术研究所:《北京外商投资企业薪酬调查》,1999年,北京外资企业服务有限公司。

3.体现内部公平的原则。企业福利是企业向员工提供的一种利益分享措施,它与其他收入一样,也具有刚性特征。一项福利措施实施之后,如果没有特殊情况,不能简单收回,否则会失信于民,打击员工的积极性。所以,在福利项目选择上,在制定福利计划时,一定要慎重,要体现公平的原则。公平性体现在两个方面,一是企业与员工之间的利益公平,企业效益增长,要通过提供福利体现出来;二是员工群体之间也要公平,不能为了满足一部分员工的利益而损失另一部分员工的利益。因此,福利计划如同工资计划一样,也是一项政策性非常强的工作。

此外,如何降低企业福利成本,增加效益,也是一个非常重要的问题。有些企业福利不一定采取企业完全包下来的做法,有些福利项目更不要"人人有份儿,人人等份儿"。企业可以考虑和员工共同投资,共同受益的办法,例如养老保险和员工保健项目,商定一个企业和员工各拿多少的比例,并体现多拿多受益的原则。

四、企业福利管理方式的创新

促使企业进行企业福利管理方式创新的原因有两个,一是对福利管理重视程度的提高,福利开支在企业中的比例不断升高。据对20世纪90年代初美国公司的统计,企业每年用于员工的福利开支费已经在亿万美元左右,如表14-1所示。

表14-1 美国企业福利支出占人工成本的比重

年份	福利占人工成本的%
1929	3
1955	17
1975	30
1990	38

资料来源:王一江、孔繁敏,《现代企业中的人力资源管理》,上海人民出版社,1998年,第238页。

从表14-1可以看出,福利支出占人工成本的比重已经由20世纪30年代的3%左右,上升到90年代初期的38%。

二是企业福利管理中的一些问题令人堪忧。例如,一些企业缺乏科学的预算和管理,福利项目的效率低下现象十分严重;一些管理者和员工普遍存在福利待遇的平均主义意识。因此,许多企业的福利开支加大了企业成本,许多经营状况不佳的企业不得不实施"成本抑制"计划,其中一项重要措施是削减福利开支,促使企业纷纷转变传统的福利观念和管理模式,进行企业福利管理的创新。其主要做法是:

1.突出福利项目的特点

随着企业福利作用的加强,员工福利项目的设计与开发逐渐成为企业福利管理的核心任务,这是因为:其一,许多国家的法律规定企业必须提供具体的福利项目并对员工及其组织作出承诺;其二,传统的企业福利只起到提高员工收入的目的,而没有真正体现对员工的绩效激励。因此,许多企业为了提高福利管理的效益,也越来越热衷于员工福利项目的设计,并显示如下特点:

(1)越来越重视对员工多层次需求的满足。以更多的福利形式满足员工的多层次需求是近年来企业福利项目实施的一个重要特点。例如,根据美国1995年的调查,有97%的大中型企业和69%的小型企业提供健康保险,同时提供补充健康福利计划;还有25%～40%左右的企业提供视力保健计划、50%左右的企业提供医疗药品计划、55%左右的企业提供健康资助计划及保健教育计划等。大部分企业提供各种形式的养老保险计划。[①]

(2)越来越重视对员工高层次需求的满足。以往的企业福利多是考虑满足员工及其家属的一些物质和生活需求,很少考虑员工对精神和文化方面的高层次需求。随着社会的进步和员工生活质量的提高,福利也向高层次、高质量化发展。例如,带薪休假、跨国旅游、心理健康保健等众多的福利项目已经在一些企业中盛行。

(3)越来越重视开发性福利项目。将福利管理纳入企业战略目标和企业人力资源的开发,并与员工的薪酬管理组成有机的报酬管理体系,这是企业福利发展的又一新走向。其中,许多企业的员工教育培训

---

① Gray Dessler:"Human Resource Management", Prentice Hall International Inc., 1997, P503～504.

项目就很具代表性,它对员工职业生涯开发、知识技能水平的提高以及员工对个人素质发展需求的满足都起到了积极的推动作用。

2. 管理方式的创新

目前,比较流行的企业福利项目管理方式有:

(1)"一揽子"薪酬福利计划。许多企业不再将薪酬与福利管理分成互不搭界的两项管理工作,而是成为一个有机的组成部分。两种手段互相配合,共同围绕企业目标运转。例如,一些工作适宜货币工资的,就采用货币支付的方式;反之就采用非货币,即福利支付的形式。对一些奖励性报酬,可以采取货币与福利并用的方式。

(2)"自助餐式"的福利管理方式。员工可以在多种福利项目中根据自己的需要进行选择。例如,单身汉不选择儿童保健,但可选择附加养老金福利;夫妻双方可以选择家庭不同的福利项目,比如一方选择子女保健,一方选择住房或休假。这种"自助餐"式的福利也可以分成两种类型,一种是基本保障型,人人必须拥有,如一些法律规定的福利必须执行;另一种是各取所需型。

(3)"低成本,高收益"的福利项目。为了提高福利服务效率,减少浪费,许多企业积极推广一些投入低、质量高的福利项目,并注意在实施中,严格进行成本控制。

(4)企业和员工"双受惠"的福利项目。例如,员工在职学习的学费资助,是许多企业提供的一项员工福利,对促进员工人力资本投资很有益处。但一些员工不甚了解,也不去关心,只有少数员工充分利用,多数员工不闻不问,对此,一些企业进行有意识地引导,鼓励员工享受这些福利,起到满足员工高层次需求和企业人力资源开发的双重效果。

参考资料

1. 吴志华:《现代人力资源管理》,中国纺织大学出版社,1996年。
2. Gray Dessler:"Human Resource Management", Prentice Hall International Inc., 1997.
3. 王一江、孔繁敏:《现代企业中的人力资源管理》,上海人民出版社,1998年。

4. 李新建编著:《企业雇员薪酬与福利》,经济管理出版社,1999年。

思考题

1. 如何理解企业福利管理也是企业薪酬管理的一个重要方面?
2. 简述法定福利对企业员工的重要性。
3. 如何设计和实施一个好的员工福利项目?
4. 你认为当前企业福利创新的重点和难点是什么?

第十五章

企业薪酬系统的诊断与调整

本章学习要点

- 了解企业薪酬诊断的必要性和基本原则,做到问题诊断与日常监控的有机结合。
- 了解企业薪酬诊断的正式和非正式方式,区别两种方式的特点。
- 了解企业薪酬水平诊断的内容,掌握薪酬水平调整的原则与手段。
- 了解企业薪酬等级结构诊断的内容,掌握薪酬等级结构调整的原则与手段。
- 了解企业薪酬要素构成诊断的内容,掌握薪酬要素构成调整的原则与手段。

第一节 企业薪酬系统的诊断

一、企业薪酬系统诊断的必要性与基本原则

企业薪酬诊断是企业进行薪酬调整的前提,也是企业实施新的薪酬政策的必要途径。薪酬诊断的必要性和原则:

1.不要有了问题才去诊断。在薪酬管理上需要消除的一个误区是,只有在管理者发现企业薪酬管理的问题之后,或者员工对薪酬抱怨迭起之时,才进行诊治,去寻找问题产生的根源,这样就耽误了薪酬调整的最好时机。因为薪酬管理问题具有综合性、敏感性、个体性等特征,因此,一旦问题明朗化或表面化,证明其矛盾已经发展到深层,治理的难度就会加大。

2.薪酬系统重在日常保健。企业应该经常对本企业的薪酬管理系统进行审查和诊断,就像我们为了保持身体的健康,需要定期或不定期地进行体检一样。因为,企业及其外部环境是在急剧变化中的,薪酬管理需要跟上企业变化的步伐,时常检测本系统是否运转正常和有效是必要的条件保证。

3.将定期的薪酬诊断和持续的薪酬监测有效结合起来。只要发现了人力资源管理上的问题,即便是个别人或者是局部环节的问题,也应该格外关注,检查是否与薪酬系统有关联,问题的症结何在,能否从薪酬体系和薪酬政策的调整入手加以解决等。

二、薪酬系统诊断的项目与内容

薪酬系统诊断的项目和内容,可以具体为:

1.薪酬政策诊断:检查当前企业所实施的薪酬政策是否符合以下原则:

(1)与企业经营战略的基本方向和未来目标是否相一致。

(2)与企业人力资源管理系统及其各环节之间的关系是否协调。

(3)是否体现了职、能、绩三统一的原则。

(4)了解各类员工对薪酬系统的满意程度、对薪酬政策和管理方式的不同反映等,从中是否可以发现一些带有普遍性的问题。

2.企业薪酬水平诊断:监测当前企业的总体薪酬水平:

(1)是否具有外部竞争力,特别是核心员工的外部竞争力。

(2)与企业目前的经营状况和财务目标是否相一致。

(3)当前企业的薪酬水平和薪酬结构之间的关系是否协调。

3.企业薪酬结构诊断:监测当前企业的总体薪酬水平:

(1)薪酬等级的数目和级差是否合理,体现了内部公平的原则。

(2)各类各级员工的薪酬关系是否协调,体现了员工公平的原则。

(3)员工付薪结构中的各薪酬要素之间的关系是否合理,是否具有激励效应。

(4)核心员工的流失率是否与薪酬结构,特别是薪酬等级结构的设计有关。

三、薪酬诊断方式

薪酬诊断方式可以分为正规方式和非正规方式两种,此外,员工薪酬满意度调查也是企业诊断经常使用的方法。

1.正规方式,包括问题获得、问题分析、问题诊断三方面都有正式途径和方式:

(1)薪酬问题获得渠道,主要是通过正常的管理途径反映、收集和反馈一些企业薪酬管理的信息、资料和问题。例如,对一些经常性的薪酬资料的统计和分析;企业的管理例会制度,以及员工的小组会,与管理者的对话制度等。

(2)薪酬问题分析,企业组织专门的问题分析小组、薪酬专家和管理人员对薪酬问题进行及时的分析。

(3)薪酬问题诊断,将分析结果以诊断报告和诊断方案的正式形式递交有关管理和决策部门。

2.非正规方式,通过一些内部的灵活的沟通方式,及时反映薪酬管理中的问题;企业薪酬主管和基层主管及时听取员工对薪酬政策和管理中的意见、建议,甚至抱怨,以便发现问题,及时处理。

3.员工薪酬满意度调查。员工薪酬满意度调查是企业常用的薪酬诊断方式,通过定期的薪酬满意度调查,可以了解到最基层员工对薪酬制度和薪酬管理的意见。但是,"世界上并没有一个完美无缺的薪酬体系"[①],企业永远不可能收到一个令人一致满意的薪酬调查答案,这是薪酬和薪酬管理的特点所在。因此,对薪酬满意度调查的分析一定要客观,找出带有普遍性和规律性的现象,为薪酬管理的改进提供有价值的思路。

四、薪酬问题及其解决途径

1.薪酬问题

薪酬问题一般可以分为几大类别:一是,薪酬制度的问题,包括薪酬制度是否完善,是否体现两个公平的原则;二是,薪酬系统的问题,包括各系统之间是否设计合理,与人力资源管理的其他环节衔接得如何,是否运行有效等;三是薪酬管理的问题,包括管理方式、管理行为和管理者的素质是否符合企业目标的要求等。

相应的,薪酬制度的问题,需要通过薪酬制度的规范完成;薪酬系统的问题,需要通过系统再设计完成;而薪酬管理的问题,则需要通过改进管理方式和提高管理者素质入手解决。

2.薪酬问题的解决途径

视薪酬问题的性质和管理者的意图,可以采取三种解决途径。

(1)企业薪酬改革。企业薪酬改革是企业统筹解决薪酬问题的最有效途径,也是需要谨慎使用的方式。薪酬改革需要与企业整体改革的目标和步调一致,在很多情况下,它是企业改革的一个有机组成部分。不排除一些企业为了适应需要,单独对薪酬制度进行改革,但是任何一种薪酬制度的改革或多或少都会牵扯到企业的某些制度变革,就

---

① 托马斯·B.威尔迅著,陈红斌等译:《薪酬框架:美国39家一流企业的薪酬驱动战略和秘密体系》,华夏出版社,2001年,第7页。

像任何企业制度的改革都会引起薪酬制度改革一样,两者是不可分割的。

(2)薪酬的局部调整。企业定期或不定期地对薪酬水平、薪酬结构、薪酬要素进行某些方面的调整是必须的,这是动态化管理的需要。整体的水平调整可以结合每期的调资进行;局部的薪酬水平调整可以结合员工的岗位和职位变动进行;个别员工的薪酬调整可以通过浮动薪酬,例如奖金、佣金的发放进行。方式可以多样化,不必强求一致。

(3)紧急问题的处理。当发现一些比较严重的薪酬决策和管理问题时应打破惯例,及时解决。一般问题由基层主管负责解决;重大问题及时汇报给上级主管,逐级,甚至越级解决。薪酬管理是一个政策性很强,又十分敏感的问题,解决不好,会严重影响员工的积极性,同时也会因为某个员工,或者某个方面的问题,波及到其他工作和其他人。

第二节 企业薪酬的调整

企业薪酬的调整包括两个方面:薪酬水平的调整和薪酬结构的调整。

一、薪酬水平的调整

1. 薪酬水平调整的必要性

企业薪酬调整包括薪酬水平调整和结构调整,两部分都包括岗位(职务)等级和薪酬要素的调整。调整的目的是为了适应企业生产经营发展的需要,更好地促进员工的工作积极性。因为薪酬增长具有刚性的特征,所以在一般情况下,薪酬调整就是增薪的代名词。但是对员工个人而言,也不尽然。企业实行与绩效挂钩的薪酬制度,在员工业绩不佳的情况下,员工的薪酬水平也会下降。但是就企业总体而言,薪酬水平应该是呈上升趋势的,特别是基本薪酬,或固定薪酬部分。

2. 薪酬水平调整的原因

除了正常的增薪之外,薪酬水平的调整一般是基于以下条件变化:

(1)基于市场变化的调薪。薪酬水平调整的实质是薪酬标准的调整,主要是参考市场薪酬率的变动,适应企业外部竞争力的需要。基于市场的薪酬水平调整的直接原因主要有两个,一是薪酬市场的变化;二是物价指数的变化。

(2)基于工作表现的调薪。企业为了鼓励绩效好的员工,对部分员工的薪酬水平进行调整。在这种情况下,业绩较差,或者业绩平平的员工,不在薪酬调整之列。

(3)基于能力需求的调薪。公司认可的与工作相关的能力也会给员工带来调薪的机会,例如企业为了满足对一些急需专业技能的需求,也会在岗位和职务不发生变动的情况下,给具有这些技能的员工增加薪酬。

另外,当企业对岗位重新评估、薪酬改革、员工调派、增加临时工作任务等情况下,企业也会对全体或部分员工进行薪酬水平的调整。

3. 薪酬水平调整的原则

在薪酬水平的调整中,除了贯彻三个公平的原则之外,还要处理好以下关系:

(1)选择调整战略和新的政策。企业总体薪酬水平的主要作用是处理与外部市场的关系,实现一种能够保持外部竞争力的薪酬水平。薪酬调整是为了贯彻新的薪酬政策,反映了企业决策层是否将薪酬作为与外部竞争和内部激励的一个有效手段。

企业为了贯彻领先薪酬水平政策,就要进行企业的薪酬调整,将薪酬水平提高到在同行业或同地区市场上,整个薪酬调整期内都可以维持的优势水平。在领先的薪酬水平政策的制定时,可以暂时不考虑企业当前的财务状况,不单纯把薪酬仅作为一种人工成本投入,而作为一种战略投资,或者说风险投资进行设计。

具体做法为,如果企业调薪的期限是每隔一年,预计当前市场薪酬年增长率为10%,那么企业薪酬增长率就必须高于10%,在下一个调整期到来之前,薪酬水平仍然不落后于市场水平。

如果企业选择了先领先,后滞后的对策,则可以将企业的薪酬增长率定在5%左右的水平,这样就可以保证在前半年,企业薪酬领先于市场水平;后半年逐渐与市场拉平。

如果企业选择了落后于市场水平的对策,以市场薪酬率作为薪酬调整的基准,而后,随着时间的推移,到期末,企业薪酬水平则会落后于市场水平。

(2)对不同岗位和员工实施有区别的调整政策。例如,在一些技能和专业性比较强的单位,应该重视经验曲线的作用。所谓经验曲线是指随着时间的增加,某个人对某个岗位、某项工作的熟悉程度、经验积累乃至感情会越来越深,从而有利于员工改进工作方法,提高工作效率,更好、更合理地完成本职工作。但是这种经验不是永远增加的,随着时间推移,经验的积累也将越来越慢,直至停止。

经验曲线在不同性质的工作之间的作用程度和积累效应是不同的,一般而言,技术含量高的工作经验曲线的积累效应大,反之,则小。从事技术工作的员工,随着年限的延长和经验的积累,其研究和开发能力会逐步提高;这些工作的难度高,需要员工具备较强的创新精神,其经验的积累速度也是缓慢和长期的,这种经验只要稍微增加就可以促进员工能力和工作效率的大幅度提高。相反,一些技术含量低、简单易做、非常程序化的工作,其经验积累得越快,达到顶峰的时间越短,而且不再继续增加,其经验的价值也不会很高。

(3)确定调整重点。企业薪酬调整的原因和目标不同,决定了调整重点的选择,例如企业遇到的第一个选择是:调整基本薪酬,还是浮动薪酬?通常情况下,基本薪酬的调整,或者企业大幅度的薪酬调整,是由企业经营效益和市场变化,或者政府政策引起的,与个人业绩没有直接关系。而非基本薪酬的调整,例如,提高奖金和浮动薪酬,则是为了实施新的企业薪酬政策。薪酬调整的原因和目的不同,重点的选择也会不同。前者主要是为了保持企业薪酬的外部竞争力,使企业具有更大的灵活性;后者的重点是激励员工的个人业绩,降低企业的人工成本。

一个比较成功的作法是,将两者有效结合起来,使薪酬水平的调整结合薪酬结构的调整进行。即在企业普调薪酬的情况下掌握住重点,最好不要同比例地增加每一名员工的薪酬；也不要同比例地增加员工的每一部分薪酬。

在薪酬调整中，既要考虑企业战略的变化，具有前瞻性，也要考虑成本控制问题。不考虑企业财务盲目地追赶市场工资率，会导致人工成本上升迅速，企业财力枯竭，其结果反而会达不到预计的目标。

二、薪酬结构的调整

1.薪酬等级调整的重点

薪酬结构的调整包括纵向结构和横向结构两个领域。纵向等级结构的调整必须考虑两点：其一，适应企业管理的需要，理顺各岗位和职务薪酬之间的关系；其二，考虑外部市场工资率的变动，换言之，在考虑外部竞争力影响的前提下，设计企业内部的薪酬等级结构。

2.薪酬等级的调整方法

纵向等级结构常用的调整方法包括：

（1）增加薪酬等级：增加薪酬等级的主要目的是为了将岗位之间的差别细化，从而更加明确按岗位和职位付薪的原则。等级薪酬制是与以岗位和职务为基础的管理制度相联的，是一种比较传统和正规的管理模式。比较适用于规范的制造业、加工业和机械化程度较高的大型企业等。

薪酬等级增加的方法很多，关键是选择在哪个层次上或哪类岗位上增加等级，例如，是增加高层次，还是中、低层次的岗位？是增加管理人员的等级层次，还是一般员工层次？增加以后，各层次、各类岗位之间还需要重新匹配，调整薪酬结构关系等，这些都要慎重考虑。

（2）减少薪酬等级：减少薪酬等级就是将等级结构"矮化"，是薪酬管理的一种流行趋势。目前在一些西方企业中，倾向于将薪酬等级线延长；将薪酬类别减少，由原有的十几个减少至三五个；在每种类别上，包含着更多的薪酬等级和薪酬标准；各类别之间薪酬标准交叉。

薪酬等级减少的直接结果是薪酬等级"矮化"，即合并和压缩等级结构，其优点在于：

第一，使企业在员工薪酬管理上具有更大的灵活性。

第二,适用于一些非专业化的、无明显专业区域的工作岗位和组织的需要。

第三,有利于增强员工的创造性和全面发展,抑制员工仅为获取高一个等级薪酬而努力工作的倾向。

(3)调整不同等级的人员规模和比例。企业也可以在薪酬等级结构不变动的前提下,定期对每个等级的人员数量进行调整,即调整不同薪酬等级中的人员规模和比例,实质是通过岗位和职位等级人员的变动进行薪资调整。例如通过对高、中、低不同层次的人员进行缩减或增加,可以达到三个目的:一是降低薪酬成本;二是增强企业内部的公平性;三是加大晋升和报酬激励。具体作法有:

①降低高薪人员的比例。主要是为了采取紧缩政策,降低企业的薪酬成本。因为一个高级管理人员的收入往往是低级和中级员工的数倍,甚至是数十倍。例如,美国标准件公司在20世纪80年代初期采取的紧缩政策,主要是控制薪酬成本,核心是减少高级员工,降低其薪酬和福利待遇,收到了较好的效果。美国一些钢铁企业和民航业因为高薪酬成本无法与其他国家同类企业竞争,也都采取了降低薪酬成本的作法。

②提高高薪人员比例。企业为了适应经营方向和技术调整,增加高级管理人才,或专业技术人才而采取的政策。例如,在激烈的市场竞争中,一些采取经营者年薪制的企业,之所以不惜花重金雇佣高级经理人员是因为企业的竞争力主要取决于两点:一是高级管理人员具有长期的战略眼光;二是高级管理班子具有稳定性。这两个因素是制定高级人员薪酬计划和实行年薪制的主要依据。

③调整低层员工的薪酬比例。一般是通过变化员工的薪酬要素降低员工的薪酬水平,例如,压低浮动薪酬,升高奖励标准,使得员工在一般情况下,只能获得基本薪酬,很难获得奖金和浮动薪酬;或者在薪酬水平不变,或者增加幅度不大的情况下,延长工作时间;以及减少带薪休假,提高工时利用率等。

三、薪酬要素结构的调整

1.确定调整重点

横向薪酬结构调整的重点是考虑是否增加新的薪酬要素。传统的薪酬结构主要是针对基本薪酬部分而言的,换言之,只是从工资的概念出发,而没有从总薪酬的概念出发。在薪酬构成的不同部分中,不同的薪酬要素分别起着不同的作用,其中,基本薪酬和福利薪酬主要承担适应劳动力市场的外部竞争力的功能;而浮动薪酬则主要体现内部的一致性,如图15-1所示。

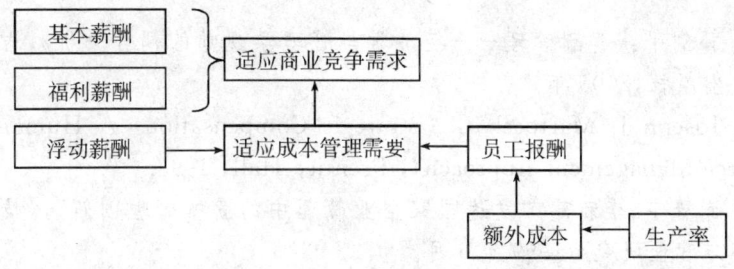

图 15-1　薪酬要素与企业薪酬管理目标

2.要素结构调整方式

薪酬要素结构的调整可以有两种方式,一是在薪酬水平不变的情况下,重新配置固定薪酬与浮动薪酬之间的比例;二是通过薪酬水平变动的机会,增加某一部分薪酬的比例。相比之下,后一种方式比较灵活,引起的波动也小。

员工薪酬要素结构的调整需要与企业薪酬管理制度和模式改革结合在一起,使薪酬要素结构调整符合新模式的需要。在当前的薪酬要素结构的调整中,比较创新的做法是:

(1)加大员工薪酬中奖金和激励薪酬的比例,拉大绩优员工与其他员工之间的报酬差距。

(2)使员工的基础薪酬部分处于变动中,使员工的稳定收入比重缩小,不稳定收入加大。例如将员工薪酬的一定比例置于"不稳定"状态,即浮动部分,该部分的得失视员工业绩和对企业效益的贡献而定。

(3)将以工作量为基础的付酬机制转变为以技能和绩效为主的付酬机制,报酬向高技能中的高绩效员工倾斜。

总之,传统薪酬机制的核心是为了达到利润第一的目标,提倡创造秩序、强化等级和指导行为;现代薪酬机制强调的是激励机制、劳资之间合作和利润分享,鼓励员工参与和为企业做出超常贡献等。

参考资料

1. 孙剑平:《薪酬管理——经济学与管理学视觉的耦合分析》,吉林人民出版社,2000年。
2. Joseph J. Martocchio:"Strategic Compensation:A Human Resource Management Approach", Prentice Hall, 1998.
3. 谢晋宇、李新建:"发达国家企业管理中的薪酬管理创新",《技术经济与管理研究》,1999年6月。

思考题

1. 为什么薪酬诊断是薪酬管理的一项重要工作?
2. 薪酬水平的诊断与调整应注意哪些问题?
3. 薪酬结构的诊断与调整应注意哪些问题?
4. 员工薪酬满意度调查的主要内容是什么?